Hallo D.A.S. Schutzbrief, ich hab' da ein Problem...

Wir regeln D.A.S. für Sie! Vor der Haustür oder auf der Weltreise.
Jetzt mit zusätzlichen Leistungen rund um Ihre Person
und alle Autos, die Sie fahren.
Inklusive Krankenversicherungsschutz im Ausland. Weltweit!

Aktive Hilfe – rund um die Uhr!
Infoline: 01 80/5 22 53 54

Die D.A.S. – ein Unternehmen der **ERGO** Versicherungsgruppe.
www.das.de

Versicherungen

Gut zu wissen, daß es IDUNA NOVA gibt:

Da finanziert die Krankenversicherung das Hobby.

Mit der Beitragsrückerstattung, die bei der IDUNA NOVA besonders angenehm dotiert ist, sparen Sie viel Geld, das Sie in ein gesundes Hobby stecken können. Wenn Sie uns jetzt anrufen **(01 80) 3 330 330, Stichwort: Private Krankenversicherung.** Internet: http://www.iduna-nova.de

IDUNA NOVA

NORD-ITALIEN

von
Klaus-Detlef Bues
und
Holger Klietsch

compact verlag

Einführung

Spätestens seit der Italienreise des Geheimrates Goethe gehört Italien zu den bekanntesten Urlaubsländern in Europa. Mit dem Wohnmobil lassen sich die vielschichtigen Facetten des Landes intensiv „erfahren": Der COLIBRI-Führer *Mobiltour* „Norditalien" enthält insgesamt drei Touren, zu den **oberitalienischen Seen**, an die **Adrai und Emilia Romagna** und an die **Riviera und Toskana**. Die beschriebenen Rundtouren von jeweils ca. drei Wochen Dauer vermitteln Einblicke in die speziellen Eigenheiten jeder Region. Alle Routen enthalten eine Mischung aus kulturellen und landschaftlichen Sehenswürdigkeiten, darüber hinaus vielfältige praktische Tips zu Restaurants und Adressen für den Einkauf frischer Landesprodukte. Hinzu kommen ganz spezielle Informationen von Wohnmobilfahrern für Wohnmobilfahrer: zu Parkmöglichkeiten in den Innenstädten, speziellen Reisemobil-Stellplätzen, zu Ver- und Entsorgungsmöglichkeiten, den attraktivsten Campingplätzen und nicht zuletzt zu den nächstgelegenen Werkstätten mit Wohnmobilservice.

Die neue Reihe COLIBRI *Mobiltour* ist ganz besonders auf Praxisnähe und größtmöglichen Nutzen vor Ort ausgerichtet: Tips und Informationen sind durch **Symbole** leicht auffindbar. Alle Symbole sind im Inhaltsverzeichnis erläutert. Eine **Übersichtskarte** in der vorderen Umschlagklappe gibt einen Überblick über alle drei Routen, jede Rundfahrt besitzt zudem eine detaillierte **Karte** mit allen besprochenen Orten und den wichtigsten Zusatzinformationen. Jedes Kapitel und die zugehörige Karte sind durchgängig in einer Farbe gehalten, was die Zuordnung und das Auffinden erleichtert. Checklisten zum Packen und zur Übergabe und Übernahme eines Mietmobils helfen dabei, vor und nach dem Urlaub nichts Wesentliches zu vergessen. Die **Hotline** in der hinteren Umschlagklappe gibt auf einen Blick Auskunft, wo sich interessante Restaurants, Freizeit- und Einkaufsmöglichkeiten befinden.

Reiseziel **Norditalien**: Kaum eine Reisedestination bietet eine derartige Vielfalt und Menge reizvoller Gegensätze von Menschen, Landschaft, Kultur und Geschichte wie das Gebiet der Oberitalienischen Seen. Da sind im Norden und Osten mächtige, eisbedeckte Hochgebirge und Gletscher, im Westen die klaren Seen, **Palmen**, Zitronen und üppiges Grün in Blickweite der Alpen und im Süden die sanfte, unberührte **Poebene**, der rauhe Apennin, und die Meeresstrände von Adria und Riviera; dazu die großartigen Kulturgüter wie Verona, Ravenna und Venedig. Ebenso vielschichtig präsentiert sich das Leben der Menschen, farbenfroh vereint ist etwa die alpenländische Bauerntradition mit typisch **italienischer Lebensart**, tief geprägt von der langen, ruhmreichen Geschichte.

Der Tourismus der Region Norditalien basiert auf dem wunderbaren Klima, den schier unbegrenzten Sportmöglichkeiten und viel **Kultur** und **Geschichte**. Gerade für die Reisemobil-Touristen haben die Kommunen und Städte um die Seen und die Meeresstrände in den letzten Jahren eine vorbildliche Infrastruktur mit Übernachtungsplätzen und Ver- und Entsorgungseinrichtungen geschaffen.

Wer sich offen und aufgeschlossen verhält, wird schnell Zugang zu den Einheimischen bekommen. Um Land und Leute zu entdecken, neue Erfahrungen und viele interessante Eindrücke zu gewinnen, ist der COLIBRI *Mobiltour* Norditalien eine wertvolle Hilfe. Erholsame und erlebnisreiche Urlaubstage wünscht

die Colibri-Redaktion.

Inhalt

Einführung 4

Oberitalienische Seen 6

Adria und Emilia Romagna 60

Riviera und Toskana 124

Praktische Tips 178

Checklisten 186

Impressum 190

Stichwortverzeichnis 191

Symbole

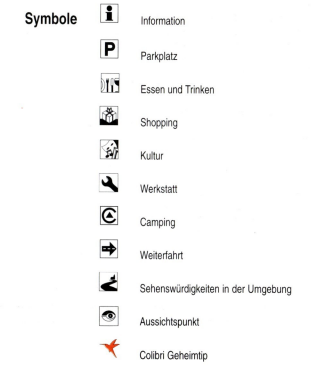

- **i** Information
- **P** Parkplatz
- Essen und Trinken
- Shopping
- Kultur
- Werkstatt
- Camping
- Weiterfahrt
- Sehenswürdigkeiten in der Umgebung
- Aussichtspunkt
- Colibri Geheimtip

Oberitalienische Seen

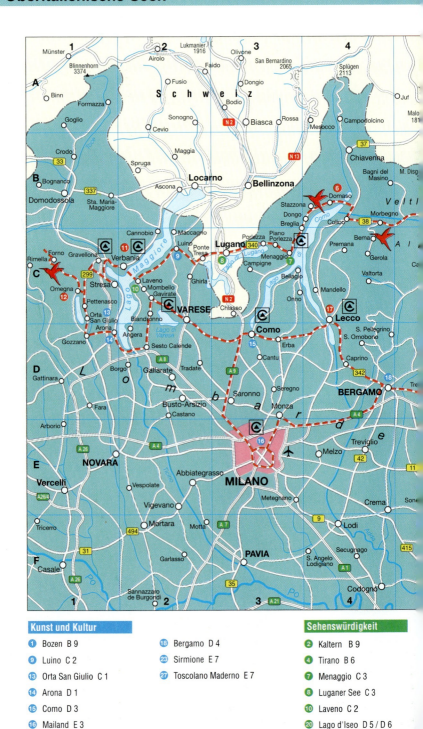

Kunst und Kultur		**Sehenswürdigkeit**
① Bozen B 9	⑱ Bergamo D 4	② Kaltern B 9
⑨ Luino C 2	㉓ Sirmione E 7	④ Tirano B 6
⑬ Orta San Giulio C 1	㉗ Toscolano Maderno E 7	⑦ Menaggio C 3
⑭ Arona D 1		⑧ Luganer See C 3
⑮ Como D 3		⑩ Laveno C 2
⑯ Mailand E 3		⑳ Lago d'Iseo D 5 / D 6

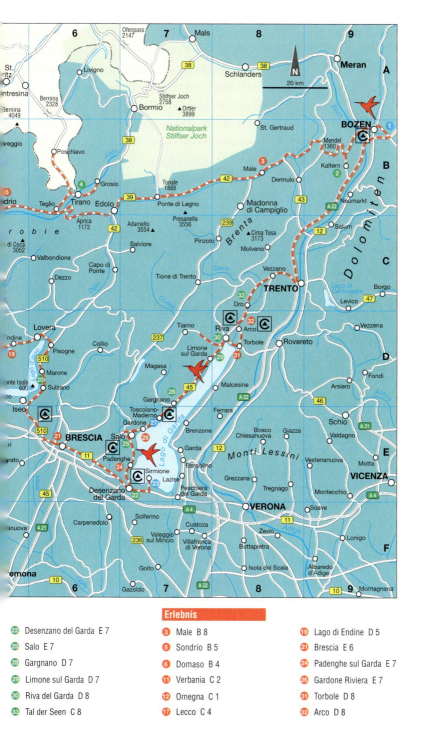

Erlebnis

- 22 Desenzano del Garda E 7
- 25 Salo E 7
- 28 Gargnano D 7
- 29 Limone sul Garda D 7
- 30 Riva del Garda D 8
- 33 Tal der Seen C 8
- 3 Male B 8
- 5 Sondrio B 5
- 6 Domaso B 4
- 11 Verbania C 2
- 12 Omegna C 1
- 17 Lecco C 4
- 19 Lago di Endine D 5
- 21 Brescia E 6
- 24 Padenghe sul Garda E 7
- 26 Gardone Riviera E 7
- 31 Torbole D 8
- 32 Arco D 8

Oberitalienische Seen

Zu Beginn der dreiwöchigen Rundfahrt wird man von der Region Trentino – Alto Adige, Südtirol, empfangen. Ihrem kosmopolitischen Charakter als Nahtstelle zwischen Mittel- und Südeuropa wird die Doppelregion, die aus dem **Oberen Etschtal** und dem **Trentino** besteht, mittlerweile wie selbstverständlich gerecht. Trotz des hohen Touristenaufkommens findet man immer wieder ruhige, fast unberührte Orte, in denen man die weitgehend intakte, südländisch anmutende Natur genießen kann.

Über tausend Jahre haben sich verschiedene Völker um das Land zwischen Brenner und den Dolomiten gestritten. Keinem Besatzer gelang es, den Südtirolern ihre eigenständige Kultur zu nehmen. Nur in dem vielfältigen Angebot der Küche des Landes sind die Spuren der verschiedenen fremden Einflüsse zu bemerken. Die Tiroler übernahmen Speisen und Getränke, wandelten sie ab oder entwickelten sie zu eigenen Spezialitäten weiter.

Zu all diesen kulinarischen Köstlichkeiten gehört selbstverständlich der Wein in allen Variationen, denn das **Überetschgebiet** ist das größte zusammenhängende Weinanbaugebiet Europas. Alle dort gelesenen und verarbeiteten Weine dürfen sich „Kalterer See" nennen, weshalb diese Weinmarke in so großen Mengen verbreitet ist.

Die von Reben umgebene Stadt **Bozen** ist ein sehr erholsamer Ort. Die schöne Altstadt mit einladenden Straßencafés, Obstmarkt, den zahlreichen Geschäften und die gute Gastronomie laden zum Verweilen ein. Die geschützte Lage der Stadt und ihre verkehrstechnisch günstige Situation machen Bozen zu einem überaus beliebten Urlaubsziel.

Kaltern und der südlich vom Ort gelegene gleichnamige See sind gernbesuchte Ziele in der Überetscher Weinregion.

Nach Kaltern verläuft die Fahrt durch imposante Bergwelten über den Mendelpaß weiter zum kleinen Ort Male. Über den **Passo di Tonale** gelangt man in die **Lombardei**.

Ob Ebene oder Gebirge, Seenlandschaft oder Altstadt – die Lombardei zeichnet sich durch ihre Vielseitigkeit aus. Die Langobarden, die ursprünglich aus dem Norden kamen, haben das Gebiet zwischen Hochalpen und Po, zwischen **Lago Maggiore** und **Gardasee** für sich beansprucht – aber das ist lange her, zur Zeit der Völkerwanderung bis 650 n. Chr. Heute leben hier auf 23.800 km² – dies entspricht etwa der Größe Hessens – 8,5 Millionen Menschen, die die Region zur reichsten Italiens gemacht haben. Finanzwelt und Mode, Design und Handwerk sind die herausragenden Wirtschaftszweige.

Die Alpenkette im Norden bietet einen natürlichen Windschutz. Höchster Gipfel ist mit 4.000 m der **Monte Bernina** im Veltlin. Das Klima ist kontinental, die Sommer sind warm. Unter allen italienischen Regionen finden sich in der Lombardei die meisten Seen: 18 große und mittlere Gewässer in häufig **mediterranem Klima** sowie über 1.000 kleine klare **Bergseen**. In großen und kleinen Städten locken weltberühmte Meisterwerke der Kunst, aber auch noch kaum entdeckte Kleinode. Die lombardische Küche zeichnet sich durch deftige, aber zugleich raffinierte Gerichte aus.

Über die idyllischen Orte Tirano und Sondrio verläuft die Route nach **Menaggio** am **Comer See** und weiter am **Luganer See** vorbei zum **Lago Maggiore**. Spaziergänge entlang der schönen Seepromenaden sollten Teil eines erholsamen Urlaubs sein.

Die Route führt weiter durch die Region **Piemont**. Mit 4,4 Millionen Einwohnern und einer Fläche von 25.399 km² grenzt es im Norden an die Schweiz, im Westen und Südwesten an Frankreich, im Süden an Ligurien und im Osten an die Lombardei. Wie ein Hufeisen umschlingen die **Alpen** das Land. Fast 50 Prozent der Fläche Piemonts liegen in den Alpen. Piemont wird in drei Landschaften gegliedert: Das Hochgebirge des **Westalpenbogens**, zu seinen Füßen die **Po-Ebene**

Oberitalienische Seen

und die Hügelketten des **Monferrato**. Das Piemont ist das Land der Weine Barolo und Barbaresco, Spanna, Grignolino und Gavi. Hier liegen einmalige Bergwelten mit gigantischen Gipfeln und Almen, Dörfern und tosenden Gebirgsbächen.

Die Fahrt vorbei am **Lago d'Iseo** zu dem bei Einheimischen und Touristen beliebten **Gardasee** beendet die erste Rundfahrt. Er liegt zwischen der Lombardei und Venetien; sein Westufer liegt in der Provinz Brescia, das Ostufer gehört zur Provinz Verona.

🅿 Für einen ersten Stop kommt in der Nähe des Brenner-Passes direkt hinter der österreichisch-italienischen Grenze am Parkplatz Eisack bei Sterzing mit dem **Autocamp Sterzing** ein extra für Reisemobile ausgewiesener Übernachtungsplatz in Frage. Er bietet für L. 20.000 Nachtgebühr Annehmlichkeiten wie einen ruhigen Stellplatz, eine Tankstelle, Ver- und Entsorgung, Dusche und Gaststätte.

Bozen 1

ℹ Über die A22 bis zur Ausfahrt Bozen Nord und weiter auf der S.S.12 zur Abzweigung Bozen, den Wegweisern in die Altstadt folgend. Tourist Informationsbüro Bozen, 39100 Bozen, Waltherplatz 8, Tel. 04 71/97 06 60, Fax 98 01 28; geöffnet Mo–Fr 8.30–18 Uhr, Sa 9–12.30 Uhr.

🅿 Im gesamten Stadtbereich von Bozen ist Parken sehr schwierig und das Übernachten in Reisemobilen generell verboten. Etwas außerhalb in Richtung Meran auf der S.S.38 liegt Terlan, das auf dem Parkplatz am Stadion einen ruhigen Stellplatz als Basis für Bozen-Besuche anbietet.

Bozen, die Provinzhauptstadt Südtirols, ist stets einen Besuch wert, treffen doch hier Südtiroler **Bauernbrauchtum** und **italienische Lebensart** in der

Malerische Laubengasse

Heimatstadt des Volkshelden Andreas Hofer im krassen Gegensatz aufeinander. Ob typisch gestylte Italo-Machos mit Spiegelbrille, junge Frauen in Dirndl-Kleidung oder gestandene Bauernburschen in krachlederner Alpentracht – im Zentrum mischen sich die unterschiedlichen Kulturkreise zu einem bunten, friedvollen Bild. Die kleine Altstadt rund um Dom und Waltherplatz – der nach dem Südtiroler Minnesänger **Walther von der Vogelweide** benannt wurde – verbreitet hauptsächlich österreichisches Flair. Von dort hat man einen herrli-

Oberitalienische Seen

Einer der ältesten Bauernhöfe in der Umgebung

chen Blick auf die nahen Berge, und der alte Stadtkern ist immer für einen Einkaufsbummel mit gemütlicher Kaffee-Pause gut.

Südlich des Platzes steht die im 14. und 15. Jh. erbaute gotische Dompfarrkirche **Mariä Himmelfahrt**. Von der erheblichen Zerstörung im Zweiten Weltkrieg blieben lediglich die gotische Sandsteinkanzel, wenige Wandfresken und die romanische Marienstatue verschont.

Unweit vom Dom in nördlicher Richtung liegt der sogenannte Obstplatz, ein Marktplatz, auf dem jeden Vormittag in kleinen Lauben und Ständen ein weithin bekannter **Obstmarkt** mit regem, vielsprachigem Treiben stattfindet.

Am Obstmarkt befindet sich der **Neptunbrunnen**, der 1746 von Joachim Reis nach einem Modell von Georg Mayr gegossen wurde.

COLIBRI GEHEIMTIP

Bozen hat zum Kennenlernen einen kostenlosen **Fahrradverleih** eingerichtet. An der Kreuzung Waltherplatz/Bahnhofsallee kann gegen Hinterlegen von ca. DM 40.- Pfand die Stadt auto- und streßfrei erkundet werden. (B9)

Vom Obstmarkt gehen nach Osten die Laubengasse und die Silbergasse ab. In diesen alten, engen Gassen befinden sich **mittelalterliche Häuser** und historische Gaststätten.

An der Ecke der Kapuzinergasse steht die **Dominikanerkirche**, die 1300 erbaut wurde. Die Fresken aus dem 14. und 15. Jh. befinden sich im Langhaus und sind eine Besichtigung wert; geöffnet Mo–Sa 9–18.30 Uhr, So Gottesdienst.

Oberhalb der Talfers nordöstlich der Altstadt liegt **Schloß Runkelstein**. Es wurde Anfang des 13. Jh.s erbaut. Die berühmten Fresken stellen Auszüge aus dem ritterlichen Leben dar und stammen aus dem 14. Jh., geöffnet Di–Sa 10–16 Uhr, nur mit Führungen zu besichtigen, ca. L. 3.000.

Auf dem Rückweg von Burg Runkelstein bietet sich ein herrlicher Blick von der **Oswaldpromenade**, die in St. Anton beginnt.

Einen guten Übernachtungsplatz findet man südlich von Bozen,

Oberitalienische Seen

mitten in den Weinbergen der **Südtiroler Weinstraße** am Kalterer See mit dem Camping Platz **St. Gretl** am See. Inmitten des Touristentrubels bietet er seit 1997 separate, einigermaßen ruhige Wohnmobilstellplätze auf einer hübsch gelegenen Wiese unter Weinreben hinter dem Hauptplatz an. Ver- und Entsorgung sind möglich.

Nordcolor Caravan & Reisemobil, Via dell' Artigianato 9, 39055 Laives (Leifers)/Bozen, Tel. 0 30 20/9 15 12, Fax 2 00 61 77.

Der Besuch des **Kurortes Meran** – die Stadt der Promenaden –, ca. 30 km auf der S.S.38 von Bozen entfernt, lohnt. Wegen des milden Klimas und der geschützten Lage ist die Stadt ein beliebter Herbst- und Frühjahrskurort. Die Wintersportplätze der Umgebung bieten ein ausgiebiges Freizeitangebot.

Auf der A22 bis Bozen-Süd, weiter auf der Autobahn nach Meran, 2 km bis zur Abfahrt Eppan, S.S.42. Auf der Südtiroler Weinstraße S.S.426 11 km bis **Kaltern**.

Kaltern 2

16 km südlich von Bozen an der S.S.426 gelegen. Tourismusverein Kaltern, 39052 Kaltern 1, Marktplatz 8, Tel. 04 71/96 31 69, Fax 96 34 69.

Nördlich des gleichnamigen Sees liegt der hübsche Weinort Kaltern. Urkundliche Erwähnung fand „Caltarn" bereits im 12. Jh., und im 17. Jh. erhielt die Stadt das Marktrecht. Weinkenner müssen natürlich einen Stop im Herzen der **Überetscher Weinregion** einlegen. Wer kennt sie nicht, Namen wie Kalterer See, Girlan, Terlan, Eppan oder Tramin.

Lebhaftes Treiben herrscht im Zentrum des Ortes am Marktplatz. Hier befindet sich die klassizistische Pfarrkirche **Mariä Himmelfahrt** mit ihrem freistehenden gotischen Turm. Der Innenraum ist mit spätgotischen Deckenfresken und einem Hochaltar ausgestattet.

Südtiroler Weinbaumuseum, Goldstraße 1; geöffnet von Ostern bis Ende Oktober Di-Sa 9.30–12 und 14–18 Uhr, So und Feiertage von 10–12 Uhr, Mo geschlossen. Tel. 04 71/96 31 68. In den imposanten **Kellergewölben** des früheren Adlerkellers untergebracht, wird anschaulich der Weg der Traube vom Rebstock bis ins Glas dargestellt. Zudem

Rebhänge am Kalterer See

Oberitalienische Seen

wird die Geschichte des Weinbaus von den Römern bis zum heutigen Tag erläutert.

Zu umfassenden **Weinproben**, bei neuem Wein die „Törggelen-Partien", und Führungen durch die Weinkeller mit örtlichen Weinbauern kann man sich für ca. L. 20.000 beim Tourismusverein Kaltern anmelden. Die Führungen finden jeden Mittwoch gegen 16.30 Uhr statt.

Der **Kalterer Hof**, Goldgasse 23, Kaltern, hat eine sehr gute regionale und italienische Küche im **historischen Ambiente** des 16. Jh.s.

Eine geistvolle Tour in jederlei Hinsicht ist der **Weinritt**: Kultur, Natur sowie Wein und Essen werden auf einer Fahrt durch zehn Gemeinden des südlichen Südtirols vorgestellt. Der Weinritt, organisiert von den örtlichen Tourismusbüros, findet von April bis Mitte Juni und in der ersten Septemberhälfte statt. Weiterführende Informationen zu dieser Attraktion geben alle örtlichen Tourismusbüros.

Die **Südtiroler Weinstraße** ist von der Vorsaison bis spät in die Nachsaison touristisch stark beansprucht. Das liegt sicher auch an der Tatsache, daß der nur sieben Meter tiefe **Kalterer See** entgegen seinem Namen das wärmste Gewässer der Alpen ist und schon allein deshalb einen starken Anziehungspunkt darstellt.

Wem es die Heerscharen von Surfern und Badegästen an diesem See zu bunt treiben, dem sei beispielsweise eine Fahrradtour über kleine Forstwege zum nahe gelegenen **Montiggler See** empfohlen. Der romantisch in einem Wald versteckte kleine Badesee ist nicht ganz so überlaufen, allerdings um einige Grade kälter als sein großer Bruder.

Eine Weinprobe bei den örtlichen Winzern mit den traditionellen roten **Vernatsch-Weinen**, dem fruchtigen Weißen oder dem Gewürztraminer ist ebenso schmackhaft wie eine deftige **Bauernbrotzeit** mit „Speck am Brettl".

In Kaltern auf die S.S.42 fahren. Der Ausschilderung rechts Richtung Mendel-Paß folgen. Ab Kaltern kann man weitere zauberhafte, teilweise unbekannte **Berglandschaften** abseits der großen Touristenströme kennenlernen.

Die Staatsgrenze nach Italien wird zwar schon am Brenner überquert, aber typisch italienisch wird es erst nach dem Passieren des **Mendel-Passes** in Richtung **Lago di San Giustina**. Denn dort, direkt auf der Paßhöhe, verläuft auch die Grenze zwischen Südtirol und dem Trentino. Der langgestreckte Bergsee, Lago di San Giustina, zwischen Revo und Cles – übrigens das größte künstliche Wasserbecken des Trentino – liegt an der Kreuzung der S.S. 42 und 43 und hat bereits keinen deutschen Namen mehr. Bei den Ortsdurchfahrten umgibt den Reisenden schon deutlich italienisches Flair. Der Mendel-Paß mit seinen 1.365 m Höhe bei einer maximalen Steigung von 11% ist bequem mit jedem Reisemobil zu befahren.

Für denjenigen, der die Paßstrecke meiden will gibt es eine Alternativroute. Von Bozen auf der Autobahn 22 oder der S.S.12 in Richtung Süden bis **San Michele all'Adige/ Mezzocorona**. Von dort kann man die S.S.43 über Denno und Dermulo Richtung Cles fahren, wo sie am Lago di San Giustina wieder auf die S.S.42 stößt.

Ein Stop im **Höhenkurort Mendel** eröffnet einen der schönsten Ausblicke Südtirols mit seiner prächtigen und faszinierenden Bergwelt.

In der Nähe von **Fondo** am Ende des Mendelpasses befindet sich der **Burrone del Sas**, eine eindrucksvolle, 300 m lange, 60 m tiefe und sehr schmale Schlucht, die vom Fluß **Rio di Fondo** gegraben wurde. Am Südufer des Lago Smeraldo kann man über eine steile Eisentreppe in die Schlucht steigen.

Die S.S.42 führt weiter in das **Val di**

Stadtwappen von Kaltern

Oberitalienische Seen

Sole nach **Male**. Diese Route zu den Oberitalienischen Seen ist auch im Sommer nicht besonders befahren. Daher kann man selbst in der Hauptsaison hier relativ entspannt in unberührten Tälern mit ursprünglicher Wildnis Natur und Berge genießen.

Male 3

🛈 Ungefähr 70 km südwestlich von Bozen an der S.S.42. A.P.T. Viale Marconi 7, Tel. 04 63/ 90 12 80, Fax 90 15 63.

Die Stadt ist mit knapp 2.000 Einwohnern das Zentrum des Sole-Tals und deshalb erwähnenswert, weil hier der charakteristische **Baustil** für die bekannten „**Case Solandre**" beheimatet ist. Ein kleines Museum – Museo della Cività Solandra – stellt ein wertvolles Zeugnis der Geschichte der Talbevölkerung dar. Etwas weiter den Noce-Fluß aufwärts zweigt bei Dimaro die S.S.239 nach Süden in die bekannten Skigebiete von **Folgarida** und **Madonna di Campiglio** ab.

„Sommerlicher" Passo del Tonale

 Westlich von Male zwischen Commezzadura und Cusiona ist das stürmische Wildwasser des **Noce-Flusses** ideal zum Angeln und **Wildwasser-Rafting**. Viele Rafting-Schulen entlang der Strecke bieten Kurse und Touren an.

🅿 Stellplätze zum Rafting am Noce-Fluß. Nach **Cusiano** liegen am Südufer des Noce viele ruhige Stellplätze an den Rafting-Schulen.

 In **Cusiono-Ossana** an der S.S.42 befindet sich die Ruine des Castello di Ossana mit einer ehemals mächtigen **Befestigungsanlage**.

➡ Nach Cusiano steigt die S.S.42 zum Tonale-Paß (1.883 m) an, eingekeilt zwischen den Gebirgszügen Adamello-Presanella und der Cevedale-Ortlergruppe.

Der **Passo del Tonale** ist die Grenze zur Region **Lombardei**. In einfach zu fahrenden Kehren schraubt sich die gut ausgebaute Straße mit bis zu 10% Steigung auf 1.883 m Höhe hinauf. Hier oben kann das Wetter schon mal plötzlich umschlagen und es auch in der Hauptsaison zu heftigen Schneefällen kommen. Selbst im April sind noch meterhohe Schneewände auf der Paßhöhe zu besichtigen. Des einen Leid, des anderen Freud – auch im Sommer ist auf dem nahegelegenen **Presanella-Gletscher** voller Skibetrieb möglich.

 Wen ein bißchen Abenteuer reizt, dem sei – mit einem passenden

Oberitalienische Seen

Fahrzeug – direkt nach dem Tonale-Paß bei Ponte di Legno die Abzweigung auf die kleine Kreisstraße 300 in Richtung der **Seen** des **Stilfser Nationalparks** empfohlen. Die Straße war bisher ohne Belag, völlig unbefestigt und zwischen 16–20% steil; für normale Reisemobile also nicht geeignet.

Man gelangt über S. Catarina Valfurva nach Bormio und von dort zu den schweizerisch-italienischen Grenzseen Lago di Cancano, Lago di S. Giacomo und weiter nach Livigno – beliebt wegen zollfreien Einkaufs – an den Lago di Gallo. Natürlich kann man Bormio, ab Tirano auf der S.S.38, auch mit dem Reisemobil völlig unspektakulär erreichen und von dort eine unbedingt empfehlenswerte Rundtour durch den Stilfser Nationalpark machen.

P Stellplatz Stilfser Nationalpark: ausgeschilderter Wohnmobilstellplatz in Santa Caterina Valfurva mit Ver- und Entsorgung, L. 10.000 pro Nacht.

➡ Nun muß der letzte, aber flache Paß – der Aprica mit 1.176 m Höhe – überwunden werden, um auf der S.S.39 über Tresenda den nächsten Anlaufpunkt, das verschlafen wirkende Städtchen **Tirano** im Veltliner Tal zu erreichen. Das Veltlin ist ein langgestrecktes, weites und sonniges Alpental, durch das der Oberlauf der **Adda** fließt.

Tirano 4

i Ungefähr 8 km nordöstlich von der Abzweigung der S.S.39 direkt an der S.S.38. Info-Pavillon, Viale Italia 183.

Dort hängt ein Stadtplan von Tirano aus; die Abfahrts- und Ankunftszeiten der Rätischen Bahnen sind dort ebenfalls zu erfahren.

P **Wohnmobilhafen** Tirano mit Ver- und Entsorgung, Via Monte Padrio, für ca. 30 Mobile, fünf Fußminuten vom Hauptbahnhof und dem Stadtzentrum entfernt. Der Stellplatz wird teilweise auch als **Marktplatz** genutzt, deshalb sind Teile des Platzes an Markttagen (einmal wöchentlich) gesperrt.

Die Hauptattraktion in der Stadt sind die **Adelspaläste** aus dem 15. bis 17. Jh.: Besonders zu empfehlen ist der **Palazzo Sertoli Salis** mit seinem bekannten Weinkeller. Er kann nach Voranmeldung – Tel. 03 42/70 45 33 – besucht werden.

Die knallroten Züge der Rhätischen Bahn

Oberitalienische Seen

In umittelbarer Nähe steht die Wallfahrtskirche **Madonna di Tirano**, ein dreischiffiger Renaissancebau mit der berühmten, **handgeschnitzten Orgel** mit 2.000 Zinnpfeifen, die zum Dank für das Ende einer Pestepidemie von den Einwohnern gestiftet wurde.

🍽 Preisgünstiges, reichhaltiges Essen gibt es im gutbürgerlichen Ristorante **Belvedere** an der Piazza Basilica 57. Die Gaststätte ist vom Stellplatz in drei bis vier Gehminuten zu erreichen.

Tirano hat eine Sehenswürdigkeit der besonderen Art zu bieten: Mitten durch den Ort über die **Piazza della Basilica** fahren ohne Schranke, nur durch ein Blinklicht angekündigt, die knallroten Züge der **Rhätischen Bahn**. Hier ist der Endbahnhof des Bernina Expresses St. Moritz – Tirano. Die atemberaubende Fahrt mit dem Bernina-Express über schwindelerregend hohe Brücken und das weltweit einmalige **Kreisviadukt** von Brusio wird bleibende Eindrücke hinterlassen. Wie eine Bergziege klettert die Bahn ohne Zahnstangen zum Bernina-Paß auf 2.253 m, um ihre Fahrgäste in die Welt des ewigen Eises und Schnees zu entführen. Eine wahrhaft kühne Streckenführung ohne lange Tunnel erwartet den Zugreisenden. Die Fahrt mit der Rhätischen Bahn durch das **Poschiavo-Tal** auf den Poschiavo oder auf den Bernina kostet bis Poschiavo ca. 9.000 Lire. Die Bahn fährt vom 23. Mai bis zum 24. Oktober. Die Fahrt in das reizvolle Poschiavo-Tal zum Lago di Poschiavo kann man auch mit dem Reisemobil machen. Das Puschlav-Tal, so sein deutscher Name, gilt zu recht als sehr südländisch und fruchtbar.

🎁 Interessant sind Abstecher in die Schweiz zum Tanken, da der Treibstoff bei den Eidgenossen deutlich billiger als in Italien ist. Dazu ab Tirano die S.S.29 bis **Campocologno**, den Grenzübergang in die Schweiz, benutzen.

🚗 Empfehlenswert ist ein Abstecher von Tirano in den 20 km entfernten Ort **Grosio**. In seiner Umgebung liegen die majestätischen Ruinen der Burg **Visconti Venosta** und der „Parco delle inscisioni rupestri" – werktags geöffnet – mit interessanten prähistorischen Felsmalereien aus dem dritten Jahrtausend vor Christus.

🚗 Eine lohnenswerte Fahrt führt zum kunsthistorisch interessantesten Ort des Valtellina, nach **Teglio**, auf dem Weg Richtung Sondrio. Teglio liegt fast 900 m hoch und ist auf einer kurvigen **Bergstrecke** oder der abwechslungsreichen „Panoramica dei Castelli" zu erreichen, die Bergfreunde als eine der **schönsten Hochstraßen Europas** schätzen. Das beschauliche Bergstädtchen Teglio selbst überrascht mit imposanten Palazzi und eindrucksvollen Sakralbauten, die niemand hier oben vermutet.

➡ Weiter geht's flußabwärts entlang der **Adda**, nun auf der S.S.39, in Richtung der Provinzhauptstadt Sondrio.

Sondrio 5

ℹ An der S.S.38 ungefähr 55 km östlich vom Comer See gelegen. A.P.T. (für Sondrio, Bormio, Tirano): Via Cesare Battisti 12, Tel. 03 42/21 25 90. Ein Wassersportführer „Wasserwege der Lombardei" ist hier erhältlich, kann aber auch über das Italienische Tourismusbüro ENIT in Frankfurt/Main bezogen werden.

Das lebhafte Sondrio lädt mit schönen Plätzen wie der **Piazza Campello** zu einer Espresso-Pause ein. Hier befindet sich ein wunderschöner **Renaissancepalast** mit einem alten Brunnenhof aus dem 16. Jh. Auch die Kirche **Gervasio e Protasio** mit dem freistehenden Glockenturm ist sehenswert. Vor allem ist Sondrio aber ein Weinort. Ausflüge in die Weinberge nach **Montana** oder **Poggiridenti** sind empfehlenswert.

🚗 Die Adda mit ihren Zuflüssen ist in diesem Abschnitt ein Mekka für **Wassersportler**. Ob Kanu, Kajak oder Schlauchboot, für Anfänger und Profis bietet der Fluß Abwechslung, sportlichen Anspruch – mit allen nur

Oberitalienische Seen

denkbaren Schwierigkeitsgraden – und führt durch die beeindruckende Valtelliner Landschaft. Geübte können in verschiedenen Abschnitten vom Oberlauf der Adda bis zur Mündung in den Comer See paddeln.

P An den jeweiligen Ausleihstationen für Kajak, Kanu und Schlauchboote kann meist kostenlos direkt am Fluß geparkt und übernachtet werden.

In dieser Gegend wird der aus Vollmilch hergestellte Vollfett-Käse **Bitto** produziert, der überall auf den Hütten der Täler Bitto, Tartano, Madre, Maso und Brembana angeboten wird.

Ganz dem Bitto-Käse sind zwei bekannte **Feste** in der Region gewidmet: Am letzten Sonntag im September finden in **Gerola Alta** das „Saga del Bitto" und im Oktober in **Morbegno** die „Monstra del Bitto" mit einem großen Kunst- und Handwerkermarkt statt; das lebendige Treiben sollte man genießen.

COLIBRI GEHEIMTIP

Das **Bittotal** kann mit dem Kanu in einem Kurztrip von Bema nach Morbegno erkundet werden. Ab Bema, südlich von Morbegno gelegen, geht die drei Kilometer lange Fahrt mit 100 m Höhenunterschied zur Mündung des Gerolatals in das Albaredotal. Imposant ist die **Schlucht**, die vom Zentrum Morbegnos aus in Richtung Süden bis zu den Abzweigungen Albaredo und Gerola reicht. (C4)

➡ Weiter auf der S.S. 38 bis zum Nordufer des Comer Sees.

Nach so viel Bergwelt wird es endlich Zeit für Wasser: der **Comer See** ist in Sicht. Viel beschrieben – und viel besucht – ist das blaue Wunder oder der **Lario**, wie er bei den Einheimischen nach seiner lateinischen Bezeichnung „Lacus Larius" genannt wird. Er hat eine Ausdehnung von 147 km^2, liegt im Nordwesten der Region **Lombardei** und teilt die von einer mächtigen Alpenkulisse gesäumten Provinzen **Como** und **Lecco**.

Das Markenzeichen des Sees ist seine Form: ein auf den Kopf gestelltes Y. Sein Ursprung rührt – wie bei allen oberitalienischen Seen – von der **Eiszeit** her und ist der Grund für die seltsame, fjordartige Ausprägung.

Wunderschöner Blick auf den Lago di Como

Oberitalienische Seen

Surferparadies Domaso

Ein Vorzug des gesamten Seengebietes ist natürlich das überaus milde Klima mit der daraus resultierenden üppigen Vegetation. Die Bergketten der Alpen verhindern das Eindringen der kalten **Nordwinde** und der **Höhenströmungen** vom Atlantik. Im Sommer wird Wärme in den Seen gespeichert und im Winter wieder abgegeben. So ist es kein Wunder, daß man knapp hinter den Alpen noch bis spät ins Jahr hinein unter Palmen, Azaleen und Zypressen in fast mediterranem Ambiente den Ausblick auf das leuchtend blaue Wasser des Sees genießen kann.

Der Comer See ist nach wie vor eine touristische Hochburg. Hauptziel vieler italienischer Wochenendgäste aus dem nahegelegenen Mailand ist der Süden des Sees mit Como und Lecco. Im Norden bis **Menaggio** geht es deshalb selbst in der Hauptsaison etwas ruhiger zu, der noble Touch der Villen und Grand Hotels fehlt hier. Dafür gibt es jede Menge Campingplätze; außerdem ist der Norden ein Paradies für **Windsurfer**.

➡️ Man folgt der S.S.38 um die Nordspitze des Sees und biegt dann auf die N 340d, um nach **Domaso** zu gelangen.

Domaso 6

Dieses freundliche Dorf – 14 km nördlich von Menaggio gelegen – ist ein wahres Eldorado für Windsurfer. Dort sind die Berge weiter vom See entfernt, und so können der Südwind **Breva** sowie der heftige Föhnwind **Tivano** von Norden ungehindert über den See hinwegbrausen. Zwölf Campingplätze am Ort dokumentieren die große Beliebtheit des Ortes bei seinen Gästen.

Zwei **Surf-Center** bieten in Domaso ihre – deutschsprachigen – Dienste an: Surf-Schule Peter Veh, direkt am Strand, und Hans Hunkeler am Campingplatz Paradiso. Beide Surf-Schulen sind im Ort ausgeschildert.

🅿️ Die Surf-Schulen bieten selbstverständlich ruhig gelegene Stell- und Übernachtungsplätze für Reisemobile an.

Der Campingplatz **Quiete e Letizia** hat 134 Stellplätze, die unter hohen **Laubbäumen** liegen. Entsorgungsmöglichkeiten für Wohnmobile stehen zur Verfügung. Geöffnet ist der **strandnahe Campingplatz** vom 1.3. bis 31.10., Tel. 03 44/9 50 89.

Oberitalienische Seen

Hier am See werden keine langen Fahrtstrecken mehr benötigt, um immer wieder interessante Sehenswürdigkeiten zu finden. Nur wenige Kilometer von Domaso entfernt liegt **Dongo**, ein schon im Mittelalter wichtiges Zentrum, das sich seinen antiken Ortskern erhalten hat. Auf dem Dorfplatz von Dongo fällt sofort der **Palazzo Manzi** ins Auge. Sehenswert sind neben dem Marktplatz die Kirche **Santo Stefano** aus dem 17. Jh. und die kleine, sehr romantische Kirche **Santa Maria Martinico**.

Jeden ersten und dritten Donnerstag im Monat ist Markttag in Dongo. Das fröhliche Treiben vor **historischer Kulisse** ist einen Ausflug wert, zumal man sich noch mit frischen Lebensmitteln aus der Region eindecken kann.

COLIBRI GEHEIMTIP

Die Buslinie C 17 führt von Domaso in das Dörfchen **Stazzona**. Der Ort liegt malerisch am Hang oberhalb von Dongo. In Stazzona gibt es zahlreiche „Grotti", das sind natürliche Höhlen im **Berghang**, in denen man einheimischen Wein und die typische „Grotto"-Küche der Region genießen kann. (B4)

Die Fahrt führt auf der N 340d entlang des Westufers in südlicher Richtung nach Menaggio.

Menaggio 7

Tourist-Info Menaggio an der Piazza Garibaldi 4. Die perfekt deutsch sprechenden Angestellten sind überaus freundlich und hilfsbereit und halten eine Reihe von interessanten Broschüren über Ausflüge und Wanderrouten rund um Menaggio bereit. Tel. 03 44/3 29 24.

P Stellplätze befinden sich direkt an der Promenade Lungo Lago Bendetto Castelli, an der Via Capresi und der Via Armando Diaz in der Nähe des Campingplatzes. Der herrliche Stellplatz am See lädt dazu ein, in Menaggio etwas länger zu verweilen, zumal dies ein idealer **Ausgangspunkt** für Wanderungen und Ausflüge ist.

Menaggio liegt direkt am See. Es hat sich seine Natürlichkeit trotz der jährlich eintreffenden Touristen noch erhalten können. Die beiden **Grand Hotels** liegen dezent am Rande des Ortes.

Menaggio am Comer See

Oberitalienische Seen

Der Ort ist bei deutschen Urlaubern sehr beliebt und dennoch selbst im August relativ ruhig. Am Wasser ist viel Platz, es gibt gepflegte **Promenaden** mit schattigen Bäumen, Rasen und Blumenbeeten, am Ende ein Blick auf das edle Hotel Victoria, mit einem schmalen Kiesstrand davor. An der Promenade kann man – mit offizieller Erlaubnis der Gemeinde – direkt auf zwei großen Parkplätzen mit wunderschönem **Seeblick** sein Reisemobil abstellen und den Sonnenuntergang während eines Bummels entlang der Promenade genießen.

Etwas nördlicher befinden sich ein Minigolf-Platz und der **Lido Giardino**, ein gut eingerichtetes Strandbad mit großem Pool. Von der Piazza Garibaldi Richtung Innenstadt kommt man durch einige Altstadtgassen zur Hauptkirche **Santa Marta** von Menaggio. Links von der Kirche führt ein rustikal gepflasterter Weg – die **Via Castelliano da Castello** – hinauf zur Burg. Die mittelalterliche Festung ist einen Besuch wert.

Pizzeria Lugano, Via Como, backt die knusprigsten Pizzen in Menaggio und Umgebung.

Lohnenswert ist eine Wanderung auf das **Rifugio Menaggio**. Ab Breglia – ca. 7 km von Menaggio – führt eine Wanderung von knapp zwei Stunden bei einer Höhendifferenz von 660 m auf den Hausberg von Menaggio, den **Monte Grona**. Das Rifugio – eine Berghütte – liegt auf knapp 1.400 m Höhe am Hang des Monte Grona. Von dort hat man eine fast unbegrenzte Aussicht auf den See und die umliegenden Berge. Von dem etwa zehn Gehminuten entfernten „Pizzo Coppa" sieht man sogar das ganze „Val Menaggio" mit dem **Lago di Piano** und dem wunderschönen Luganer See. In der Rifugio-Berghütte kann man gut essen und trinken, wenn nötig sogar übernachten. Sie ist in der Hochsaison durchgehend geöffnet, in der Nachsaison nur an Feiertagen und Wochenenden (Tel. 03 44/ 3 72 82).

Für eine längere Wanderung mit Übernachtung bietet sich der berühmte **Vier-Täler-Weg** (Il Sentiero delle 4 Valli) ab Breglia an. Er ist 50 km lang, gliedert sich in drei Abschnitte und führt durch das Val Sengara, Val Cavargna, Val Rezzo sowie das Valsolda. Der Weg endet in **Dasio**, einem kleinen Dorf oberhalb des Luganer Sees.

Ein Park in Belaggio

Oberitalienische Seen

Rundfahrten mit dem Schiff bieten die Möglichkeit, die Schönheiten des Sees einmal aus einer anderen Perspektive zu genießen. Viele Sehenswürdigkeiten wie **Villen**, **Gärten** und **Parkanlagen** sind von der Uferstraße her nicht immer gut zu sehen. Selbst eine **Kreuzfahrt mit Diner** ist auf dem Comer See möglich. Informationen gibt es in den Tourismusbüros und bei Navigazione Lago di Como an den Anlegestellen der Schiffe.

Mit dem Schiff gut von Menaggio zu erreichen ist **Bellagio**, das mit dem Fahrzeug nur von Como und Lecco aus zugänglich ist. Das reizvolle Dorf besitzt mit seinen **Treppengassen**, vielen kleinen **Piazzi** sowie berühmten Cafés und Hotels den Charme eines Ortes mit einer großen, mondänen Vergangenheit. Es liegt an der Spitze der Halbinsel, die den Comer See im Süden in zwei große Arme teilt.

Sehenswert sind in Belaggio die **Villa Serbelloni** und die **Villa Melzi**, die beide über wunderschöne Garten- und Parkanlagen mit jahrhundertealtem Baumbestand verfügen. Geführte Besichtigungen können im Tourismusbüro Bellagio, Piazza della Chiesa, Tel. 0 31/95 02 04, reserviert werden.

Nicht billig, aber für eine Luxus-Kaffee-Pause sollte man sich das einmalige Vergnügen gönnen, in der **Pasticcerie &**

Villa Carlotta in Tremezzo

Bar Rossi im Laubengang, unter der riesigen Markise oder in den Korbstühlen direkt am Wasser einen Cappuccino zu trinken.

Gut bürgerlich und preiswert geht es im Ristorante **Pizzeria Carillon** am Südteil der Promenade zu. Im Sommer ist das Restaurant allerdings hoffnungslos überlaufen.

Etwa fünf Kilometer südlich von Menaggio liegt der Ferienort **Tremezzo**. Die Hauptattraktion ist ohne Zweifel die **Villa Carlotta**. Sie gehört zu den prächtigsten Palazzi am See. Erbauen ließ sie ein Mailänder Senatspräsident namens Marchese Girgio Clerici im Jahre 1747. 1856 gelangte der Besitz in die Hände der Prinzessin Marianne von Preußen, die das Anwesen ihrer Tochter Charlotte zur Hochzeit mit Prinz Georg von Sachsen-Meiningen schenkte. Seit diesem Zeitpunkt trägt die Villa ihren heutigen Namen. Die Ausstattung und Einrichtung der Villa ist gewöhnungsbedürftig, die Grenze von Kunst zu Kitsch ist fließend. Keine Diskussion gibt es allerdings, wenn man den riesigen botanischen Garten, den Park betritt: Hier gedeihen

Oberitalienische Seen

Orangen, Palmen, Zedern, Azaleen – und sogar Mammutbäume. Ein Muß für Freunde schöner Gartenanlagen. Villa Carlotta, Tremezzo, oberhalb der Seeuferstraße, geöffnet täglich von 9 bis 18 Uhr, Eintritt knapp L. 8.000.

Das Ristorante Rusall liegt oberhalb von Tremezzo im Dorf **Rogaro**. Hier gibt es neben einem wunderbaren Blick auf den See schmackhaftes Essen.

Auch das nahe von Cadenabbia gelegene **Mezzegra** schrieb Geschichte: Der ruhige Ferienort, hauptsächlich bestehend aus herrschaftlichen Villen, kam zu zweifelhaftem Ruhm durch die Hinrichtung des „Duce" Benito Mussolini und seiner Geliebten Clara Petacci. Ein kleines Kreuz an der Straße markiert den Ort des Geschehens vom 28. April 1945. Mussolini war kurz vorher von Partisanen in Dongo gefaßt worden, als er sich auf einem LKW in Richtung Schweiz absetzen wollte.

Direkt im Zentrum von Menaggio kann man auf die S.S.340 fahren. Die Straße steigt steil an und führt am Lago di Piano vorbei in Richtung Schweiz und Luganer See. Wer nochmal seine Wanderschuhe schnüren möchte, dem sei ein Stop in **Piano di Porlezza** empfohlen. Der Campingplatz Ranocchio mit altem Baumbestand und einem riesigen **Badestrand** unmittelbar am Lago di Piano ist ein ideales Basislager für Wanderungen und Entdeckungstouren in die umliegenden einsamen, fast unberührten Täler. Oma und Mama di Cremella leiten den hübschen Campingplatz in herzlicher und sehr familiärer Atmosphäre.

Camping Ranocchio, Via al Lago 7, Piano di Porlezza, geöffnet vom 1.4.–30.9., Tel. 03 44/ 7 03 85.

Folgt man der S.S.38 weiter, kommt man in die am Luganer See gelegene Stadt Porlezza. Im Gegensatz zum neureichen Touch des Tessiner Seengebietes geht es im italienischen Hauptort der Region ruhiger zu. Neben der Promenade und einer kleinen Altstadt empfiehlt sich auch der Besuch der **Grotte von Rescia** auf der Straße nach Ostendo, die malerisch an einem kleinen **Wasserfall** liegt.

Luganer See 8

Der Nordteil und das Westufer des Sees sind auf der S.S.340 zu erreichen.

Der Luganer See ist größtenteils **schweizerisch**, nur der östliche Arm ragt in **italienisches Gebiet** hinein. Ungeteilt jedoch ist die herrlich grüne Gebirgslandschaft des Luganer Sees, auch **Ceresio** genannt. Das Gewässer erscheint wie eine Reihe blauer Fjorde, an denen sich kahle Landstreifen und grüne, dicht besiedelte Gebiete abwechseln. Von dieser, den See umgebenden Landschaft kann man aufgrund der geographischen Gegebenheiten immer nur kleine Abschnitte bewundern. Dem Besucher bietet sich hier ein mildes Klima für Ausflüge, Wassersport und einen ruhigen Aufenthalt in kaum überlaufenen Ortschaften.

Vor der Weiterfahrt in Richtung Luino am Lago Maggiore bietet sich ein Ausflug in die Natur an: auf den 1.100 m hohen **Monte San Giorgio**, der den südlichen Teil des Sees in zwei Arme teilt. Dieser Berg – über die Südspitze des Sees zu erreichen – ist aufgrund der Fossilienvorkommen von Amphibien, Fischen und Reptilien berühmt.

Einige der dort ausgegrabenen Funde sind im naturwissenschaftlichen Museum von Meride, in der Ortsmitte von **Meride** an der Straße zum Monte San Giorgio, ausgestellt. In der Nähe der Fossilienfundorte kann man im Sommer die seltenen **Alpenveilchen** (Zyklamen) in voller Blüte bewundern.

Wer seine Urlaubskasse mutwillig aufs Spiel setzen möchte, für den ist ein Abstecher in die italienische Enklave **Campione d'Italia** auf **Schweizer Staatsgebiet** Pflicht. Der Ort beherbergt das große Spielcasino „Casino

Beschauliche Morgenstimmung am Luganer See

Oberitalienische Seen

Gemütliche Bootsfahrten mit Blick auf Lugano

Municipale"; Öffnungszeiten 15.30–2.30 Uhr. Neben dieser Hauptattraktion finden sich noch zwei sehr schöne Kirchen im Ort, allen voran die Kirche **Santa Maria dei Grilli**.

➡ Um schnell und einfach weiter zu den im Westen gelegenen Seen zu kommen, durchquert man am besten den Schweizer Südzipfel und fährt auf der S.S.340 zur Grenze. Die N23 führt über **Lugano** bis zum Grenzübergang bei **Ponte Tresa** wieder in italienisches Gebiet. Ab hier führt eine kleine Landstraße in nordwestlicher Richtung an der Landesgrenze entlang nach **Luino** am **Lago Maggiore**.

🅿 Im Grenzort Ponte Tresa steht im Ortszentrum ein **Großparkplatz** auch für Übernachtungen mit dem Reisemobil zur Verfügung.

Alternativ bietet es sich ab Lugano an, noch in der Schweiz zu verweilen und im letzten Eckchen des Tessins so berühmte Orte wie **Locarno** und **Ascona** zu besuchen, also den Lago Maggiore über die Nordspitze herum an seiner ebenfalls sehr reizvollen Westseite zu umfahren, um auf der S.S.34 über Cannobio und Cannero Riviera in die Region Piemont nach Verbania zu gelangen.

➡ Von Ponte Tresa sind es noch 12 km auf der S.S.394 nach Luino.

Mit Luino erreicht man den **Lago Maggiore**. Der See, der in Italien **Verbano** genannt wird, ist nach dem Gardasee das zweitgrößte Binnengewässer Italiens. Wie andere große Seen der Voralpen entstand auch er während der **Eiszeit**. Das Seebecken erstreckt sich zum größten Teil auf italienischem Gebiet, nur der nördliche Arm ragt in die Schweiz hinein. Die Menschen siedelten sich in sehr früher Zeit an diesem See und seiner Umgebung an, was durch die Fundstücke der Zivilisation von Golasecca – zu Beginn des 9. Jh.s v. Chr. – bezeugt wird. Grund dafür war nicht nur das milde Klima, sondern auch die geographische Lage. Verschiedene Verkehrslinien bilden hier einen Knotenpunkt. Es lag daher nahe, daß diese Eigenschaften den See und seine Umgebung in eine ideale Ferienoase verwandeln würden. Die herrlichen Villen der Neuklassik und des Jugendstils zeugen von einer Zeit, in der der Tourismus noch einer Elite vorbehalten war.

Luino 9

ℹ Am Ostufer des Lago Maggiore gelegen an der S.S.394. Tourist-Infor-

Oberitalienische Seen

Der Lago Maggiore bei Luino

mation, Viale Dante Alighieri 6, Tel. 03 32/ 53 00 19.

🅿️ Luino bietet zwei Stellplätze links und rechts des **Viale Dante** am Bootshafen mit direktem Seeblick an.

Luino ist ein mittelgroßer, lebhafter Ort mit einer schönen, am Hang gelegenen Altstadt. Über dem Hafen thront eine **goldene Madonnenstatue**, und die herrliche Uferpromenade lädt zum Spazieren ein. Hier ist der Renaissancemaler **Bernadino Luini** um 1480/85 geboren, dem großer Ruhm allerdings verwehrt blieb. In der Kirche San Pietro in Campagnon findet sich ein Fresko von ihm. Teile seines Gesamtwerkes befinden sich in Mailand.

„Von allem etwas" gibt es auf dem riesigen **Wochenmarkt** im Zentrum von Luino. Jeden Mittwoch kann man dort Kleider, Handwerksgegenstände, Obst und andere Lebensmittel erstehen.

➡️ Auf der S.S.394 am östlichen Seeufer entlang führt der Weg teilweise durch Tunnels in südliche Richtung nach **Laveno Mombello**.

Laveno 10

Laveno, einst als die **Keramik-Hauptstadt der Region** bekannt, ist eine ruhige und hübsche Kleinstadt. Keramikfunde aus vorgeschichtlicher Zeit zeugen vom ehemaligen Ruhm. In der Innenstadt gibt es ein großes **Keramik- und Porzellangeschäft** mit riesiger Auswahl.

In der Nähe des Fähranlegers liegt die Talstation der Gondelbahn auf den **Colle Santa Elsa**, der mit 974 m Höhe einen grandiosen Ausblick über den See gewährt. Mit diesem Kurzausflug kann man wunderbar etwaige Wartezeiten an der Fähre überbrücken.

🅿️ Auf dem Nebenplatz des Fährparkplatzes kann etwa 500 m abseits relativ ruhig und kostenlos übernachtet werden. Zum Zentrum sind es von hier nur wenige Minuten.

Unweit von Laveno, in **Reno**, ist in die steilen Felswände des Sasso Ballaro der Klosterkomplex **Santa Caterina del Sasso** eingelassen. Ein reizvoller Fußweg und eine Autostraße führen in die ehemalige Einsiedelei aus dem 13. Jh.

🅿️ Auf dem Parkplatz des Klosters, etwa

Oberitalienische Seen

zehn Fußminuten entfernt, kann man ruhig und eben in seinem Reisemobil übernachten.

Von Laveno geht eine **Autofähre** über den Lago Maggiore nach **Verbania** (Abfahrt jede halbe Stunde von 5 bis 24 Uhr, Dauer der Fahrt 20 Minuten, für ein 6 m-Wohnmobil mit zwei Personen fallen Kosten von 23.000 Lire an).

Verbania 11

Tourist Office Verbania, Pavillon am Kurhaus, Corso Zanitello 6, Tel. 03 23/50 32 94.

Verbania bietet zwei schöne, am See gelegene Stellplätze an. Der große Parkplatz direkt gegenüber der Villa Taranto, Via Vittorio Veneto, Ortsteil Pallanza, und der Parkplatz **Largo Tonolli** am Seeufer mit herrlichem Blick auf die **Borromeischen Inseln**. Achtung: Freitags von 7–13 Uhr kein Stellplatz – Markttag!

Verbania ist der größte Ort am Westufer des Lago Maggiore. Er besteht aus den Ortsteilen **Intra** und **Pallanza**, die durch einen Kanal getrennt sind. Im nördlichen Intra ist die Fährstation für Überfahrten in Richtung Luino, Locarno und Laveno. Reizvoller ist der Stadtteil Pallanza. In seinem alten Viertel findet man romanische Kirchen und barocke Paläste.

Freunde der Botanik sollten die **Villa Taranto** besichtigen. Sie wurde 1875 von dem Grafen Orsetti an der Anhöhe **Castagnola** zwischen Intra und Pallanza gebaut und war praktisch verfallen, als sie 1931 von dem schottischen Kapitän Neil MacEcharn gekauft wurde. Er gestaltete den Park völlig um und kultivierte zahlreiche seltene Pflanzen aus fernen Ländern. 1938 vermachte er Haus und Garten dem italienischen Staat. Auf ca. 20 Hektar gedeihen hier über 20.000 Pflanzenarten: Eukalyptusbäume und Magnolien, Tulpen und Lotosblumen, Zwergastern und Hortensien sowie zahlreiche tropische Pflanzen. Die Villa Taranto ist nicht nur ein **botanischer Garten** von großer wissenschaftlicher Bedeutung, sie umfaßt ebenfalls eine beachtliche **Fachbibliothek**. Außerdem ist sie ein Ort von malerischer Schönheit, wo sich Wege und Terrassen, Rasenflächen und Brunnen, Wasserbecken und -fälle abwechseln. Villa Taranto, Ortsteil Pallanza, Tel. 03 23/4 45 55 (Kartenverkauf), April bis Oktober, täglich

Rundfahrt durch Verbania

Oberitalienische Seen

8.30–19.30 Uhr, Eintritt umgerechnet ca. L. 6000.

Das lokale **Museo storico-artistico del Verbano e del paesaggio** im barocken Palazzo Viani-Dugani beherbergt neben einer archäologischen Sammlung auch eine Gemäldegalerie mit Werken aus dem 19. und 20. Jh. Museum Stadt Verbania, Palazzo Viani-Dugani, Via Marconi/Via Ruga – montags geschlossen, Di-So 10-12, 15-18 Uhr, ca. L. 2.000 Eintritt.

Eine reizvolle Villa mit Park ist die **Villa Giulia** aus dem 19. Jh., die den Kursaal von Verbania beherbergt, Corso Zanitello. Eintritt frei, April bis Oktober, 9–12 Uhr und 15–18.30 Uhr geöffnet.

Osteria del Lago, Via Tacchini 2, gute und preiswerte Küche.

Il Torchio, Via Manzoni 20, bietet Hausmannskost vom Feinsten.

Ein wunderschöner Ausflug ist der Besuch der **Borromeischen Inseln** per Schiff, L. 15.000 für Hin- und Rückfahrt. Die drei Inseln **Isola Bella, Isola dei Pescatori** und **Isola Madre**, werden im Sommer allerdings von Touristenscharen besucht. Außerhalb der Hauptsaison, im Herbst bei klarem Licht oder im Frühjahr zur **Blütenpracht** wird ein Aufenthalt zu einem ganz besonderen Erlebnis. Auf der Isola Bella ist eine Besichtigung des Palastes der Borromeo-Familie ein eindrucksvolles Erlebnis.

Ein **idyllisches Fischerdorf** kann auf der Isola dei Pescatori in Augenschein genommen werden, und auf der Isola Madre kann man durch wunderschöne Natur spazieren.

Magicamper, Viale Azari, Verbania, Tel. 03 23/55 61 37.

Camping Continental, Fondotoce di Verbania, ab Kreisverkehr Richtung Gravellona ausgeschildert, schön gelegener Campingplatz an der Mündung des Toce, etwa 4 km westlich von Verbania, mit separaten Wohnmobilstellplätzen und Ver- und Entsorgungsanlage.

Auf der S.S.34 führt der Weg südwestlich weiter bis Gravellona-Toce; hier stößt man auf die S.S.229 nach Omegna.

Alternativ kann man vorher noch das Westufer des Lago Maggiore besuchen. Hierzu fährt man ab Gravellona auf die S.S.33 bis zur Uferstraße und macht einen Abstecher nach Baveno und Stresa.

Baveno ist ein kleiner, relativ ruhiger wohnmobilfreundlicher **Urlaubsort am See** mit einer hübschen Promenade unter Palmen. Wer nicht im wesentlichen hektischeren und mondänen **Stresa** nächtigen will, der hat mit dem Reisemobilstellplatz von Baveno einen guten Ausgangspunkt für Touren in die Umgebung. Auch von hier aus kann man zu den Borromeischen Inseln fahren.

An der S.S.33 gelegen. Tourist-Information, Corso Garibaldi 16, Tel. 03 23/92 46 32.

Ausgeschilderter, kostenloser Reisemobil- und Busstellplatz in Nähe der Ortsmitte, geschottert, mit Ver- und Entsorgungsstation.

Das Städtchen **Stresa**, die „Perle des Verbano", liegt in herrlicher Lage an den Hängen des **Mottarone** und bietet im Sommer ein frisches, im Winter ein mildes Klima, Landschaften und Gärten von überwältigender Schönheit, Lokale und kulturelle Veranstaltungen. Weiterführende Informationen gibt es bei der Tourist-Information, Via Principe Tomaso 72, Tel. 03 23/3 01 50, Fax 3 25 61. Allerdings zählt Stresa bereits seit dem letzten Jahrhundert zu den Hochburgen des Lago Maggiore-Tourismus. Mächtige **Belle-Epoque Luxushotels** und ein recht hohes Preisniveau zeugen von einem ehemaligen Treffpunkt der Reichen. Für Gaumenfreuden sorgen die gastronomischen Spezialitäten von Stresa: Hecht in saurer Sauce, kleine Weißfische, Flußbarschfilets, Reis mit Schleien, Schnecken mit Kräutern gewürzt und die „margheritine", das typische Gebäck des Sees, das es in den Konditoreien in Stresa zu kaufen gibt.

Oberitalienische Seen

Stresa ist bekannt für seine kunstvollen **Handstickereien**, die in vielen Geschäften rund um die Piazza Marconi angeboten werden.

Taverna del Papagallo, Via Principessa Margherita 40. Das gemütliche Restaurant verfügt über eine hübsche Terrasse im Hinterhof und einen netten Service. Die Gerichte sind köstlich, allerdings nicht ganz billig.

Lohnend ist eine Seilbahnfahrt auf den 1.400 m hohen Berg **Mottarone**, Hin- und Rückfahrt L. 18.000.

Von Stresa zurück verläßt man auf der S.S.33 den Lago Maggiore und gelangt an die Kreuzung von S.S.34 und S.S.292 bei **Gravellona**. Wieder auf der S.S.292 geht es Richtung Süden weiter an die **Nordostseite** des **Ortasees** bis Omegna.

Omegna 12

Ungefähr 6 km südlich von Gravellona, am Ortasee gelegen, erreichbar über die S.S.292. I.A.T. Piazza XXV Aprile, Tel. 03 23/6 19 30.

Omegna, die größte Stadt am See, liegt am nördlichen Ende des Lago d'Orta. Umgeben von einem Kranz grüner Hügel und Berge, verleiht das Landschaftsbild dem Ortasee einen stillen einzigartigen Zauber. Auf der ebeneren Ostseite erstreckt sich eine **Halbinsel** in den See. Auf ihr liegt, gegenüber einer kleinen Insel, **Orta San Giulio**. Am Ostufer entlang verläuft, parallel zur Eisenbahnlinie Novara-Domodossola, die Staatsstraße Nr. 229 „Lago d'Orta". Auf der Westseite des Sees führt die S.S.33 auf halber Anhöhe durch eine abwechslungsreiche Landschaft. Für große Reisemobile ist sie wegen vieler Engstellen nicht zu empfehlen. Der See verfügt über eine öffentliche Schiffahrt mit Motorbooten. Während der Sommerzeit stehen die Boote auch für **nächtliche Kreuzfahrten** auf dem See zwischen **Orta, Isola San Giulio, Pella** und **Pettenasco** – mit dem übrigens einzigen zugänglichen Badestrand an dieser Seeseite – zur Verfügung.

Die S.S.229 führt – wer Omegna meiden möchte, kann den neuen Tunnel am Ort vorbei benutzen – zwischen Villen aus dem vorigen Jahrhundert und modernen Häusern vorbei nach **Orta San Giulio**.

Bezaubernder Ortasee

Oberitalienische Seen

Die Isola San Giulio im Ortasee

COLIBRI GEHEIMTIP

Nordwestlich von Omegna beginnt das **Valstrona**, ein äußerst reizvolles, ursprüngliches Talgebiet entlang den Schluchten des Wildwasserflusses Torrente Strona – ein angenehmer Gegensatz zu den Industriegebieten um Omegna. Vier Bergmassive zwischen 1.643 und 2.421 m Höhe – im Süden der Monte Croce, im Westen der Monte Capio und der Cima Capezzone, im Norden der Monte Massone – grenzen dieses noch sehr ursprüngliche Gebiet um die Ortschaften Strona, Fornero bis Forno und Campelli Monti ein.

Ein geradezu idealer Ort, um **in unberührter Natur** zu wandern, zu angeln oder einfach nur zu relaxen. Stellplätze für das Reise-mobil stellen kein Problem dar, die freundlichen Ein-wohner oder der Risto-rante-Wirt haben auf An-frage immer einen Tip parat. Weiterführende Informationen unter: Comunitá montana Val Strona, 28020 Strona, Tel. 03 23/8 70 22. Beim A.P.T. in Orta San Giulio sind ebenfalls Auskünfte über das Valstrona erhältlich. (G1)

Orta San Giulio   13

An der S.S. 229, 11 km südlich von Omegna gelegen. A.P.T. Lago d'Orta, Via Olina 9–11, Tel. 03 22/91 19 37 oder Tourist Office an der Via Panoramica (nur im Sommer offen), Tel. 03 22/ 90 56 14.

P Auf halber Höhe zum Sacro Monte hat Orta einen wunderbaren Reisemobil-Stellplatz mit Ver- und Entsorgung und Duschen eingerichtet. Er ist ab der Via Panoramica nach San Giulio hin ausgeschildert, die Benutzung ist kostenlos.

Orta San Giulio mit seinem wunderbaren, zum See hin offenen Platz, der **Piazza Motta**, dem sogenannten „Empfangszimmer", und den typischen kleinen Gassen und Häusern ist ein besonderes touristisches Kleinod am Lago d'Orta. Das originelle Städtchen wird vom oberhalb liegenden Parkplatz über **lange Treppen** betreten. Viele **mittelalterliche Wahrzeichen** machen in Zusammenhang mit seinen engen, dunklen Gassen einen besonders romantischen Eindruck. Berühmt sind das alte Rathaus, der Palazzo della Comunitá aus dem Jahre 1582, und die malerische, aufsteigende Straße „Motra", auf der zu Beginn der Touristensaison eine beleuchtete Gartenschau, die **Ortafiori**, inszeniert wird.

Orta wird vom **Sacro Monte** überragt, der dem Schutzpatron Italiens, dem heiligen Franz von Assisi, geweiht ist und auf dem sich 20 Kapellen aus den Jahren 1591–1770 mit mannshohen Statuen aus Terrakotta und wertvollen Fresken erheben. Der an seltener Vegetation reiche Sacro Monte d'Orta ist ein besonderes **Naturschutzgebiet** der Region Piemont. Ein Besuch des Berges mit den 20 Kapellen gewährt zusätzlich zum Kulturgenuß einen herrlichen Ausblick auf die Insel San Giulio und den größten Teil des Sees.

Die Insel San Giulio liegt mitten im See. Auf ihr ist ein mächtiger ehemaliger Bischofspalast zu bewundern. In der **romanischen Basilika** aus dem 12. Jh. befindet

Oberitalienische Seen

sich ein Predigtstuhl aus schwarzem Marmor, außerdem wunderschöne polychromierte **Holzskulpturen** und **Fresken.**

Überall auf der Insel finden sich eindrucksvolle romantische Ansichten, und prächtige Villen stehen auf der Insel zur Schau. Die Überfahrt ab Orta mit dem Servicio Publico Motoscafi kostet L. 3.500.

Vom 13.–21. Juni finden alljährlich im Rahmen des „Festival Cusiano di Musica Antica" neun Konzerte mit Musikgruppen statt, die in historischen Kostümen auftreten und auf historischen Instrumenten spielen.

Taverna Antico Agnello, Via Olina 18. Das Ristorante mit seinem charakteristischen Ambiente im historischen Zentrum von Orta hat eine gute Küche und darüber hinaus zivile Preise.

Ein Ausflug auf den **Monte Mottarone**, der die Wasserscheide zwischen Orta See und Lago Maggiore bildet, hat man einen herrlichen Ausblick. Hier gibt es auch eine bekannte Ski-Station.

Man folgt der S.S.229, biegt direkt am Ende des Sees nach Osten auf eine kleine Seitenstraße Richtung **Bolzano Novarese** ab und genießt die Fahrt einige Kilometer auf einer fast menschenleeren Landstraße, um über **Paruzzaro** nach **Arona** zu gelangen.

Arona 14

Am südwestlichen Zipfel des Lago Maggiore liegt Arona.

Das Städtchen selbst bietet dem Besucher nicht allzu viel, lediglich die berühmte **San Carlone Statue** lohnt eine Besichtigung. Bei dem imposanten Bauwerk handelt es sich um eine Statue, deren Eisengerippe mit Kupferplatten bedeckt ist; sie ist über 20 Meter hoch und steht auf einem zwölf Meter hohen Sockel. Sie stellt den heiligen **Carlo Borromeo** segnend dar und wurde auf einem Hügel aufgestellt. Ende des 19. Jh.s wurde sie nach einem Entwurf von Giovanni Battista Crespi, auch als **il Cerano** bekannt, errichtet. Über eine lange, steile Wendeltreppe kann man bis in den Kopf der Statue hinaufsteigen und hat aus ihren Augen und Ohren einen ungewöhnlichen, aber lohnenden Ausblick über den See.

Auf dem Busparkplatz unterhalb des Denkmals kann man problemlos in seinem Reisemobil übernachten. Eine Gaststätte und ein WC sind vorhanden.

Wer sich nochmals kopfüber in die Geschichte stürzen möchte, kann die berühmte **Burg von Angera**, Rocca di Angera, geöffnet 9.30 bis 12.30 und 14–18 Uhr besichtigen. Es handelt sich um eine imposante Wohnburg, die im Jahre 1350 von der Familie Visconti auf den Ruinen einer langobardischen Befestigungsanlage erbaut und von der Familie Borromeo vergrößert und verschönert wurde. Sie liegt direkt gegenüber von Arona auf der Ostseite des Sees und kann entweder per Boot ab Arona oder über **Sesto Calende** auf der von dort nach Norden führenden S.S.629 per Fahrzeug erreicht werden.

Ab Arona geht die Fahrt weiter auf der S.S.33 um die Südspitze des Lago Maggiore nach Sesto Calende. Nach einem unübersichtlichen Kreuzungsgewirr nach Sesto Calende zweigt am Ortsanfang von **Vergiate** eine kleine Landstraße Richtung Corgeno an den **Lago di Comabbio** ab.

Am Ostufer des winzigen und wenig besuchten Lago di Comabbio liegt der Ort **Corgeno**. Der sonst schilfbewachsene See ist hier offen, und es eröffnet sich ein großartiger Blick über den See nach Norden auf die Alpenausläufer. Direkt am Seeufer ist eine nette Gaststätte mit Terrasse. Daneben befindet sich ein kleines **Strandbad** mit Liegewiese und Bänken.

Auf dem leicht abschüssigen Parkplatz davor kann man sein Reisemobil abstellen und einen netten und erholsamen Badetag oder eine nachmittägliche Verschnaufpause einlegen.

Eine kleine Eispause

Oberitalienische Seen

Trödelmarkt in Varese

➡️ Man verläßt den Lago di Comabbio an seiner Ostseite und gelangt auf der Landstraße nach etwa fünf Kilometern über Biandronno und Bregano nach **Gavirate** am **Lago di Varese**.

Die wichtigste Sehenswürdigkeit an diesem schön gelegenen See ist die kleine **Insel Virginia** am westlichen Ufer. Sie kann von Biandronno mit dem Boot erreicht werden.

Auf dieser friedvollen Insel wachsen zahlreiche Jahrhunderte alte Bäume, darunter verstreut stehen Tische und Bänke aus Stein. Sehr interessant ist das **Museum für Vorgeschichte** in der Villa Ponti, in dem zahlreiche Fundstücke von prähistorischen Pfahldörfern ausgestellt sind. Die Öffnungszeiten sind unregelmäßig, weitere Informationen bei A.P.T. Varese. Ruhige, nur wenig vom Tourismus erfaßte Dörfer rund um den See laden zum Verweilen ein, die Bademöglichkeiten am See sind allerdings wegen des sumpfigen, verschilften Ufers begrenzt.

🅒 **Campeggio Lido**, Via Lungo Lago Virginia 7, Gavirate, netter Campingplatz am Nordende des Sees. Ganzjährig geöffnet mit Restaurants, Hunde sind erlaubt.

🅿️ In Gavirate ist Übernachten auf zwei Parkplätzen direkt am See möglich. Beide sind mit Lkw-Hinweisschildern angezeigt und kostenlos. Eine Tankstelle und auch eine Gaststätte befinden sich in der Nähe.

🅿️ **Schiranna** im Südosten des Sees ist mit seinem Strandbad der Hausstrand der Vareser. Der Parkplatz vor dem Strand wird von vielen italienischen Reisemobilen benutzt. Er ist zwar mit einer Schranke versehen, auf Anfrage wird man aber sofort hereingelassen.

Die Stadt **Varese** ist modern und elegant angelegt, dennoch wird das Bild ihres Zentrums meist von einem Verkehrschaos bestimmt. Das heutige Rathaus in der Via Sacco, früher Sommer- und Herbstresidenz des Herzogs von Modena, lohnt eine Besichtigung. Die schöne Palastfassade ist ein Blickfang. Die Auffahrten zu den Sehenswürdigkeiten wie dem **Sacro Monte** und dem nahegelegenen Campo dei Fiori sollte man nur mit kleinen Reisemobilen im Kastenwagenformat befahren, da die Straße im letzten Drittel sehr steil und eng wird.

🔧 A.P.T., Viale Ippodromo 9, Varese, Tel. 03 32/28 46 24, Fax: 03 32/23 80 93.

Oberitalienische Seen

🔧 Centro Caravan Sanrocco snc, Viale Barri 311, Tel. 03 32/26 12 33.

➡ Nach einer Umrundung des landschaftlich sehenswerten Lago Varese geht es ab Varese gut ausgeschildert auf der S.S.342 weiter in Richtung Como.

Como 15

ℹ 27 km östlich von Varese gelegen. A.P.T., Piazza Cavour 17, Tel. 0 31/26 20 91 oder 26 97 12, Fax: 0 31/26 11 52.

Eine weitere Tourist-Information befindet sich am Bahnhof von Como, Piazzale San Gottardo, Tel. 0 31/26 72 14.

🅿 Für Reisemobile ist die Innenstadt von Como wenig empfehlenswert, es gibt durch die Enge in der Stadt kaum Pkw-Parkplätze, geschweige denn Stellflächen für Wohnmobile. Leider gilt dies auch für die vielen Vororte von Como.

Die Stadt Como, nach der der Lago di Como benannt ist, liegt in einer grünen Senke, umgeben von Moränenhügeln, am Südufer des westlichen Seearmes. Die Einheimischen nennen den ehemals mondänen Badeort nicht ohne Stolz **„Perle des Lario"**.

Die treibenden wirtschaftlichen Kräfte der Stadt sind der Dienstleistungssektor, die **Seidenindustrie** und der Tourismus. Über 80% der italienischen Seidenproduktion stammen aus Como, das trotz Universität, Industrie und internationalen Veranstaltungen doch eine weitgehend beschauliche Provinzstadt geblieben ist.

Am Westufer des ersten Seebeckens reihen sich berühmte und vielbesuchte Villen aneinander. Die **Villa dell'Olmo**, gegen Ende des 18. Jh.s erbaut, ist vermutlich das berühmteste unter diesen Bauwerken. Die großartige, von Stuckwerken und bewundernswerten Balkonen verzierte Vorhalle der Villa ragt über die gesamte Höhe des Bauwerkes auf. In den engen Gassen der alten Viertel befinden sich die elegantesten Geschäfte.

Zentrum der Altstadt ist die autofreie **Piazza del Duomo**. Der spätromanische Stadtturm, der gotisch-lombardische Broletto – das einstige Rathaus mit den hübschen Arkaden im Erdgeschoß – und der Dom bilden eine geschlossene Baugruppe. Der prächtige Dom wurde in der Gotik begonnen, in der Renaissance vollendet und erhielt

Im Inneren des Comer Doms

Oberitalienische Seen

1744 eine mächtige Vierungskuppel. Beachtliche Steinmetzarbeiten zieren ihre Fassade. Die beiden sitzenden Herren links und rechts des Hauptportals sind keine Heiligen, sondern die römischen Schriftsteller **Plinius der Ältere** und **der Jüngere** – Onkel und Neffe –, die vor 19 Jahrhunderten in Como geboren wurden und am See mehrere Villen besaßen.

Berühmt ist das Froschportal an der Nordseite des Doms. Auch auf ihren genialen Physiker Alessandro Volta war die Stadt Como so stolz, daß sie ihm zu Ehren den Tempio Voltiano, den **Volta-Tempel**, erbauen ließ und mit einer Ausstellung Teile seines Labors für die Nachwelt erhalten hat (an der Seepromenade, Mo geschlossen).

Alles über die Römerzeit erfährt man südlich vom Dom im **Palazzo Giovio** in der Via Vittorio Emanuelle II., durch einen Besuch der täglich geöffneten, umfangreichen archäologischen und kulturhistorischen Sammlungen.

Der italienische Volksheld Garibaldi wird im Heimatmuseum **Museo Civico del Risorgimento Garibaldi** in der Piazza Medigalie gewürdigt; montags geschlossen.

Die Form der Stadt mit rechteckigem Grundriß des historischen Stadtkerns (Grenzen des römischen Castrums) kann man gut von dem oberhalb liegenden **Baradello-Turm** erkennen, ebenso von der **Panoramastraße** am östlichen Hang, die von San Fermo della Battaglia hinunterführt, und auch von dem am östlichen Hang gelegenen Brunate.

Ein schöner Ausflug führt mit der Standseilbahn 500 m hoch zum Ferienort **Brunate**. Von dort genießt man einen wunderbaren Ausblick über den See.

Wer die Geschwindigkeit liebt, der kann mit einem Tragflächen- oder Motorboot einen Ausflug zum nördlichen Seeteil unternehmen.

Die für die Region so bedeutende Seidenindustrie ist mit einem **Seidenmuseum**, Via Valeggio 3, vertreten. Di–Sa 9–12 und 15–18 Uhr, So und Mo geschlossen.

Como Caravan snc, di Auguardo & Co., Via Canturina 25, Tel. und Fax 0 31/52 12 15.

Entlang der Via Varese und Viale Cattaneo sind noch zahlreiche Überreste der einstigen **Stadtbefestigung** zu finden; sehenswert ist das **Vittoria-Tor** mit über vierzig Metern Höhe am Ende der Via Canta.

Camping Internazionale, Via Cecilio, Tel. 0 31/52 14 35; einziger Campingplatz, der als Basisstation für Stadtbesichtigungen in Frage kommt. Ab der Station Grandate B kann man mit der privaten Bahn Ferrovia Nord bis nach Como in die Innenstadt – Piazza Matteotti – fahren.

Das **Ristorante Rino Alpina**, Via Vitani 7, im Stadtkern bietet Hausmannskost zu erschwinglichen Preisen.

Die Pizzeria **Ristorante Messicana**, auf der Piazza Martiri 6, hat einen schönen Innenhof, der zum Verweilen einlädt.

Nicht versäumen sollte man eines der malerischsten Feste der lombardischen Seen. Am 24. Juni findet auf der einzigen Insel im Comer See, der Insel Comacina, das **Fest lumaghitt** statt. Der Ursprung der Veranstaltung und der Name „lumaghitt" gehen auf eine Legende zurück, die besagt, daß die Einwohner des Gebietes vor drei Jahrhunderten eine Naturkatastrophe in Form fürchterlicher Hagelschauer relativ unbeschadet überstanden haben. Sie riefen den Schutz des heiligen Johannes des Täufers an und machten zum Dank eine feierliche **Bootsprozession** zu der Insel Comacina, wo eine kleine, dem Heiligen geweihte Kirche steht. Seitdem wird die Prozession jedes Jahr wiederholt, und die Polenta mit Schnecken wurde zu einem traditionellen und überaus wohlschmeckenden Gericht.

Detail der Domfassade

Oberitalienische Seen

Später kam die Idee auf, aus den Schneckenhäusern kleine Ölleuchten zu machen, daher der Name „lumaghitt". Die Tradition überlebte, und bis heute wird die Feier von nächtlichen Fackelzügen begleitet. Besonders faszinierend ist der Umzug der großen Boote, die mit Blumen und Fahnen geschmückt sind.

➡ Für die Weiterfahrt stehen zwei Alternativen zur Auswahl. Die beschaulichere Route führt auf der S.S.342 bis zur Abzweigung Erba, auf der S.S.639 nach Lecco und weiter nach Bergamo. Die S.S.639 passiert hierbei drei kleinere Seen – **Lago di Alserio**, **Lago di Pusiano** und **Lago di Annone** –, die aber allesamt wenig attraktiv sowie teilweise an Industriegebieten liegen. Außerdem sind sie meist zugewachsen und zum Baden nicht geeignet. Wenn es der Zeitplan zuläßt, sollte man jedoch einen Abstecher in die Metropole Norditaliens – Mailand – einplanen. Hierzu fährt man in südliche Richtung auf die A9 oder auf die S.S.35 Richtung Milano. Dann sollte man einen der ausgeschilderten Park & Ride-Parkplätze anfahren.

Mailand 16

ℹ Ungefähr 40 km süd- von Como. A.P.T.-Hauptstelle am Domplatz, Via Marconi 1, Tel. 02/80 96 62, Fax 02/72 02 24 32. Deutsches Generalkonsulat, Via Solferino 40, Tel. 02/6 55 44 34.

🅿 Im Westen von Mailand an der Westtangente Via Novara sind auf dem Parkplatz Novara drei Reisemobilstellplätze und eine Ver- und Entsorgungsstation eingerichtet.

Sucht jemand nach der Ruhe an den westlichen Seen Leben, Lärm und Verkehrsgewühl der Großstadt, dem sei ein Ausflug nach Mailand angeraten. Es ist allerdings nicht sinnvoll, mit dem Reisemobil eine Fahrt ins Zentrum zu unternehmen: Mit Autos überfüllte Straßen und das nahezu völlige Fehlen von Parkplätzen in der Innenstadt erfordern viel Geduld. Die Lösung ist das **Park & Ride-System** von Mailand, bei dem das Reisemobil auf bewachten Plätzen an den U-Bahn- oder Busstationen abgestellt werden kann.

Wenn man das Zentrum Mailands erreicht, merkt man schnell, daß hier das ökonomische Herz Italiens schlägt. Hier sind die erfolgreichen Unternehmen Italiens angesiedelt, finden

Stilvolles Einkaufen in der Galleria

Oberitalienische Seen

Gediegen: Die Mailänder Scala

die wichtigsten Messen des Landes statt, und die größte Börse Italiens hat hier ihren Sitz. In der **Via Monte Napoleone** kann man schlendern und die neuesten Kreationen der berühmten Mailänder Modeschöpfer bewundern.

Eine Kathedrale des Konsums, zwischen Piazza del Duomo und Piazza della Scala, ist die **Galleria Vittorio Emmanuele II.** Unter der eleganten Konstruktion aus Glas, Stahl, Marmor und Stuck genießt man ein Petit Four bei Motta und beobachtet den eiligen Schritt der Mailänder. In der Bar Camparino wurde vor über 100 Jahren der inzwischen weltbekannte Aperitif erfunden und zum ersten Mal serviert.

Mailand bietet auch für den Kunstliebhaber einiges. Kommt man aus der Galleria, steht man direkt vor dem **Dom**, einem wahren Gebirge aus filigran verarbeitetem Marmor. Es lohnt nicht nur, das Kircheninnere zu besichtigen, sondern auch das Dach des Domes zu besteigen. An schönen Tagen kann man bis zu den Alpen sehen.

Ein Muß ist das **Abendmahl von Leonardo da Vinci** im Dominikanerkloster von Santa Maria delle Grazie, am Corso Magenta, geöffnet Di–So 9–13 Uhr, montags geschlossen. Die Brera-Galerie in der Via Brera, geöffnet Di–Sa 9–17 Uhr, So 9–12 Uhr und das Museo Poldi-Pezzoli in der Via Manzoni, geöffnet Mi–Mo 9.30–17 Uhr sind einen Besuch wert.

Freunde der Musik werden es nicht versäumen, die **Scala** zu besuchen. Hier geben sich schon seit Jahrhunderten Opernstars und die großen Orchester aus aller Welt an der Piazza della Scala ein Stelldichein. Wer das „andere" Mailand sucht, bummelt am besten durch das **Brera-Viertel**, dem traditionellen Wohnsitz der Künstler und Intellektuellen, oder stattet dem volkstümlichen Viertel um die **Porta Ticinese** einen Besuch ab, das ein immer beliebterer Treffpunkt der Mailänder wird.

Mailand gilt als eine der teuersten Städte Italiens. Dementsprechend ist gute Gastronomie im Zentrum auch teuer. Etwas preiswerter geht es laut Auskunft des Verkehrsamtes A.P.T. in den **Osterias an den Kanälen** der südlichen Stadtteile Ticinese und Navigli zu. Die A.P.T. hat ein Verzeichnis der Restaurants mit Preisen aufgelegt.

Oberitalienische Seen

Das imposante Castello Sforzesco

Camping Città di Milano, Via G. Airaghi 61, am Wasservergnügungspark. Ausfahrt A 8, San Siro Via Novara, mit Ver- und Entsorgung für Reisemobile. Tel. 02/48 20 01 34.

Auf der S.S.342 ca. 20 km in nordwestlicher Richtung kommt man nach Monza.

Vom Trubel der Metropole kann man sich wunderbar in unmittelbarer Nähe von Mailand erholen und dabei einem speziellen Hobby frönen. Schon der Name ist Programm: Die Rede ist von **Monza** und natürlich vom Rennsport auf dem **Autodromo**. Etwa 13 km nördlich von Mailand liegt die weltbekannte Rennstrecke mitten in einem traumhaft schönen Naturpark, der mit knapp sieben Hektar Ausdehnung einer der größten Stadtparks Europas ist.

Man kann also nicht nur die berühmten Asphaltmeter des Autodromo gegen saftige Gebüsch unter die Reisemobilräder nehmen, sondern auch das hübsche Zentrum von Monza besuchen. Es bietet sich an, durch den **riesigen Park** zu radeln oder zu wandern, wie es auch Scharen von Mailändern am Wochenende tun.

Im Industriegebiet, Viale Lombardia 67, bei Firma Non Solo Auto, gibt es einen Stellplatz für Reisemobile mit Ver- und Entsorgungsstation. Im Zentrum von Monza, am Stadio Sportivo Montelli, kann auf einem ruhigen asphaltierten Parkplatz übernachtet werden.

Camping Auto-, dromo, am Ostrand der Rennstrecke, einfacher Übernachtungsplatz, an Rennwochenenden völlig ausgebucht. Tel. 0 39/38 77 71 und 2 00 30 18.

Zurück auf die A4 gelangt man in nördlicher Richtung nach Bergamo oder auf der S.S.342 nach Lecco.

Lecco 17

Von Como ca. 30 km westlich, 60 km nördlich von Mailand. A.P.T., Via Nazario Sauro 6, Tel. 03 41/36 23 60, Fax 03 41/28 62 31. Über Bergwanderungen und Bergtouren informiert: Club Alpino Italiano, Via Roma 41, Tel. 04 41/36 35 88. Dort gibt es auch eine Broschüre mit Touren und eine Liste mit Berghütten.

Da in Lecco ähnliche Parkplatznot herrscht wie in Como, gibt es keine ausgewiesenen Stellplätze. Lediglich einige Kilometer nördlich, in **Pare** an der S.S.583, gibt es am Hafen einen Parkplatz, der zum Übernachten geeignet ist.

Die Stadt Lecco liegt zwischen dem Lago di Lecco und dem Lago di Garlate. Die netten Fußgängerzonen im Zentrum und die **Promenade mit dem Naturhafen** machen einen gemütlichen Eindruck.

Mit seinen mächtigen Bergketten im Hintergrund wird klar, daß Lecco ein idealer Ausgangspunkt für Bergwanderer und Alpinisten ist. Bergtouren durch das alpine Hinterland von Lecco, die Grigne und in das Valsassina-Tal sind sehr gefragt.

Dem großen Sohn der Stadt Lecco, dem Dichter **Alessandro Manzoni**, ist neben einem Denkmal mit der Villa Manzoni, Via Guanella 1, ein Museum gewidmet; Di–So 9.30–14 Uhr, Mo geschlossen. Dort liegen auch Teile der Urschrift seines über Italien hinaus bekannten Romans „Die Verlobten".

Auf der Piazza XX. Settembre finden mittwochs und samstags bunte **Wochenmärkte** statt, auf denen man günstig einkaufen kann.

Ein weithin bekanntes, nicht ganz billiges Fischrestaurant ist das **Al Porticciolo** in der Via Valsecchi 5–7; montags geschlossen. Es gibt einen Mittagstisch.

Etwa drei Kilometer von Lecco liegt in Chiuso di Lecco der **Campingplatz Rivabella**, Via alla Spaggia. Hier gibt es Reisemobilstellplätze, einen eigenen Strand und einen kleinen Bootshafen. Tel. 03 41/42 11 43.

Oberitalienische Seen

Centro Caravan del Lario, Via Papa Giovanni XXIII, 22040 Civate, fünf Kilometer vor Lecco am Lago di Annone, Tel. 03 41/55 06 33.

Auf der S.S.342 45 km südöstlich nach Bergamo.

Bergamo 18

I.A.T. Città Bassa: Viale Papa Giovanni XXIII 106, Hauptstraße vom Bahnhof zur Oberstadt, Tel. 0 35/24 22 26. I.A.T. Città Alta: Vicolo Aquila Nera 2, Ecke Piazza Vecchia, braunes Gebäude an der Stadtbibliothek, Tel. 0 35/23 27 30.

In Bergamo gibt es zwei offizielle Reisemobil-Stellplätze: Im Westen: Parcheggio P, Via Croce Rossa, an der Via Broseta, der nördlichen Parallelstraße der S.S.342. Im Osten befindet sich der Parcheggio P 3, Via F. Corrodini in der Nähe des Parco Redona. Er ist zwar etwas ungünstig gelegen, außerhalb der Circonvallazione, es besteht jedoch ein Busanschluß in die Stadt. Die Parkplätze im Stadtzentrum sind alle gebührenpflichtig und meist belegt. Insbesondere an der Zufahrt Viale Emanuele II zur Standseilbahn und der Oberstadt.

Bergamo ist eine sehr alte Stadt. Spuren einer ersten menschlichen Siedlung aus dem 5. und 4. Jh. v. Chr. sind auf dem Hügel gefunden worden, auf dem sich später die Stadt entwickelt hat. Dieser Hügel wurde sehr wahrscheinlich wegen seiner strategisch günstigen Lage am Rande der großen lombardischen Poebene, zwischen den Flüssen Brembo und Serio, ausgewählt. Durch seine frühe Besiedlung hat Bergamo eine Prägung bekommen, mit der es sich heute noch von allen anderen Städten der Lombardei unterscheidet. So liegt die Stadt zum Teil auf dem Hügel und zum Teil in der Ebene. Bergamo besteht demnach aus einem oberen Teil, der **Città Alta**, und einem unteren, der **Città Bassa**.

Die Stadt kündigt sich schon von weitem mit einer fantastischen Reihe von Türmen, Kirchen und Kuppeln an, deren Konturen sich mild erleuchtet in der Nachmittagssonne gegen die Alpen abheben. Das Herz der Oberstadt Bergamos ist die **Piazza Vecchia**, einer der schönsten Plätze Italiens. Dort stehen der **Palazzo della Raggione**, einst Sitz des venezianischen Bürgermeisters, und der große Stadtturm. Auf dem Platz befindet sich die **Fontana Contarini**, ein Brunnen, der 1780 vom Bürgermeister Alvise Contarini in Auftrag gegeben wurde.

Die Kapelle Colleoni in Bergamo

Oberitalienische Seen

Restaurant an der Funicolare-Station in Bergamo

Unter den Arkaden des Palazzo della Raggione sieht man die Marmorfassade der **Basilika Santa Maria Maggiore** und die **Kapelle Colleoni**, ein Meisterwerk der lombardischen Renaissance von Amadeo.

Als Kunststadt offenbart Bergamo mit seinen Denkmälern die enge Beziehung zu Venedig, mit der Bergamo vier Jahrhunderte lang Geschichte, Kunst und Kultur geteilt hat. Venedig erbaute als Geschenk für Bergamo den Mauerring. Dieser riesige Steinwall ist insgesamt fünf Kilometer lang und hat vier Tore. Das Kellergeschoß in dem Bollwerk von **San Michele** kann besichtigt werden.

Jeden Freitag findet auf der Piazza Cittadella in der Oberstadt **Città Alta** ein sehenswerter Wochenmarkt statt.

Die **Pinakothek der Accademia Carrara** in der Città Bassa, Via Santo Tomaso, gilt als eine der bedeutendsten Kunstsammlungen Italiens. Sie enthält fast 1.400 Gemälde, die zum größten Teil auf die 15 Säle der Pinakothek verteilt sind. Außerdem beherbergt sie Skulpturen, eine Sammlung von Zeichnungen und Stichen, unter anderem Originale von Dürer, Rubens, Tizian, Tiepolo, Boticelli, Raffael, Holbein, El Greco, Velasquez und Breughel.

Città Alta: **Taverna** Via Colleoni 1, gepflegte Küche in ungewöhnlichem Ambiente; donnerstags geschlossen.

Im **Ristorante Agnello d'Oro**, Via Gombitto 22, kann kräftige Hausmannskost zu günstigen Preisen genossen werden; montags geschlossen.

Ab dem Westtor **Porta San Alessandro** kann man mit der Standseilbahn Funicolare San Vigilio zur **Chiesa** und dem **Castello San Vigilio** auf den gleichnamigen Berg fahren. Mit fast 500 m liegen sie auf einem der höchsten Punkte der Stadt.

Von der Burg aus, die als öffentlicher Garten gestaltet ist, hat man einen grandiosen Rundblick. Durch frei zugängliche unterirdische Gänge kann man restaurierte Teile des Verteidigungssystems besichtigen. Es wurde von den Venezianern durch Umbau und Erweiterung von bereits bestehenden mittelalterlichen Strukturen im 16. und 17. Jh. ausgebaut.

Zwei gemütliche Bars (etwa die Bar Funicolare in der Via Castello) und zwei Restaurants, im Umkreis von 150 m um die

Oberitalienische Seen

Schönes Donizetti Theater

Funicolare-Station herum, bieten außerdem Gelegenheit zu Rast und Verpflegung.

Die Bergstation **San Vigilio** bildet den Ausgangspunkt für zwei geruhsame Spaziergänge, welche sich auf den Hügel und seine nähere Umgebung beschränken.

Ein Weg führt von der Standseilbahn entlang der **Via Castello** zum Platz am Fuß der Festung. Von der Piazza aus führt, auf der Ostseite der Burg ein Weg entlang der **Via Cavagni** leicht bergauf. Er läuft rund um den Hügel und führt dann zur Seilbahn in der Via San Vigilio zurück.

Von der Kirche San Vigilio aus windet sich ein zweiter Weg die **Via dello Scorlazzone** abwärts und wird bis zur **Via Sudorno** zu einer teilweise steilen Treppe. Von hier führt ein leichter Rückweg zur Città Alta, auf einer ebenen, gut begehbaren Strecke zurück zur Porta San Alessandro.

Beide Wanderungen bieten zwischen **Villen** und **Oleanderbäumen** fantastische Panoramen. Man hat Ausblicke auf ganz Bergamo, die Bergketten im Norden, eine fast toskanisch anmutende Hügellandschaft, die sich mit üppigem Grün in West-Ost-Richtung und in die Weite der Poebene im Süden ausdehnt.

Fustinoni Sport, Via Trento 2, 24035 Curno, 3 km nordöstlich von Bergamo, Tel. 0 35/ 61 12 62.

Bergamo verläßt man in östlicher Richtung auf der S.S.42 und fährt über Trescore zum ca. 35 km entfernten **Lago di Endine**.

Lago di Endine 19

Knapp vierzig Kilometer von Bergamo entfernt befindet sich, etwas abseits der üblichen Touristenrouten in nordöstlicher Richtung, ein kleiner, typischer Alpensee, der Lago di Endine. Er ist von hohen Bergketten umgeben, die an seinem linken Ufer steil in den See abfallen. Die Wälder bestehen vorwiegend aus Kastanienbäumen; die Ufer sind größtenteils von Schilfrohr umgeben und werden nur hier und da von kleinen Kiesstränden unterbrochen. Der See ist ein **Paradies für Angler**. Eine Vielzahl an Fischarten wie Forellen, Hechte, Flußbarsche, Aale, Schleien und Karpfen sind im See beheimatet. Ausflüge in das wildromantische **Ca-**

Badenixe am Lago d'Iseo

Oberitalienische Seen

vallina-Tal oder eine Wanderung auf dem rund um den See führenden Uferweg sind zu empfehlen.

Besichtigen sollte man ebenfalls das **Castello von Monasterolo** an der Ostseite des Sees und am gegenüberliegenden Ufer die Ortschaft **Endine Gaiano**. Diese wurde ursprünglich von einer Reihe mittelalterlicher Befestigungsanlagen gebildet, um den Durchgangsverkehr im Tal unter Kontrolle zu halten. Bemerkenswert sind außer einigen Häusern aus dem 15. und 16. Jh. die **Pfarrkirche San Giorgio**, in der interessante Gemälde aus dem 17. und 18. Jh. aufbewahrt werden.

Wer von der Nordseite des Sees über Endine Gaiano kommend Monasterolo erreichen will, der sei vorgewarnt: Im Dorf **San Felice al Lago** verengt sich die einzige Ortsdurchfahrt ohne Vorwarnung derart, daß nur noch Pkw hindurchpassen. Wer Monasterolo oder den Stellplatz besucht, sollte bei **Casazza** von der S.S.42 abbiegen.

[P] Schöner ruhiger Stellplatz in Monasterolo am kommunalen Park, Via Monte Grappa, mit WC, Café und Wasserversorgung.

Albergo Ristorante **Locanda del Boscaiolo**, Via Monte Grappa 41, hat eine gutbürgerliche, preiswerte Küche. Das urig eingerichtete Lokal mit Terrasse am See ermöglicht auf Nachfrage Übernachtung auf dem eigenen Parkplatz.

➡ Die S.S.42 führt von Endine Gaiano nach etwa fünf Kilometern nach Lovere am **Iseosee**.

Lago d'Iseo 20

[i] 70 km östlich von Bergamo stößt man auf den Lago d'Iseo. I.A.T. Iseo, Lungolago Marconi, Tel. 0 30/98 02 09, Fax 0 30/98 13 61.

In wilder Landschaft in einem engen Tal, dessen Hänge abrupt bis in eine Höhe von über 1.000 m aufsteigen, liegt der Iseosee – oder **Sebino** –, der am wenigsten bekannte aller Voralpenseen, dessen Naturschönheiten jedoch jeden Besucher verzaubern.

Ausgangspunkt für eine Fahrt entlang des Sees ist **Lovere**, wo man außer der **Basilica Santa Maria Valvendra** auch dem Palazzo Tadini und der kleinen Seepromenade einen Besuch abstatten sollte.

Der Palazzo Tadini am Westrand von Lovere beheimatet eine der bedeutendsten **privaten Kunstsammlungen** der Lombardei. Zu finden sind Porzellanwaren, Skulpturen, Waffen, archäologische Fundstücke, aber vor allem zahlreiche Gemälde aus dem 15. bis zum 20. Jh., darunter einige Werke der Brüder Bellini, ein Gemälde von Parmigianino und eines von Tiepolo.

Eine Besichtigung ist auf Anfrage möglich. Auskünfte erhält man unter Tel. 0 30/ 98 02 09.

➡ Die S.S.42 bis zur Abzweigung auf die S.S.510 fahren, die am Ostufer des Sees entlangführt. Über das friedliche Örtchen **Pisogne** kommt man durch viele Tunnel und Galerien der S.S.510 in die von Weinpflanzungen und Olivenhainen umgebene Ortschaft **Marone**.

Bei Marone kann man ein eindrucksvolles Naturschauspiel beobachten: die sogenannten „Waldfeen". Es handelt sich hierbei um Erdpyramiden, die von dem unermüdlichen Spiel von Regen und Wind im Laufe der Jahre erschaffen wurden.

Bis zu 30 m hoch sind diese „Säulen", auf deren Spitze ein großer Felsbrocken in faszinierendem Gleichgewicht liegt. Die Waldfeen befinden sich ca. 3 km oberhalb von Marone an der Straße nach Zone; mit dem Wohnmobil ist die Straße nicht zu befahren.

➡ Richtung Süden geht es nach **Sulzano**, dem Zentrum der Segler auf dem Iseosee. Zudem ist Sulzano Hauptanfahrtsstelle für Überfahrten auf die Insel Monte Isola.

👁 **Monte Isola** ist eine beeindruckende Insel mit einem steil aufragenden, dicht bewachsenen Berg, an dessen Fuß sich mehrere Fischerdörfer be-

Oberitalienische Seen

finden. Sie gilt mit 600 m Höhe als die höchste Erhebung in einem europäischen See, und ist einen Besuch wert.

Hauptort der Insel ist **Peschiera Maraglio**, ein guter Ausgangspunkt für eine Wanderung um den Monte Isola. Autos sind – mit Ausnahme öffentlicher Verkehrsmittel – auf der Insel verboten, allerdings besitzt anscheinend jeder Inselbewohner mindestens eine Vespa oder ein Moped. Die kleine Insel, die man vom Südufer Peschieras aus sieht, ist eine Privatinsel namens **Isola San Paolo**. Die Dörfer am Ufer der Insel haben ihre alte Struktur bewahrt, mit engen Gassen, dicht aneinander gereihten Häusern und kleinen, mit Terrassenstufen aufsteigenden Straßen. Ein Teil der Einwohner lebt noch heute von der Fischerei, und nicht selten sieht man längs der Straßen und auf den Höfen die typischen Holzbögen, auf denen Flußbarsche und andere Fische zum Trocknen in die Sonne gelegt werden – getrockneter Fisch ist eine der Spezialitäten der Insel. Die Fähre fährt halbstündlich ab Sulzano nach Peschiera Maraglio und kostet etwa L. 5.000.

Besondere Köstlichkeiten, die man von hier für die Weiterfahrt bzw. als Souvenir mitnehmen sollte, sind Olivenöl, Grappa-Schnaps, **Franciacorta-Weine**, Butter und Käse.

Hoch auf der Spitze des Monte Isola liegt die **Wallfahrtskirche** Santuario di Madonna della Ceriole. Fast von jedem Ort führt ein Fußweg zur Kirche hinauf.

Am südlichen Ende des Sees trifft man auf die Ortschaft **Iseo**, ein anmutiges Touristenstädtchen mit vielen Denkmälern und malerischen Winkeln.

Ein Informationsterminal im Bahnhof von Iseo informiert umfassend über alle nur erdenklichen Sehenswürdigkeiten, Wanderungen, Rad-Touren und Sportmöglichkeiten sowie interessante Naturerscheinungen der Region.

Nach der Besichtigung der schlichten **Burg Oldofredi** und der **Pfarrkirche Sant' Andrea** gibt es eine weitere Sehenswürdigkeit: Nur einen Kilometer entfernt befindet sich eine Art großes **Feuchtbiotop**, eine alte Torfgrube, am Südostufer des Sees, 1 km südlich von Iseo. Im Mai blühen die schönsten Seerosen, die sich im Laufe der ersten warmen Tage immer weiter öffnen, so daß die Wasseroberfläche schließlich vollständig von weißen und rosafarbenen Blüten bedeckt ist. Die Seerosen

Faszinierend: Die „Waldfeen" bei Marone

Oberitalienische Seen

Blick auf das Westufer des Iseosees

sind aber nur eine der 150 wild wachsenden Pflanzenarten dieses kleinen Paradieses, in dem auch viele verschiedene **Wasservögel** nisten.

🅿 In Sassabanek bei Iseo gibt es zwei ausgewiesene Stellplätze für Reisemobile. Am **Freizeitpark Il Patio**, direkt am kleinen Hafen und vor dem Campingplatz Sassabanek in der Via Colombera.

Caravan Camping Sassabanek in der Via Colombera hat einen großen Platz mit Schwimmbad; verschiedene Sportmöglichkeiten werden angeboten, und es gibt einen Strand. Tel. 0 30/98 03 00.

Il Bruco, lungo Lago Marconi 20, Iseo; handfestes einheimisches Essen kann hier auf einer schönen Terrasse mit Seeblick genossen werden.

Osteria Il Volto, Via Minolte 33, Iseo; die rustikale Kneipe hat ausnehmend gutes Essen.

Zu empfehlen ist eine **Bahnfahrt** vom Bahnhof Iseo am See entlang bis Sulzano oder Pisogne. Von der erhöht liegenden Bahnstrecke hat man auf dem gesamten Abschnitt einen schönen Ausblick auf See und Monte Isola. Ab Sulzano kann man dann mit der Fähre zur Insel fahren.

➡ Von Iseo geht die S.S.510 gut ausgeschildert direkt nach Brescia.

Brescia 21

ℹ Ungefähr 50 km vom Lago d' Iseo entfernt. I.A.T. Brescia, Corso Zanardelli 34, Tel. 0 30/43 43 18.

🅿 Am Stadion von Brescia kann auf einem ruhigen Parkplatz übernachtet werden. Die Anfahrt ist zuerst Richtung „Centro" und dann „Stadio" sehr gut ausgeschildert.

Brescia ist eine Industriestadt mit etwa 200.000 Einwohnern. Dies wird schnell deutlich, wenn man die äußeren Stadtbezirke erreicht. Wer sich von öden Industriegebieten nicht abschrecken läßt, entdeckt das romantische Brescia schließlich in den **Altstadtvierteln**: Gassen, kleine Plätze und versteckte Brunnen. Zwei zentrale Plätze regieren die Stadt, die **Piazza del Duomo** mit dem **Dom** und die **Piazza della Loggia**, auf dem sich das Rathaus befindet. Die Loggia stammt aus dem 16. Jh., aus der Zeit der venezianischen Renaissance, und ist Zeugnis beeindruckender Baukunst. Unweit des historischen Zentrums am Domplatz befindet sich der Alte Dom,

Oberitalienische Seen

von den Einheimischen auch **Rotonda** genannt.

Das Kloster Santa Giulia, Via dei Musei, beherbergt ein Stadtmuseum und beeindruckt außerdem mit seiner imposanten Klosteranlage.

Jährlich im Mai verwandelt sich Brescia in ein großes Automuseum. Die Piazza Vittoria in Brescia ist Start- und Zielpunkt der berühmten **Oldtimer-Rallye Mille Miglia**. Hunderttausende rennsportbegeisterte Italiener und Besucher aus aller Welt säumen dann die Rundstrecke, die ihren Scheitelpunkt in Rom hat, um historische Rennwagen wie Maserati, Ferrari, Mercedes-Benz oder Alfa Romeo aus den zwanziger bis fünfziger Jahren zu begutachten.

Gut zu erreichen und einfach zu finden ist die Werkstatt Ideaverde S.R.L., Via Labirinto 296, Brescia, Tel. 0 30/34 81 65.

Brescia verläßt man in östlicher Richtung. Auf der S.S.11 gelangt man über Lonato nach **Desenzano** an den Gardasee.

Mit der nächsten Station der Route erreicht man gleichzeitig den größten See Italiens, den **Gardasee** – auch **Benaco** genannt.

Blau strahlend offenbart er am stärksten von allen Seen Oberitaliens mediterrane Wesenszüge. Mehr noch als ein See ist es eine Region, eine klimatische und kulturelle Einheit, deren einzige Trennung die natürliche Aufteilung des Sees in ein nördliches, längliches und in ein südliches, breiteres Becken ist. Das Klima ist äußerst mild. Die durchschnittliche Jahrestemperatur an diesem fischreichen Gewässer beträgt angenehme 13 °C. Die Flora zeigt die typische Pflanzenwelt des Mittelmeergebietes. Zitronen, Orangen, Olivenbäume und Zypressen gedeihen hier ebenso wie Palmen und Feigenkakteen.

Der abwechslungsreiche See bietet für jeden etwas: Ob alt oder jung, ob Natur- und Wanderfreunde, Angler oder Badegäste, alle kommen in Scharen angestürmt. Die **Segler** und **Windsurfer** haben durch die günstigen Winde am Gardasee ein ideales Revier gefunden.

Desenzano del Garda 22

20 km östlich von Brescia. I.A.T., Via Porto Vecchio 27, Tel. 0 30/9 14 15 10, Fax 0 30/9 14 42 09.

Die Krypta San Filastric im alten Dom zu Brescia

Oberitalienische Seen

Malerischer Hafen von Desenzano

P Am westlichen Ortsausgang biegt links die Via B. Vighenzi ab. Der offizielle Stellplatz mit Ver- und Entsorgungsmöglichkeit ist ausgeschildert.

Desenzano liegt an einer weiten Bucht am südwestlichen Ende des Gardasees mit einem schön angelegten Strand. Die nette Uferpromenade und den malerischen alten Hafen mit dem **Leuchtturm** sollte man sich anschauen.

Im Dom aus dem 16. Jh. befindet sich ein Gemälde, „**Das letzte Abendmahl**", von **Tiepolo**. Besichtigen sollte man ebenfalls die Reste der ehemals prunkvollen **Villa Romana** aus dem 3. Jh. mit ihren kunstvollen Mosaiken und das mächtige, gut erhaltene **Castello**.

Am Gardaseeufer

Am ersten Wochenende jeden Monats findet in Desenzano ein sehr beliebter **Antiquitätenmarkt** statt.

Auf der Uferstraße in östlicher Richtung gelangt man nach wenigen Kilometern nach Sirmione.

Sirmione 23

A.P.T., Viale Marconi 2, Tel. 0 30/91 61 14. Die Anlegestelle der **Fähren** zu fast allen Seeorten befindet sich in der Via Carducci. Viermal täglich macht ein Schnellboot Liniendienst.

Nur wenige Kilometer östlich von Desenzano ragt eine 4 km lange Landzunge in den See, an dessen Spitze sich das romantisch gelegene Sirmione befindet. Besuchern fällt schon aus einiger Entfernung die mächtige **Wasserburg der Scaliger** mit den hochaufragenden Türmen und dem charakteristischen Mauerkranz auf. Dahinter liegt der malerische Ort mit einer fein herausgeputzten Altstadt, die vor allem durch ihre festliche Beleuchtung am Abend einen besonderen Reiz ausübt.

Die bereits zur Römerzeit berühmten **Thermen** werden aus der **Boiola-Heilquelle** gespeist und sind heute Teil eines renommierten Kurbadzentrums.

Im nördlichen Teil schließt sich eine weitere Sehenswürdigkeit des Thermal-Kurortes Sirmione an: Durch Oliven- und Zypressenhaine gelangt man auf einem Fußweg an die Spitze der Landzunge. Dort hat der Dichter Catull seine Villa „Grotten des Catull" errichtet.

Oberitalienische Seen

Die Wasserburg der Scaliger in Sirmione

Sirmione besitzt einen besonderen Badeplatz. Am äußersten Ende der Landzunge hat die Natur einen etwa hundert Meter breiten Ring aus Kalkplatten um die Landspitze herum abgeschliffen. Die Platten sind nur etwa einen halben Meter unter Wasser und bieten **Badespaß pur**.

Montags ist auf der Piazza Mercato, freitags auf der Piazza Montebaldo Markt.

Am Ortsanfang, Via XXV. Aprile, gibt es rechts einen ausgeschilderten Bus- und Reisemobilstellplatz: ruhig, direkt am Strand, mit L. 26.000 pro Nacht aber nicht ganz billig.

Im Ortsteil **Colombare** an der Ausfallstraße, der S.S.11, Richtung Peschiera-Verona kurz vor dem Ortsausgang liegt links ein Stellplatz mit Ver- und Entsorgungsmöglichkeiten, gebührenpflichtig, mit Strandzugang.

Die westliche Gardesana-Uferstraße, die S.S.572, bekannt und berühmt als **Gardesana Occidentale**, führt in nördliche Richtung am Lido di Lonato vorbei und führt nach ca. 6 km nach Padenghe sul Garda. Wer die **Ostseite des Gardasees** entlang fahren möchte, sollte diese Alternativroute mit einem Abstecher nach Verona verbinden (S.S.11 in westlicher Richtung, ca. 40 km), wo Anschluß an die Route 2 besteht.

Padenghe sul Garda 24

6 km nordwestlich von Desenzano. I.A.T., Via Marconi 1, Tel. 0 30/9 90 83 53.

Padenghe ist das Seglerparadies am Gardasee und das Tor zum **Valtenesi-Tal**. Interessant ist vor allem die imposante Burg von Drugolo, unweit von Padenghe.

Der **Campingplatz Villa Garuti**, Via del Porto 5, hat extra für Reisemobile einen wunderschön gelegenen Platz an der Kaimauer reserviert. Ver- und Entsorgungsmöglichkeiten sind vorhanden.

An der Via del Porto direkt am Hafen kann man im **Ristorante Al Porto** auf der Terrasse mit schönem Seeblick frühstücken oder mittagessen.

Etwa fünf Kilometer nach Padenghe auf der S.S.572 zweigt bei Solarolo eine kleine Straße nach rechts Richtung Manerba di Garda ab. Von dort geht die Straße nach

Oberitalienische Seen

Montinelle, auf der dann der **Parco Naturale** ausgeschildert ist.

Manerba hat ein schönes Castello aus dem 11. Jh., und in der Nähe befindet sich der „Rocca di Manerba". Mit diesem Namen bezeichnen die Einheimischen einen ehemaligen Burgberg, der mit 216 m die höchste Erhebung im ganzen südwestlichen Seebereich darstellt. Der kleine Aufstieg von Montinelle wird mit einem der **schönsten Rundblicke** auf den gesamten südlichen See, die Inselchen „I Conigli" und die private Insel „Isola del Garda" mit der Villa Cavazza belohnt.

Rund um die Kirche San Giorgio unterhalb von Montinelle gibt es einen winzigen Naturpark, den **Parco Naturale Sasso**. Am Parkzugang existiert eine kleine Gaststätte und ein Stellplatz auf einer Wiese.

COLIBRI GEHEIMTIP

Von der malerischen Landzunge **Punta Belvedere** kann man zu der Isola San Biagio und der kleinen Insel „I Conigli" durch das flache Wasser waten und sehr schöne Badestrände entdecken. (E7)

Am 29. August feiert man in Monerba und dem benachbarten Polpenazze das sogenannte „**verrückte Fest**", eine bunte Folklore-Veranstaltung.

P Nahe am Parco Naturale ist in der Via Agello ein Stellplatz eingerichtet. L. 3.000 zahlt man am Tag, eine Übernachtung mit Ver- und Entsorgung kostet L. 7.000. Auch eine Snack-Bar ist vor Ort.

Camping San Biagio ist ein herrlich gelegener Platz am Ende der Landzunge Punta Belvedere. Tel. 03 65/55 15 49 oder 55 11 49.

Auf der S.S.572 fährt man bis Cunettone und biegt dann nach rechts auf eine kleine Landstraße, die in leichten Serpentinen nach Salo hinunterführt.

Salo 25

Ungefähr 20 km nördlich von Desenzano. I.A.T., Palazzo Municipale, Lungolago G. Zanardelli 39, Tel. und Fax 03 65/ 2 14 23.

Salo ist die wärmste Stadt im Südwesten des Gardasees. Der Ort hat eine lange, schicke Uferpromenade mit einer Reihe von sehenswerten Palazzi und eine **hübsche Altstadt** mit der **Piazza Vittoria** als Zentrum. Bei einem Stadtbummel sollte eine Besichtigung des spätgotischen Doms **Santa Maria**

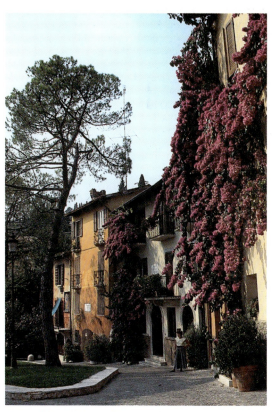

Sommerliche Blütenpracht

Oberitalienische Seen

Annunziata aus dem 15. Jh. nicht fehlen, dessen unvollendete Fassade als einzigen Schmuck das Renaissanceportal von Antonio della Porta aufweist. Sehenswert ist außerdem der Uhrturm, der **Torre dell'Orologio**.

Traurigen geschichtlichen Ruhm erlangte die Stadt im Sommer 1943, als sie als Sitz der „Faschistischen Republik von Salo" und damit als letzter Amtssitz des „Duce" Mussolini fungierte. Einige Palazzi, die heute teilweise als Hotels genutzt werden, bezeugen mit **Ausstellungen** diese Zeit.

Ein kulinarisches Highlight ist sicher die **Antica Trattoria alle Rose**, Via Gasparo da Salo 33, in der Altstadt. In schlichtem Ambiente, wenn man überhaupt von einem solchen sprechen kann, wird – nur auf Vorbestellung – ein bis zu zehn Gänge umfassendes Menü allererster Klasse zu annehmbaren Preisen serviert. Es gibt keine Speisekarte, der Gast sagt, wann genug ist und zahlt dementsprechend. Reservierung ist obligatorisch, Tel. 03 65/4 32 20.

➡ Unmittelbar hinter Salo mündet die kleine Landstraße auf die S.S.45, die nach Gardone Riviera führt.

Gardone Riviera 26

17 km nördlich von Salo gelegen. I.A.T., Corso della Repubblica 37, Tel. und Fax 03 65/2 03 47. Centro di Promozione, Via Roma 8, Tel. 03 65/ 29 04 11.

Gardone Riviera ist der eleganteste Badeort am Gardasee und besteht eigentlich aus zwei Ortschaften – **Gardone di Sopra** und **Gardone di Sotto**. Es ist ein eleganter, gepflegter Ort mit vielen Parks, Nobelhotels, teuren Geschäften und riesigen Villen; man sollte unbedingt einmal durchbummeln, das Flair vergangener Tage genießen und die Sehenswürdigkeiten anschauen.

Ein sehenswerter botanischer Park, **Giardino Botanico Hruska**, an der Via Roma, heute im Besitz des österreichischen Aktionskünstlers **André Heller** hat täglich geöffnet von 9–18 Uhr, Eintritt etwa L. 7.000.

Il Vittoriale degli Italiani, Strada Panoramica: Das skurrile Anwesen mit Park und Museum gehörte dem Exzentriker, Dichter, Frauen- und Kriegshelden Gabriele

Villa Vittoriale degli Italiani in Gardone

Oberitalienische Seen

Beschaulicher Hafen in Toscolano

d' Annunzio. Geöffnet 10 bis 13 und 14.30 bis 18 Uhr, montags geschlossen. Eintritt circa L. 16.000.

➡ Die **Strada Panoramica**, eine Höhenstraße nach San Michele mit reizvollen Ausblicken über Tresnico, beginnt direkt hinter dem Vittoriale. Nach Michele überquert sie mit einer kleinen Brücke den Torrente Barbarano und zieht sich dann in Serpentinen bis nach Salo. Entlang der Strecken finden sich einige rustikale Einkehrmöglichkeiten.

➡ Weiter auf der S.S.45 bis Toscolano Maderno.

Toscolano-Maderno 27

ℹ An der S.S.45 gelegen. I.A.T., Lungolago Zanardelli 18, Maderno (Tel. 03 65/64 13 30), im Haus des Fähranlegers. Von dort sind auch Überfahrten mit der **Autofähre** nach Torri del Benaco möglich. Abfahrt alle 40 Minuten, der Preis für ein Wohnmobil liegt bei etwa L. 25.000. Nähere Auskünfte ebenfalls im Pavillon.

🅿 Am Südende der Via Marconi ist direkt hinter dem öffentlichen Strand ein Stellplatz für Reisemobile. Bar- und Restaurantbetrieb während der Saison.

Der **Wildbach Toscolano**, aus dem Valvestino-See kommend, ist der einzige größere Fluß auf der Westseite des Lago di Garda und teilt auf der von ihm aufgeschütteten Halbinsel die Ortsteile Toscolano und Maderno. Der aus zwei Dörfern allmählich zusammengewachsene Ort war bis ins letzte Jahrhundert europaweit für seine **Papierproduktion** bekannt.

Der Ortsteil Maderno beheimatet ein sehenswertes romanisches Juwel, die **Kirche Sant' Andrea** an der Piazza San Marco aus dem 12. Jh. Die lombardischen Steinmetzarbeiten ihrer Fassade und das Portal mit den feinen Ziselierungen sind weithin berühmt.

Die **Trattoria La Sosta**, Via Cecina 79, Tel. 03 65/64 42 95, bietet gehobene Küche in gepflegtem Ristorante.

👁 Lohnend ist ein Ausflug ins **Tal der Papiermühlen**, das sogenannte Valle delle Cartiere, das sich entlang des Toscolano-Flusses zieht. Im Mittelalter nutzte man die reißende Strömung des

Oberitalienische Seen

Flusses zum Antrieb der Papiermühlen. Toscolano erlangte bereits im 14. Jh. dank seines Büttenpapiers einen international guten Ruf. Sogar das Papier der Gutenberg-Bibel stammte aus der hiesigen Produktion. Durch die einsetzende Industrierevolution wurde das alte Handwerk unrentabel und verschwand. Das Papiermühlental, mit einem hübschen Wasserfall, ist heute daher mehr ein **Wanderparadies** als ein industrielles Museum.

In der Viale Marconi ist jeden Donnerstag großer Markt.

Campeggio Toscolano, OT Toscolano, hat einen eigenen Strand. Tel. 03 65/64 15 84.

Auf der S.S.45 bis nach Gargnano.

Gargnano 28

11 km nördlich von Gardone Riviera; Tourist Information, In den Arkaden am Hafen, Tel. 03 65/7 12 22.

Oberhalb der Spiaggia Libera gibt es einen Parkplatz, auf dem mit dem Reisemobil übernachtet werden kann.

Das malerisch verwinkelte Fischerdorf Gargnano mit seinem südländischen Flair und der ruhigen, friedvollen Atmosphäre ist seit Jahrhunderten ein Treffpunkt der Betuchten. Sehenswert sind der ursprüngliche Hafen, die Seepromenade und der jeden Mittwoch stattfindende bunte Wochenmarkt. Geschichtlich setzt sich Gargnano mit der **Villa Feltrinelli**, dem Wohnsitz des „Duce" Mussolini, in Szene. In Gargnano gibt es einen der wenigen öffentlichen Strände, die **Spiaggia Libera**, in dem hübschen Olivenhain La Fontanella.

Das ehemalige **Kloster San Francesco** aus dem 13. Jh. überrascht mit einem Kreuzgang, den der Volksmund „Steinzitronengarten" nennt. Statt Monster und Dämonen zieren hier nämlich in Stein gehauene Zitronen die Kapitelle.

Hinter Gargnano verschwindet die S.S.45 für etwa 30 km oft in engen Tunneln und Galerien. Meist heftiger Gegenverkehr von Bussen und Lkw erfordert hier besondere Aufmerksamkeit beim Fahren. Nach ungefähr 18 km erreicht man Limone sul Garda.

Auf halbem Weg zwischen Limone und Gargnano kann ein Stop in **Campione del Garda** eingelegt werden. Der Ort bietet einen gebührenpflichtigen Reisemobil-Stellplatz mit Ver- und Entsorgungsmöglichkeiten. Um die unter einer mächtigen Felswand liegende winzige Ortschaft zu erreichen, muß man im Tunnel die Abfahrt nach Campione beachten. Dann kann man der Wohnmobilbeschilderung in den Ort folgen.

Abendstimmung am See

Limone sul Garda 29

Der Ort liegt 18 km südlich von Riva. I.A.T., Via Comboni 15, Tel. 03 65/95 40 70, Fax 03 65/95 46 89. Über die Zitronen- und Olivenölproduktion hält das Informationsbüro eine deutschsprachige Broschüre bereit. Darüber hinaus gibt es noch das Heftchen „Spaziergänge in Limone", ebenfalls in deutscher Sprache.

Eine der meist besuchten Ortschaften am See ist Limone sul Garda. In der Hauptsaison wird der kleine Ort, einst Zuchtstätte von Zitronen in ganz speziellen Gewächshäusern – den **Limonaie** –, von zahlreichen Touristen besucht. Sehenswert sind die breite Seepromenade, der alte Hafen und die hübsche Altstadt.

COLIBRI GEHEIMTIP

In Limone wird Olivenöl bester Qualität hergestellt. Von Juli bis September kann jeden Dienstag und Freitag eine **Ölmühle** kostenlos besichtigt werden. Weitere Informationen vermittelt das Touristenbüro. (D7)

S.S.45 in nördliche Richtung.

Oberitalienische Seen

Riva del Garda 30

ℹ️ Der Ort liegt an der Nordspitze des Gardasees. A.P.T., Giardini di Porta Orientale 8; sehr gut ausgestattetes Informationsbüro für den ganzen See. Tel. 04 64/55 44 44, Fax 52 03 08. Es ist seit kurzem auch im Internet vertreten unter http://www.garda.com.

🅿️ Einen ausgewiesenen Reisemobilstellplatz hat Riva am östlichen Ortseingang gegenüber der zwei Campingplätze Camping Garda und Camping Monte Brione eingerichtet.

Das heute zum Trentino gehörende, elegant-romantische Riva – ehemals k. u. k. Grenzstädtchen – hat sich seit dem 19. Jh. zu einem international renommierten Bade- und Urlaubsort entwickelt. Sehenswert sind das historische Zentrum mit der **Piazza III Novembre** im venetisch-lombardischen Stil, der venezianische **Palazzo Municipale** mit den Bogengängen aus dem 15. Jh. sowie der pittoreske Hafen mit dem Uhrturm.

Die sehr gepflegte und für Gardasee-Verhältnisse sehr ausgedehnte Badeanlage ist mit ein Grund für die Beliebtheit der nördlichen „Hauptstadt am See".

🏰 Die **Rocca**, die mit einem tiefen Wassergraben umgebene Stadtfestung aus dem 12. Jh., beherbergt heute das **Museo Civico**. Von der Piazza Battisti gelangt man über die kleine Brücke zum Museum, geöffnet Di–Sa 9–12 und 14–18 Uhr, So 10–12 und 14.30–17 Uhr, Mo geschlossen.

⛺ **Camping Monte Brione**, am östlichen Ortsende von der S.S.240 Richtung Torbole nach links abbiegen, der Beschilderung folgen. Der Platz ist mit Hecken und Blumenbeeten hübsch bepflanzt. Tel. 04 64/52 08 85 oder 52 08 90. Der **Camping Garda** ist in unmittelbarer Nachbarschaft des Camping Monte Briones gelegen.

👁️ Etwa zehn Kilometer von Riva entfernt, zwischen dem Gardasee im Osten und den Judikarischen Alpen im Westen erstreckt sich das **Ledro-Tal**. Mitten in diesem Tal liegt der gleichnamige Bergsee auf 650 m Höhe.

Er ist einer der saubersten Seen im Trentino, zudem eingebettet in eine landschaftlich bezaubernde Idylle. Er kann heute über die neue Tunnelstraße S.S.240 (südlich von Riva) über Biacesa auch mit großen Reisemobilen erreicht werden.

🔧 I.A.T. Valle di Ledro, Piazza Garibaldi 14, 38060 Bezzecca. Tel. 04 64/59 12 22, Fax 59 15 77.

📍 Neben der wunderschönen Landschaft birgt der Ledro-See auch eine Sehenswürdigkeit der besonderen Art. Am Ostufer findet man die Überreste eines **Pfahlbaudorfes** aus der Bronzezeit – um 2.000 v. Chr. Das bronzezeitliche Dorf ist gut erhalten und zählt auch aufgrund seiner Größe und Bauart zu den wichtigsten seiner Art in Europa.

➡️ Für die Rückfahrt nach Riva kann man sich mit der Abfahrt auf der alten, mit steilen Serpentinen nicht einfach zu fahrenden Ponale-Straße – jetzt Einbahnstraße – einen atemberaubenden, unvergesslichen **Panorama-Ausblick** gönnen.

➡️ Riva verläßt man in östlicher Richtung. Man durchfährt den **Monte Brione Tunnel** und erreicht nach wenigen Kilometern auf der staugefährdeten S.S.240 die Stadt Torbole am nördlichen Ende des Gardasees.

Torbole 31

ℹ️ A.P.T. Torbole-Nago, Via Lungolago Verona 19, Tel. 04 64/50 51 77, Fax 50 56 43.

Torbole liegt wie ein Amphitheater ausgebreitet unterhalb des San Giovanni-Passes am Nordostufer des Gardasees. Der Ausgangspunkt der östlichen Uferstraße, der **Gardesana Orientale**, hat schon Goethe fasziniert, als er 1786 auf seiner, auch literarisch verarbeiteten Italienreise hier Station machte. In seiner „Italienischen Reise" berichtet er von seinen Eindrücken.

Oberitalienische Seen

Sarca-Mündung bei Torbole

Bekannt und beliebt ist Torbole heutzutage bei Seglern und Surfern aus aller Welt vor allem wegen seiner idealen, gleichmäßigen Windverhältnisse. Torbole gilt als das **Windsurfparadies** schlechthin.

Der Ort hat sich geschickt auf die Bedürfnisse seiner sportlichen Gäste eingestellt, die Atmosphäre ist dadurch locker, die Preise sind annehmbar.

Sehenswert ist das alte **k. u k. Zollhäuschen** am Hafen, in dessen Nähe sich die Möglichkeit bietet, ein erfrischendes Bad im See zu nehmen.

Empfehlenswert sind Wanderungen oder Fahrradtouren auf den **Monte Brione**. Dort sind neben der herrlichen Aussicht noch Militärbastionen aus dem Ersten Weltkrieg zu besichtigen.

Kurz vor der Brücke über die Sarca biegt die Straße am Fluß entlang nach Norden ab und trifft bei Arco wieder auf die S.S.45 bis, die Fortsetzung der Gardesana Occidentale.

Arco 32

6 km nördlich von Riva im Sarcatal. A.P.T., Viale delle Palme 1, Tel. 04 64/51 61 61, Fax 53 23 53.

Schon von weitem zeigt sich auf dem charakteristischen Felsen mit den Zypressen die markante Silhouette der **Burgruine von Arco**, die bereits von Dürer gemalt wurde. Die Stadt erstreckt sich in einem Bogen um den imposanten Felsen mit der im spanischen Erbfolgekrieg von den Franzosen völlig zerstörten Burg.

Arco ist ein **Mekka für Biker und Sportkletterer**. Zwanzig ausgewiesene Routen für Freeclimber in der Umgebung, jede Menge Sportschulen und nicht zuletzt das milde, mediterrane Klima erlauben Arco eine fast ganzjährige Saison. Im vergangenen Jahrhundert galt Arco als einer der beliebtesten Luftkurorte des mitteleuropäischen Bürgertums.

Sehenswert ist der botanische Garten **Arboretum**, Via Fosse Grande, mit einer beeindruckenden Pflanzenvielfalt aus aller Welt. Eintritt frei, täglich geöffnet von 9–19 Uhr.

Empfehlenswert ist eine ca. 30 Minuten dauernde **Wanderung** durch die stufig angelegten Olivenhaine **zur Burgruine**. Eine traumhafte Aussicht über den Ort und bis Riva an das Nordende

Oberitalienische Seen

Die imposante Burgruine von Arco

des Sees belohnt den Aufstieg.

Jeden ersten und dritten Mittwoch im Monat findet auf der Piazza III Novembre ein **Kleidermarkt** statt, jeden dritten Freitag und Samstag im Monat gibt's dort einen „mercato delle pulci", einen großen **Flohmarkt**.

Cantina Marchetti, Via Ferrara, Ristorante Pizzeria in einem alten Weinkeller, bietet gutes und preiswertes Essen in schönem Ambiente bei freundlicher Bedienung.

Das **Alla Lega**, Via Vergolano 8, im Palazzo Plateola, besticht durch exquisite Küche.

Camping Arco, an der Via P. Caproni Maiani Richtung Ceniga, ist ein Platz mit allem Komfort. Tel. 04 64/51 74 91. Der **Camping Zoo**, nördlich vom Camping Arco in einem Naturgelände angesiedelt, ist preiswert.

Auf der S.S.45 entlang der Sarca durchfährt man in der Talebene von Dro die Landschaft der Marocche.

Tal der Seen 33

Pro Loco „Valle dei Laghi", Via Roma 61, 38070 Vezzano.

Die Marocche ist die „Einfahrt" zum **Valle dei Laghi**, dem Tal der Seen. Sie ist eine riesige Fläche **imposanter Geröllfelsen**, die nach dem Rückzug der Eiszeitgletscher von den Bergen Brento und Casale abgebrochen sind. Diese geologisch interessante Naturerscheinung erstreckt sich über zwölf Kilometer und umschließt vor **Pietramurata** den **Lago di Cavedine**. Nach der Einmündung der S.S.237, vom Molveno See und Stenico kommend, stößt man beim Ort Sarche auf den Lago di Toblino, den **Tobliner See**. Der romantische Anblick des **Castello di Toblino** vor der zypressengesäumten Uferstraße ist sicher eines der meist fotografierten Motive des Trentino. Die malerische Burg liegt auf einer kleinen Halbinsel. Burg, Zugbrücke und die mächtige, zinnenbewehrte Mauer spiegeln sich im klaren, fischreichen Seewasser. Das Castello kann besichtigt werden, im Inneren bietet ein elegantes Restaurant ortstypische Gerichte in nobler Salonatmosphäre an. Hinter der Burg erheben sich, über Weinbergen und tiefgrünen Tannenwäldern, die weißen, senkrechten Felswände des **Casale** und des **Dain**.

Oberitalienische Seen

Vor der Felswandkulisse des 2.124 m hohen Paganella führt die S.S.45 vorbei am **Lago di Santa Massenza** über eine weitgespannte Brücke aufwärts nach **Vezzano**. In Höhe des links schon erkennbaren **Lago di Terlago** zweigt die Landstraße 18 nach Nordwesten ab. Hier kann man über den gleichnamigen Ort nach etwa 12 km die beiden, sehr malerisch vor Felsenkulissen gelegenen Seen **Lago Santo** und **Lago dell Mar** erreichen.

Köstliche Polenta

Gelegenheit zum günstigen und guten Essen bietet hinter dem Ort Cadine ein rechts an der Straße gelegener Gasthof.

Kurz nach dem Gasthof durchfährt man an der engsten Stelle der Strecke auf der Paßhöhe ein ehemaliges österreichisches **Sperr-Fort**, das man sich anschauen sollte.

Bald danach wird die S.S.45 vierspurig und führt, gut ausgebaut, durch die Tunnel der „**Bus de Vela**"-Schlucht bergab direkt nach Trient zur Brennerautobahn A 22 oder der parallel dazu laufenden S.S. 12. Nach Bozen zurück sind es noch etwa zwanzig Kilometer, um die Route 1 abzuschließen. Trient ist der Ausgangspunkt der Route 2, zu der hier – neben Verona – ein Anknüpfungspunkt besteht.

Wenn man in Bozen die Tour 1 beschließt, bietet es sich an, noch die **Haderburg** oberhalb von Salurn zu besuchen. Sie bietet nach kurzem und anstrengendem Aufstieg einen sehenswerten Ausblick auf das obere Etsch-Tal. Zudem markiert sie die ladinische Sprachgrenze.

Abendstimmung am Castello Toblino

Adria und Emilia Romagna

Kunst und Kultur

- ④ Marostica B 3
- ⑤ Vicenza C 3
- ⑦ Asolo B 4
- ⑩ Padua D 4
- ⑭ Ravenna G 5
- ⑱ Ferrara F 3
- ㉒ Verona C 2
- ㉕ Malcesine B 1

Sehenswürdigkeit

- ① Trient A 2
- ③ Bassano del Grappa B 4
- ⑥ Castelfranco C 4
- ⑨ Venedig C 5 / D 5
- ⑬ Comacchio F 5
- ⑯ Forli H 4
- ⑰ Lugo G 4
- ⑲ Rovigo E 4
- ㉔ Garda C 1

Erlebnis

- ② Lago di Caldonazzo A 2
- ⑧ Treviso C 5
- ⑪ Chioggia D 5
- ⑫ Mesola F 5
- ⑮ Rimini I 6
- ⑳ Monselice D 4
- ㉑ Soave C 2
- ㉓ Peschiera C 1

Adria und Emilia Romagna

Diese Rundfahrt beginnt in Trient und führt durch die Region **Veneto**, an der **Adria** entlang durch die Provinz **Emilia Romagna**.

Das Veneto umfaßt das östliche Ufer des Gardasees und wird von zahlreichen Flüssen, wie der Etsch, dem Piave und dem Po durchflossen. Die einwohnerstärkste Stadt ist **Venedig**. Die Vielfalt der Landschaft ist faszinierend: Von zerklüfteten Hochgebirgen bis zu Badestränden, vom typisch südländischen Gestade des Gardasees bis zu den bekanntesten Thermalquellen Europas und zu zahlreichen Städten mit venezianischer Villen-Baukunst ist für jeden Besucher etwas dabei.

Überall im Veneto ißt und trinkt man vorzüglich, in einfachen Landgasthäusern oft genauso gut wie in exklusiven Restaurants. Typisch für die venezianische Küche ist, daß sie wenige Grundzutaten verwendet – vor allem Reis, Maismehl, Fisch, Bohnen und Gemüse –, diese aber in einer erstaunlichen Fülle von Variationen zuzubereiten weiß. Aus Maismehl wird die in Norditalien allgegenwärtige Polenta gerührt, ein dicker Brei, der meist als Beilage gereicht wird. Wer Fisch vorzieht, wird nicht nur an der Küste, sondern auch im Landesinneren besonders mit **Stockfisch** auf seine Kosten kommen. Die Weine aus dem Veneto bedürfen kaum noch einer Vorstellung. Die besten Tropfen gedeihen auf den Hügeln am **Ostufer** des Gardasees, oberhalb von Treviso, am Fuße der Monti Berici bei Vicenza, im Umkreis von Soave und auf den Euganeischen Hügeln südlich von Padua.

Trient 1

71 km südlich von Bozen, 92 km nördlich von Verona. A.P.T., Via Alfieri 4, Piazza Dante, unweit des Bahnhofes, Tel: 04 61/98 38 80.

Hinweisschilder mit Wohnmobil-Symbol sind schon an der A22, Ausfahrt Trento zu sehen. Sie führen zum Stellplatz mit kostenloser Ver- und Entsorgungsmöglichkeit an der **Piazza Zuffo**. 20 weitere Stellplätze gibt es auf dem Bus-Parkplatz am Stadion auf der Stadtseite der Etsch.

Eurocamp S.N.C. Centro Vendita Caravan, Località Sille 17 A, 38045 Civezzano, zwei Kilometer östlich von Trento, Tel. 04 61/85 84 48.

Die Hauptstadt der autonomen Provinz Trentino fasziniert weniger durch eine Fülle von Sehenswürdigkeiten, als durch die reiz-

Das Castello del Buonconsilio in Trient

Adria und Emilia Romagna

Neptunbrunnen auf dem Domplatz

volle Synthese von rustikal-tirolerischem und geschäftig-geschmackvollem venezianischen Lebensgefühl. Der Altstadtkern mit alten Mauern, Türmen und Palazzi ist das pulsierende Herz. Erstmals im Jahre 46 als römisches Tridentum erwähnt, ist es eine der ältesten und vor allem **typischsten Alpenstädte**.

In strategisch bester Lage im Etschtal, zu Füßen des **Monte Bondone**, liegt Trient an einem wichtigen Nord-Süd-Verbindungsweg. Das Wahrzeichen der Stadt und gleichzeitig die Begrenzung zur östlichen Bergseite ist das **Castello del Buonconsiglio**. Der eindrucksvolle Gebäudekomplex besteht aus drei Teilen, die von einer mächtigen Mauer mit Wehrtürmen eingefaßt werden. Die alte Burg mit dem Adlerturm stammt aus dem 11. Jh. Bis zum 17. Jh. wurde die Anlage aber ständig erweitert, so daß sich verschiedenste Baustile direkt nebeneinander finden. Der südliche Renaissanceteil war der ehemalige Herrschersitz der Fürstbischöfe.

Im alten **Burgteil** ist heute das Museo Nationale del Trentino del Risorgimento ed Arte Provinciale untergebracht. Öffnungszeiten: Di–So 9–12 und 14–17 Uhr; Mo geschlossen.

Der imposante Dom San Vigilio aus dem 11.–13. Jh. ist eine streng lombardisch-romanische Pfeilerbasilika mit prächtiger Rosette und einigen gotischen und barocken Anleihen. Unter dem Holzkruzifix des Nürnberger Bildhauers **Sixtus Frey** wurden hier die Diskussionsergebnisse des Tridentinischen Konziliums als Dekrete proklamiert; es fand zwischen 1545–1563 statt. Der mittelalterliche Palazzo Pretorio mit dem Uhrturm beherbergt heute das Dom-Museum; Öffnungszeiten Do–Di 9–12 und 14–19 Uhr.

Auf dem Domplatz der autofreien Innenstadt entdeckt man den dekorativen barocken **Neptunbrunnen**. Um den Platz gruppieren sich mit mittelalterlichen Fresken verzierte Hausfassaden und bemalte **Renaissancehäuser** mit **Laubengängen**.

Am Fluß entlang nach Süden gelangt man auf der **Via da Sanseverino** zur ehemaligen fürstbischöflichen Sommerresidenz, dem **Palazzo Albere**. Darin befindet sich heute das Museo d'Arte Moderna mit italienischer Malerei des 20. Jh.s; täglich geöffnet von 10–13 und 14.30–19 Uhr.

Adria und Emilia Romagna

Häuserfassade mit Balkon in Trient

Auf dem westlichen Ufer der Etsch über dem Ortsteil **Piedicastello** erhebt sich der eiszeitliche Felsblock **Dosso Trento** mit seiner seltsam zylindrischen Form. Die weite, flache Ebene auf seiner Spitze bietet ein interessantes Naturreservat und einen, vor allem am Abend, sehr eindrucksvollen Ausblick auf Trient.

Auf der S.S.12 kommt man in nördlicher Richtung nach etwa 17 Kilometern in das Winzerzentrum **San Michele all'Adige**. Im Castello di San Michele findet man das Trientiner Volkskunde- und Trachtenmuseum, in dem traditionelles Handwerk, Brauchtum und Landwirtschaft in einem historischen Abriß dargestellt werden; Öffnungszeiten: täglich von 9–12.30, 14.30–18.30 Uhr, Eintritt L. 5.000.

COLIBRI GEHEIMTIP

Meist befärt am Sonntag vormittag ein **historischer Sonderzug** die erste elektrifizierte Bahnstrecke Italiens von Trento nach Male. Auf der Fahrt gibt es Burgen- und Schloßbesichtigungen, sowie Musik und Tanz je nach Jahres-zeit. Nähere Auskünfte hält das Touristenbüro bereit. (A2)

➡ Die für etwa zehn Kilometer als gebührenfreie Autobahn ausgebaute S.S.47 leitet den Verkehr aus Trient, östlich in weiten Kurven hinauf in das Val Sugana, das Tal des Brenta Flusses. Das Hochtal ist der natürliche, auch strategisch wichtige Durchgang zur venezianischen Ebene und zur Adria. Diese Strecke bietet sich als eine etwas ruhigere Variante mit vielen Sehenswürdigkeiten, abseits der Hauptroute auf der A12 nach Venedig an. Über Pergine gelangt man an den Caldonazzo See.

Eine Ver- und Entsorgungsstation für Reisemobile befindet sich bei der Esso-Station an der S.S.47 nahe der Ausfahrt Pergine, sie ist gebührenpflichtig und kostet L. 10.000.

Der hübsche Ort **Pergine Valsugana** liegt 15 Kilometer östlich von Trient und 65 Kilometer nordwestlich von Bassano del Grappa.

Nahe der beiden kleinen Alpenseen weist Pergine eine mittelalterliche Burg auf dem **Tegozzo Hügel** auf. Der Burghof mit der Arena ist ein bemerkenswerter Veranstaltungsort für ein interessantes, regionales Kulturereignis. Das groß aufgezogene „**Pérgine Spettacolo Aperto**" findet im Juli und August statt. Dort werden in der Burgarena Film-, Theater-, Tanz-, Prosa-, Mimik- und Jazzveranstaltungen aufgeführt, die zahlreiche feierfreudige Gäste nach Pergine locken.

➡ Bei **San Cristoforo al Lago**, dem „Lido von Trient", endet die Ausbaustrecke und eine kleine Nebenstraße zweigt nach rechts ab durch den Ort zum Caldonazzo See.

Lago di Caldonazzo   2

Ungefähr 15 km südöstlich von Trient gelegen. Nähere Informationen beim A.P.T. Levico Terme, Via Vittorio Emanuele 3, Tel: 04 61/70 61 01.

Am Taleingang des Valsugana, in einer sanften, offenen Landschaft vor dem felsigen Profil der Berge liegen zwei Seen, die voneinander durch einen **Hügelgrat** getrennt sind. Der größere, ganz im Trientiner Land gelegen, ist der Caldonazzo See, der kleinere der Levico See. Der touristisch interessante Caldonazzo See hat teilweise frei zugängliche Badestrände sowie Strandanlagen und ist ein ideales Ziel für Windsurfer und Segler. Beide Seen haben schöne Uferstreifen für Angler, die hier Forellen, Hechte, Maränen und andere Fische aus dem Wasser ziehen.

Die Fahrt führt entlang des Westufers und wird gelegentlich gekreuzt von der Valsugana-Nebenstreckenbahn; nun erreicht man **Valcanover**, einen Ortsteil von Pergine.

Adria und Emilia Romagna

Zwischenstop am Lago di Caldonazzo

Hier springt die kleine Halbinsel Punta Indiani vor.

Auf der Halbinsel liegt der **Camping Punta Indiani**, Lago di Caldonazzo, Pergine-Valcanover, Tel: 04 61/ 54 80 62. Die wohnmobilfreundliche und sehr familiär geführte Anlage besitzt einen großen **Privatstrand**. Sie bietet schattige, separate Reisemobil-Stellplätze und eine Ver- und Entsorgungsmöglichkeit. Es gibt einen privaten **Weinverkauf**. In den Monaten Mai, Juni und September sind die Stellplätze gebührenfrei; ansonsten belaufen sich die Preise auf L. 12.000 und pro Person L. 10.000.

Nach fünf Kilometern in Richtung Südosten entlang der Bahnstrecke am Seeufer gelangt man nach **Calceranica al Lago**.

Das touristisch gut erschlossene Calceranica liegt am **Südwestufer** des Caldonazzo Sees und weist viele Arten von Freizeiteinrichtungen auf.

Die Kirche **Assunta**, im oberen Ortszentrum, ist im Renaissancestil gebaut und eine der ältesten Kirchen des Suganatals.

Das Ristorante **Panorama**, Viale Venezia 19, liegt in Calceranica am öffentlichen Strandbad **Spiaggia Libera**. Direkt am See kann man auf einer sonnigen Terrasse mit großartigem Ausblick wunderbar speisen. In der Hauptsaison ist dies ein beliebter Treffpunkt bei den Campinggästen; ein Bootsverleih ist angeschlossen.

Eine gebührenpflichtige kommunale Ver- und Entsorgungsanlage steht am Ende der **Uferstraße**.

Acht Kilometer entfernt, nördlich der S.S.47 und auf der Nordostseite des Tals, befindet sich der kleinere See **Lago Levico**.

Der kleinere der beiden Seen ist von dicht bewaldeten Bergen eingeschlossen, die Ufer sind zum Baden oder für Wassersport kaum nutzbar. Ein teilweise unbefestigter Wanderweg führt, soweit es die geologischen Gegebenheiten zulassen, rund um den See.

Levico Terme, auf halber Höhe etwas oberhalb vom See gelegen, ist ein vor allem an Wochenenden von älteren Trientiner Bewohnern vielbesuchter Luftkurort und eine der bekanntesten Thermalstationen der Alpen.

Adria und Emilia Romagna

➡️ Über Borgo Valsugana, dem Hauptort des Tales und Castelnovo, verläßt die S.S.47 bei **Primolano** die Region Trient.

Hier und auf den umliegenden Bergen, dem Altopiano dei Sette Comuni im Westen und den Dolomiten im Osten, verliefen im ersten Weltkrieg die Hauptkampflinien zwischen dem damals österreichischen Trentin und dem italienischem Veneto. Das Tal wurde von Italienern und Österreichern jahrelang erbittert umkämpft.

Bei Cismòn del Grappa, im letzten Teil des Tales, kann man an einer Engstelle der **Brenta** die Reste eines quer zur Straße liegenden **Festungswerkes** erkennen. Bassano del Grappa erreicht man nach einer Fahrt von weiteren 30 Kilometern.

Bassano del Grappa 3

ℹ️ 75 km südöstlich von Trient, 60 km nordwestlich von Venedig. A.P.T. Largo Corona d'Italia, Tel. 04 24/2 43 51. Hier und in Gaststätten sowie den ansässigen Geschäften ist ein kostenloser, jeden Monat neu erscheinender Veranstaltungsführer mit Stadtplan „Bassano per tutti" zu haben.

🅿️ In der **Via Gobbi**, Area Cremona ist ein gut in der Stadt ausgeschilderter, **bewachter Stellplatz** mit Ver- und Entsorgungsmöglichkeit und Stromanschluß eingerichtet. Es empfiehlt sich allerdings, zeitig anzufahren, da der Platz nachts geschlossen wird. Der Preis für die Übernachtung beträgt L. 10.000.

🅿️ Ein weiterer Stellplatz mit Übernachtungsmöglichkeit ist am **Prato San Caterina** auf einem gebührenfreien Großraumparkplatz in Zentrumsnähe.

Das Städtchen Bassano liegt am Fuße des 1778 m hohen **Monte Grappa**, dort wo die Brenta in die Ebene mündet. Außer einer phantastischen, sehr sehenswerten Umgebung bietet Bassano italienisches Ambiete in Alpennähe. Bassano schätzt man wegen seines gleichnamigen Trester-Schnapses und wegen der Keramikherstellung: Viele kleine Keramikwerkstätten in den verwinkelten Altstadtgäßchen, die auch sonntags geöffnet sind, stellen die beliebten Majoliken, Steingutwaren und Porzellan her.

Das Zentrum der hübschen Altstadt ist die **Piazza della**

Bassano del Grappa mit Blick auf den Monte Grappa

Adria und Emilia Romagna

Grappa – eine Spezialität der Region Veneto

Al ponte da Renzo, Via Volpato 60, an der Westseite der Brenta, unterhalb der Brücke gelegen, ist ein sehr renommiertes **Fischlokal** mit Tischen im Freien und schönem Blick auf den Fluß und die Brücke.

In einem ehemaligen Benediktinerkloster ist eine aufschlußreiche archäologische Ausstellung und eine Pinakothek mit Werken der aus Bassano stammenden Künstlerfamilie da Ponte zu sehen, **Museo Civico,** Piazza Garibaldi. Berühmtestes Mitglied dieser Familie war im 16. Jh. **Jacopo da Ponte,** genannt Jacopo Bassano, der auch für Ludwig XIV. malte; Öffnungszeiten: Di–Sa 9 bis 12.30 und 15.30 bis 18.30 Uhr, montags geschlossen, Eintritt L. 3.500.

Acht Kilometer südwestlich von Bassano liegt in **Nove** das Museo di Caramica di Nove, Piazza dei Fabris, das **venezianische Keramikarbeiten** aus Bassano und Nove zeigt. Das Museum ist von Di–So 15–18 Uhr geöffnet, der Eintritt beträgt L. 3.000.

Das Ristorante **Ponte Vecchio,** Via Angarano 14, ist direkt an der Westseite der Brücke gelegen; die Pizzeria hat eine gute Küche und eine hübsche Terrasse.

Köstlichen **hausgebrannten Grappa** der Extraklasse, Marke Bassanina, gibt es in der Grapperia "Italiana Distillati Bas-

Libertà mit der wuchtigen Kirche San Giovanni. Die angrenzenden Patrizierhäuser mit Arkadengängen sind im typisch italienisch-alpinen Stil erbaut.

Die Hauptattraktion von Bassano ist die schindelgedeckte, überdachte Holzbrücke über die Brenta, genannt **Ponte degli Alpini,** nach den italienischen Gebirgsjägern, die sie nach der Sprengung im Zweiten Weltkrieg wieder aufgebaut haben. Schon 1209 wurde sie mit ihrem ursprünglichen Namen „Ponte Vecchio" erstmals in den Annalen der Stadt erwähnt und mehrfach neu konstru-

iert. Ihre heutige Form mit den als Schiffsrümpfen ausgelegten Fundamenten geht auf eine Konstruktion des bekannten Architekten Andrea Palladio zurück. In der Nähe der Brückenwestseite liegt ein kleines **Museum,** das über die Geschichte der Brücke informiert; die Öffnungszeiten sind unregelmäßig, können aber bei der A.P.T. erfragt werden.

In der **Vicolo Volpato** am Westufer der Brenta ist, etwa 300 m von der Ponte Vecchio entfernt, ein ruhiger Stellplatz mit 30 Plätzen ausgewiesen.

Adria und Emilia Romagna

sano Piazetta Angarano" an der Ponte Vecchio.

➡ Von Bassano führt die S.S.248 nach Westen. Man kommt nach etwa vier Kilometern in Marostica an.

Marostica 4

ℹ Pro Marostica, Piazza della Scacchi 45, im Castello Inferiore, Tel. 04 24/7 21 27.

🅿 Direkt an der westlichen Stadtmauer gibt es in der **Via Rimembranza** zwei größere Parkplätze, die als Stellplätze ausgewiesen sind. Zu Festspielzeiten werden in Zentrumsnähe weitere Plätze für Reisemobile bereitgestellt.

Marostica liegt zu Füßen des südlichen Ausläufers der Hochebene von **Asiago**, gut geschützt vor kalten Nordwinden. Deshalb gedeihen hier in der Region Kirschen, Wein und Oliven. Überragt wird die Stadt von der weithin sichtbaren Burganlage auf dem **Pausolinohügel**. Links und rechts ziehen sich in weitem Bogen die zinnengekrönten Stadtmauern den Hügel hinunter und rahmen mit gut erhaltenen **Wehrtürmen** und **Stadttoren** den Ortskern vollkommen ein. Trotz des gut erhaltenen mittelalterlichen Ensembles ist Marostica ursprünglich eine römische Gründung. Hauptplatz ist die arkadengesäumte **Piazza Castello** mit dem unteren Kastell, dem Castello Inferiore. Sie ist mit dunklen und hellen Steinen wie ein Schachbrett gestaltet, auf dem die weithin berühmte „Partita a Scacchi", eine **Schachpartie** der besonderen Art stattfindet.

Alle zwei Jahre am ersten Wochenende im September ist das 22 x 22 m große Schachbrett auf dem Platz Schauspiel eines gigantischen Spektakels. Eine Schachpartie mit **lebenden Figuren** wird mehrmals am Wochenende zelebriert.

Rund 500 Darsteller, zumeist Laien aus der Bevölkerung, stellen in **historischen Kostümen** eine geschichtlich verbürgte Schachpartie zwischen zwei jungen Adeligen dar. Im Jahre 1554 sollte statt eines Duells so die Entscheidung um die Hand der schönen Regententochter Lionora fallen.

Für die Partie werden das Schachbrett und die Piazza mit Feuer romantisch erleuchtet, das Castello Inferiore illuminiert und die gesamte Veranstaltung mit Musik auf alten Instrumenten begleitet. Ein opti-

Die Stadtmauer von Marostica

Adria und Emilia Romagna

Buntes Spektakel in historischen Kostümen

scher und akustischer Leckerbissen. Die nächste Veranstaltung findet 1998 statt, Karten müssen frühzeitig beim Touristenbüro bestellt werden.

Am Fuß des Pausolinohügels steht die „Chiesa del Carmine". Hier beginnt der romantische **Wanderpfad** zum oberen Kastell, dem Castello Superiore. Der serpentinenartige Weg ist nachts mit Lampen dezent beleuchtet und in gut einer halben Stunde zu bewältigen. Oben angekommen wird der Aufstieg mit einem grandiosen Rundblick belohnt. Im **Innenhof** der gerade restaurierten Burg aus dem 14. Jh. befindet sich eine sehr gemütliche, stilvoll eingerichtete Taverne.

Das Ristorante „**Castello Superiore**", Via Cansignorio, ist eine stilecht im Castello eingerichtete Trattoria mit guter Küche.

Drei Kilometer nördlich hinter dem Burgberg von Marostica im **Vallonara di Marostica** bietet das Ristorante „Da Rossi" preiswertes Essen mit typischem Trattoria-Ambiente und einer Terrasse.

Marostica Camping, Via Rubbi, Tel. 04 24/ 7 27 58.

Auf der gut ausgebauten ebenen S.S.248 erreicht man, an dem Städtchen **Sandrigo** vorbei, nach 28 Kilometern **Vicenza**.

Vicenza 5

50 km östlich von Verona, 40 km nordwestlich von Padua. A.P.T., Piazza Matteotti 12, Tel. 04 44/32 08 54.

In der Via Bassano Ecke Viale Cricoli, neben der Bus-Station, gibt es einen ausgewiesenen Stellplatz mit einer Ver- und Entsorgungsanlage. Die komplette Gebühr beträgt L. 6.000 pro Nacht; Es existiert ein Busanschluß in die Stadt.

Der Ursprung von Vicenza reicht in längst vergangene Epochen zurück. Die **Veneter** siedelten sich hier einige Jahrhunderte vor Christus an. Während der römischen Herrschaft wurde die Stadt nach dem rasterartigen Schema des „Castrums" aufgebaut.

Vicenzas berühmtester Sohn ist der Renaissance-Baumeister Andrea di Pietro della Gondola alias **Andrea Palladio** (1508 bis 1580), ein überaus bedeu-

Adria und Emilia Romagna

tender Architekt. Er liebte die Antike und verband ihre Kunstvorstellungen meisterhaft mit dem Stil seiner Zeit. An der **Piazza dei Signori**, einem schönen, weiten Altstadtplatz, steht das Hauptwerk Palladios: die **Basilica Palladiana**. Dieses Gebäude ist das Monumentalwerk des Baumeisters mit einem etwa 80 m hohem Campanile im Zentrum der Stadt. Es ist zugleich der Verwaltungssitz des ehemaligen Palazzo del Ragione, dessen altes Gebäude von Palladio mit der Basilika umbaut wurde. Rund um den Platz stehen noch weitere palladinische Meisterwerke, darunter die unvollendete **Loggia del Capitano** und an der Piazza Matteotti das weltbekannte **Teatro Olimpico**.

Die Hauptstraße durch das Zentrum ist der **Corso Palladio**, eine prunkvolle, schnurgerade Prachtstraße, an der sich ein berühmter Palazzo an den anderen reiht. 1994 wurde Vicenza aufgrund der wertvollen Bausubstanz zum Weltkulturerbe-Denkmal der UNESCO.

Die leider nur von außen zu bestaunende mächtige Loggia del Capitano wurde im Jahre 1571 von Palladio erbaut. Sie steht an der Nordseite der Piazza dei Signori.

Das Teatro Olimpico an der Piazza Matteotti ist ein weiteres Schmuckstück von Palladio. Es ist das erste **gedeckte Holztheater** Europas und ganz griechisch-römischen Vorbildern nachempfunden. Sein **perspektivisches Bühnenbild** ist weltberühmt. Man betritt das Theater neben der Tourist-Information durch einen kleinen, nett angelegten Vorgarten; Öffnungszeiten: Mo–Sa 9–12.30 und 14.15–17 Uhr, So 9.30–12.30, Eintritt L. 5.000.

Das Museo Civico im Palazzo Chiericati, Piazza Matteotti, ist ein Prachtbau mit riesiger Loggia und einer säulen- und figurengeschmückten Fassade; hier ist das Stadtmuseum beheimatet. Zu sehen sind Gemälde von frühen **venezianischen Meistern** wie Veneziano und Montagna sowie Breughel dem Älteren und Van Dyck. Prunkstücke sind eine Kreuzigungsszene von Hans Memling und drei Gemälde des berühmten venezianischen Künstlers Giambattista Tiepolo; Öffnungszeiten: Di–Sa 9.30–12.30 und 14.30–17 Uhr, So 9.30–12 Uhr, Mo geschlossen. Eintritt L. 3.000.

Von April bis Oktober kann man mit einer vom Info-Büro veranstalteten, jeden Samstag früh stattfinden-

Westfassade der Basilica Palladiana

Adria und Emilia Romagna

Das berühmte Bühnenbild des Teatro Olimpico

den Stadtführung Vicenza gründlich kennenlernen. Auskünfte im A.P.T. Für die Sehenswürdigkeiten bietet Vicenza ein Kombi-Eintrittsticket für etwa L. 9.000 an.

Die **Antica Trattoria Tre Visi**, Contra Porti 6, ist eine bekannte Trattoria in einem alten Palazzo und bietet typische Regionalküche für gehobene Ansprüche. Die Spezialität ist: Stockfisch mit Polenta und mit Kürbismus gefüllte Ravioli.

Die Villa **La Rotonda**, eine der letzten und berühmtesten Palladio-Villen, liegt zwei Kilometer südlich der Stadt Vicenza in Richtung **Este** an der Via della Rotonda 45. Mit dem Bau der Tempel-Villa versuchte Palladio den heute wieder aktuellen Inhalt „Vita in Villa" vom naturnahen Leben in einem ländlichen Ambiente zu verwirklichen. Öffnungszeiten: März bis November, innen Mi 10–12 und 15–18 Uhr, außen Mi und Do zu gleichen Zeiten, Eintritt L. 10.000, nur außen L. 5.000.

Pilgerzentrum ist die **Basilica di Monte Berico**, eine mächtige Kreuzkuppelbasilika, die Ende des 15. Jh.s zu Ehren einer Marienerscheinung errichtet wurde. Sie steht auf den Monti Berici; diese zwei 150 m hohen, zwei Kilometer von Vicenza entfernten Hügel gewähren vom Basilika-Vorplatz Piazzale della Vittoria einen herrlichen Ausblick auf die Stadt und das Umland. Anfahrt etwa zwei Kilometer südlich über die Viale X Giugno.

Das **Ristorante Vecchia Guardia**, Contra Pescherie Vecchie, ist ein gediegenes Freiluftlokal und ein beliebter Treffpunkt für die Freunde feiner Küche.

Über die S.S.53 25 km nach **Cittadella**.

Dieses Städtchen war im Mittelalter aufgrund seiner strategisch günstigen Lage in der venetischen Ebene häufig umkämpft und wurde daher im 13. und 14. Jh. von den Paduanern gegen den Erzfeind, das trevisianische Castelfranco, mit einer **Ringmauer** befestigt, die bis heute erhalten ist. Sie ist 12 m hoch, 1461 m lang, mit 32 Türmen und vier Toren versehen. Informationen: Officio Turistico, Via Guglielmo Marconi 3, Tel. 04 95/97 06 27.

Detail an der Mauer der Villa La Rotanda

Adria und Emilia Romagna

➡️ Wieder zurück auf die S.S. 53 geht die Fahrt weiter 13 km nordöstlich in Richtung **Castelfranco**.

Castelfranco 6

ℹ️ Pro Loco Via Preti 39 – Via Garibaldi, Tel. 04 23/49 14 01.

Das hübsche Städtchen Castelfranco, nicht weit entfernt von den touristisch interessanten Orten wie Bassano, Asolo und dem Gebirgszug des Monte Grappa, ist nicht nur historisch gesehen eine sehr interessante Region.

Castelfranco entstand Ende des 12. Jh.s zur Verteidigung der westlichen Staatsgrenze. Die Regierung von Treviso gewährte den Einwohnern Castelfrancos Steuerfreiheit; hieraus ergab sich der Name Castelfranco, zu deutsch: Freie Festung. Die im Quadrat erbauten Stadtmauern der noch heute bestens erhaltenen Festung messen insgesamt 930 m. Sie verfügen über massive **Ecktürme** sowie zwei sieben Meter hohe Tortürme jeweils in der Mitte der vier Mauern.

Zu den hier geborenen Berühmtheiten zählen der große Meister der Malerei **Giorgione** (1478–1510) und der Architekt Francesco Maria Preil (1701–1774).

Ein Besuch Castelfrancos sollte auf der zentralen Piazza Giorgione außerhalb der Festungsmauern beginnen. Von hier kann man auf der einen Seite die Außenmauern der Festung mit den mittelalterlichen Türmen sehen, umsäumt von Grünanlagen, einem Wassergraben und dem Spazierweg „Dante". Passiert man die Brücke „Ponte della salata", führt der Weg unter dem mit Zinnen bewehrten **Uhrturm** hindurch in die Festung. Man befindet sich dann auf der Straße Francesco Maria Preti, die zur Piazzale Duomo führt. An der Ostseite sieht man das im romanisch-gotischen Stil errichtete Haus **Casa Maria Pellizzi** von Giorgione.

Eine Sehenswürdigkeit der Stadt – außerhalb der Festung – ist der freskengeschmückte **Palazzo Placentini** an der Nordostseite der Piazza Giorgione. Vor Jahrhunderten war hier die „Hosteria della Spada", das berühmte Wirtshaus zum Degen. An der Via XXIX Aprile finden sich weitere hübsche Adels-Palazzi, die nur von außen zu besichtigen sind.

Der Dom **San Liberale** stammt aus der Mitte des 18. Jh.s, seine Fassade wurde 1893 verändert. Im Inneren befindet sich zur

Blick auf die Außenmauern Castelfrancos

Adria und Emilia Romagna

Rechten die Costanzo-Kapelle mit einem prächtigen Altarbild „Madonna in trono con Bambino", Madonna auf dem Thron mit dem Kind, das um 1505 vom Meister **Giorgione** gemalt wurde.

Tritt man aus dem Dom und folgt der nahen Via Garibaldi, besteht die Möglichkeit eines Besuchs des **teatro accademico** aus dem 18. Jh. Die Öffnungszeiten des Theaters sind unregelmäßig und können bei der Verwaltung erfragt werden.

Hinter dem Komplex des Palazzos öffnet sich einer der schönsten und romantischsten Parks der Region Veneto mit einer Fläche von mehr als 80.000 m², der öffentliche Park **Parco Revadi Bolasco**, in der Borgo Treviso 73. Er bietet unter anderem einen Reitstall, einen See, künstlich angelegte Hügel, Statuen sowie die Arena und eine ehemalige Zirkusmanege; geöffnet von März bis November 10–12 und 15.30–19 Uhr.

Auf einer kleinen, fast schnurgeraden Landstraße nach Norden erreicht man nach 12 km **Asolo**.

Asolo 7

Ungefähr 15 km östlich von Bassano. A.P.T., Via S. Catarina 258, Tel. 04 23/52 90 46.

Dank der günstigen Lage auf den sanften Hügelausläufern und dem angenehmen Klima war Asolo schon im **neolithischen Zeitalter** eine Siedlung. Im Mittelalter herrschten die Scaliger, die Carrareser und die Trevisaner über Asolo. In der ersten Hälfte des 14. Jh.s kam die Stadt dann zur Republica di San Marco.

Italienische und ausländische Schriftsteller, Dichter und Künstler, von der Schönheit der den Ort umgebenden Landschaft angezogen, besuchten und liebten dieses Städtchen. Der Schriftsteller **Robert Browning** widmete der Stadt das Buch „Asolando". **Eleonora Duse** (1858–1924), zu ihrer Zeit Italiens größte Schauspielerin, wohnte in Asolo und wurde dort auf ihren Wunsch begraben.

Das Schloß, in dem **Caterina Cornaro**, die Ex-Königin von Zypern, von 1489 bis 1509 herrschte, ist ein massiver Bau mit einem charakteristischen Uhrturm. In den Innenräumen befindet sich das Theater Eleonora Duse.

Panorama von Asolo

Adria und Emilia Romagna

Ein malerischer Garten in Asolo

Noch heute hat die Stadt den eindrucksvollen mittelalterlichen Charakter bewahrt; sie ist von alten Mauern umgeben und wird von der tausend Jahre alten, überaus sehenswerten Burg beherrscht.

Die **Via Dante** führt durch die Porta Colmarion, teilweise über mittelalterliche Treppen, auf den Osthügel zur Rocca. Von dort hat man einen wunderschönen Ausblick über die grünen Höhenzüge.

Die Loggia del Capitano, Piazza Garibaldi, ist ein Bau aus dem 15. Jh. und beherbergt das **städtische Museum**. Im Saal „Eleonora Duse" ist eine einzigartige Sammlung von Erinnerungsstücken und Briefsammlungen der großen Schauspielerin zu sehen. Ein Spinett und andere Erinnerungsstücke zeugen vom englischen Lyriker Robert Browning. Auch Autographen und Porträts der Königin Cornaro werden in diesem Museum aufbewahrt; Öffnungszeiten täglich 9.30–12 und 16 bis 17 Uhr, im Sommer bis 19 Uhr, montags geschlossen.

Bemerkenswert sind auch die Kirche **San Gottardo** aus dem 13. Jh. und auf dem Westhügel die Kirche **Sant' Anna** mit dem Friedhof, in dem das schlichte Grabmal der Eleonora Duse steht.

Sehenswert ist die **Porta Santa Catarina**, das Haus von Eleonora Duse mit einer von ihrem Geliebten Gabriele d'Annunzio geschriebenen Gedenktafel. Öffnungszeiten: Di-Sa 10-12.30 und 15-17 Uhr, Eintritt L. 3.000.

Die Benutzung des Stellplatzes Parccheggio Ex-Ospedale, Via Forestuzzo ist werktags kostenlos, an Wochenenden zwischen 8 und 20 Uhr kostet er L. 3.000. Von der Via Schiavonesca an der Tankstelle Richtung Altstadt abbiegen. Der Parkplatz befindet sich auf halber Höhe rechts hinter dem ehemaligen Krankenhaus.

Ein gebührenfreier Stellplatz für Wohnmobile befindet sich an der **Via Schiavonesca** schräg gegenüber der Pizzeria Al Portego an der Omnibus-Station. Von hier fahren auch Linienbusse in die Oberstadt ab.

Ein kurioser **Flohmarkt** findet auf den **Piazze Brugnoli** und **Garibaldi** an jedem zweiten Wochenende im Monat statt.

Das Ristorante und Hotel **Villa Cipriani**, Via Canova 298, bietet höchsten optischen und kulinarischen Genuß in einer prachtvollen, alten Villa inmitten einer zauberhaften Gartenanlage mit nahezu unbegrenzter Fernsicht. Exquisite einheimische Menüs und Weine werden zu ebensolchen Preisen angeboten.

Due Mori ist ein gemütlicher Familienbetrieb mit schöner Terrasse an der Piazza d'Annunzio 4. Spezialität: hausgemachte Gnocchi und Fleisch vom Holzkohlengrill.

Auf der S.S.248 gelangt man, hinter Casella Richtung Cornuda abbiegend, nach neun Kilometern zur **Villa Barbaro** nach **Maser**. Die Villa heißt heute Villa Volpi. Am östlichen Rand der asolanischen Hügel gelegen, steht unweit des kleinen Städtchens **Maser**, die am besten erhaltene und wohl gelungenste Patrizier-Villa. Andrea Palladio errichtete sie im Jahr 1555 im Auftrag der Gebrüder Barbaro aus Venedig nach dem Vorbild eines antiken römischen Landhauses. Es ist sicher die berühmteste seiner zahlreichen Arbeiten auf der Terra Firma, dem Hinterland Venedigs. Geöffnet ist die sehenswerte Villa jeweils samstags und an Feiertagen, in den Sommermonaten zusätzlich noch dienstags von 15 bis 18 Uhr.

Auf dem weitläufigen Parkgelände findet sich in einem rekonstruierten Bauernhaus das **Museo delle Carrozze**, in dem alte Kutschen zu bewundern sind. Besichtigungen sind Di und Sa nachmittags möglich, der Eintritt beträgt L. 8.000.

77

Adria und Emilia Romagna

➡ Über Cornuda gelangt man auf der S.S.348 in südöstliche Richtung, vorbei an Montebelluna, nach Treviso.

Treviso 8

ℹ 30 km nördlich von Venedig, 100 km nordöstlich von Verona. A.P.T., Palazzo Scotti, Via Tonolino 41, Tel. 04 22/ 54 76 32. Hier ist die informative Broschüre **Treviso-Cittá Dipinta** erhältlich.

Schmale, an den Ufern meist begrünte Kanäle des Flusses Sile mit heute noch funktionierenden **Mühlrädern** durchziehen die gesamte, labyrinthartige Altstadt von Treviso, einer eleganten, wohlhabenden Stadt mit etwa 80.000 Einwohnern. Mittelalterliche, sehr sorgfältig restaurierte Häuser mit Freskenmalereien, Erkern und Laubengängen spiegeln sich im Wasser. Im späten Mittelalter lebten hier viele deutsche Kaufleute in der „**Stadt der Kanäle und Fresken**", die das Gesicht von Treviso nachhaltig geprägt haben.

Die **Piazza dei Signori** mit dem – nach dem Zweiten Weltkrieg originalgetreu wieder errichteten – gotischen **Palazzo dei Trecento** zählt zu den eindrucksvollsten Plätzen in ganz Norditalien. Obwohl Treviso nicht unbekannt ist, steht es noch immer ganz im Schatten des weltberühmten Venedig. Man kann es daher fast noch als touristischen Geheimtip bezeichnen.

Der **Dom**, ein imposantes Backsteingebäude unweit der Piazza dei Signori, erweckt mit seiner klassizistischen Fassade einen eher nüchternen Eindruck. Auch das Innere ist relativ schlicht und auf den ersten Blick unscheinbar. In den Seitenkapellen entdeckt man jedoch mit der „**Verkündigung**" von **Tizian** ein sehenswertes Schmuckstück. Die Öffnungszeiten sind – wie bei vielen Gotteshäusern – unregelmäßig, über Mittag ist auf jeden Fall geschlossen.

Das **Museo Civico Luigi Bailo** befindet sich in der Borgo Cavour 22. Das ehemalige Kloster beherbergt neben einer archäologischen Sammlung im Erdgeschoß eine kunsthistorisch interessante Sammlung **italienischer Malerei** im ersten Stock mit Bildern aus dem Mittelalter, aus der Zeit der Renaissance, aber auch einigen romantischen und modernen Gemälden. Unter den Künstlern erscheinen so klangvolle Namen wie Tintoretto, Bassano, Tizian und Giovanni Bellin. Geöffnet ist das beachtenswerte Museum zu folgenden Zeiten: Di–Sa 9–2 und

Die Piazza dei Signori in Treviso

Adria und Emilia Romagna

Reiche Auswahl auf dem Fischmarkt von Treviso

14–17 Uhr. An Sonn- und Feiertagen nur am Vormittag geöffnet, montags geschlossen. Eintritt L. 3.000.

Wunderschöne **bemalte Häuser** findet man in der Via Canova, in der Nähe des Museo Civico. Eines der originellsten ist das Haus mit der Nummer 14, die Casa della Leda, in der Via Biancheni aus dem 16. Jh.

Besonders außergewöhnlich ist das **Pescheria-Viertel**, das in nur fünf Gehminuten von der Piazza dei Signori über die Via Pescheria zu erreichen ist. Der Weg führt an einem Kanal entlang durch die schöne Fußgängerzone der Alt-stadt. Auf beiden Seiten reihen sich mit Fassadenmalereien geschmückte Häuser dicht aneinander. In ihren **Arkaden** gibt es zahlreiche Geschäfte, Lokale und Galerien. Den Mittelpunkt bildet eine von eindrucksvollen romanisch-gotischen Fassaden überragte kleine Insel zwischen den Kanälen, auf der regelmäßig ein **Fischmarkt** stattfindet.

COLIBRI GEHEIMTIP

Einen besonders schönen Eindruck von der Stadt gewinnt man, wenn man sie vom Wasser aus erlebt.

Bei der „Associazione Kajak Treviso", Via della Monica, Tel. 04 22/40 60 71, kann man hierzu Kajaks und andere Boote für einen **Ausflug auf den Kanälen des Sile** mieten. (C5)

Die **Trattoria all' Oca Bianca**, Vicolo della Torre 7, liegt unweit der Piazza dei Signori in einer Seitenstraße der Via Calmaggiore. In der typisch norditalienischen Herberge versammelt sich ein Publikum von Stammgästen um die mütterliche Wirtin, die mit Leib und Seele kocht und leckere Gerichte zu erschwinglichen Preisen zaubert; Mittwoch ist Ruhetag.

Sechs Kilometer westlich von Treviso liegt in Quinto di Treviso in einer **alten Mühle** zwischen zwei Flußarmen das romantische Ristorante **La Rosta**, das bekannt ist für seine Spezialitätenküche. Eine schöne Terrasse zum Draußensitzen und ein großer Parkplatz sind außerdem vorhanden; mittwochs geschlossen.

Boschiero Caravans, Via Cattaneo 17, Tel. 04 22/2 07 94.

Adria und Emilia Romagna

Markttreiben in Treviso

|P| Ein offiziell ausgewiesener Stellplatz befindet sich auf dem Großraumparkplatz am Fährhafen. An Gebühr bezahlt man L. 14.000 für 24 Stunden.

|P| Etwa zwei Kilometer von Punta Sabbioni entfernt liegt der Ort Treporti, der zwei „Agriturismo"-Stellplätze mit Ver- und Entsorgungsmöglichkeiten bietet: „Le Manciane", Via Lio Piccolo 29, Tel. 0 41/65 89 77, und „De Sacra", Via Pealto 17, Tel. 0 41/5 30 03 52.

|P| Vom **Parcheggio Fusina** in Fusina, einem Stellplatz mit Ver- und Entsorgungsmöglichkeit in Hafennähe, besteht ebenfalls Vaporetto-Anschluß nach Venedig. Der Preis pro Nacht beträgt lediglich L. 3.000.

Die nördliche Umgebung von Treviso zwischen Conegliano und Valdobbiadene ist die **Heimat des Prosecco**.

Eine Fahrt auf der „Via del Vino" kann zu einem feucht-fröhlichen Erlebnis werden, gibt es doch in fast jedem Dorf Weinproben und Verkaufsstellen des edel prickelnden Sektgetränks.

Man verläßt Treviso in südöstliche Richtung. Die kleine Landstraße führt nach etwa 40 km über Silea, Meolo und Capo Sile nach **Lido di Jesolo**.

Der Lido di Jesolo ist ohne Zweifel eines der gut besuchten und teuren Strandbäder der Adria.

Lange Hotelfluchten am über zehn Kilometer langen Strand bestimmen das Bild. Für Touren nach Venedig ist der Endpunkt des Lido, **Punta Sabbioni** auf der Landzunge gegenüber von Venedig, allerdings ein idealer Ausgangspunkt. Von hier startet die Vaporetto-Linie 14stündlich in Richtung Venedig. Das Reisemobil kann man währenddessen auf einem der bewachten Parkplätze für ca. L. 8.000 am Tag abstellen.

Wer länger verweilen möchte, dem sei der perfekt geführte Campingplatz in Cavallino, der **Union Lido** empfohlen. Extra Reisemobilstellplätze mit Ver- und Entsorgungsanlagen sind ebenfalls vorhanden. In der Saison ist allerdings eine Mindestmiete von einer Woche erforderlich; das Mitbringen von Haustieren und Radfahren sind in der Anlage mit über 3.000 Stellplätzen nicht erlaubt.

Bei sommerlicher Hitze bietet der **Parco Acquatico Acqualandia**, Via Buonarotti, Lido di Jesolo, eine willkommene Ab-

Adria und Emilia Romagna

wechslung. Der Freizeit-Wasserpark wartet mit einer Riesen-Wasserrutsche, Badebecken mit künstlichen Wellen und Tower-Jumping auf. Geöffnet ist im Sommer täglich von 10–18 Uhr, Eintritt L. 25.000.

Venedig 9

A.P.T., Castello 4421, Tel. 0 41/5 29 87 11. Ca. 30 km östlich von Padua am Golf von Venedig/Adria.

Es ist fast ein Wunder: Ein Stadtstaat steht auf Millionen von Stelzen, auf Holzstämmen, die als Pfeiler in den Schlamm und Schlick von mehr als hundert Inseln gerammt wurden. Eine Stadt, die als Verkehrsadern fast ausschließlich Wasserwege besitzt. Eine Metropole, die es fertigbrachte, trotz dieser kuriosen und äußerst verwundbaren Anlage nicht nur eine der **glänzendsten Handelsstädte** der Erde, sondern auch eine **militärische Weltmacht** zu werden und viele hundert Jahre lang zu bleiben.

Kunst und Kostbarkeiten von unschätzbarem Wert haben sich in Venedig angehäuft. Die meisten und prächtigsten Paläste der Stadt stehen am **Canal Grande**. Alle Baustile mischen sich hier: Byzantinisches und Gotisches, Renaissance und Barock, mitunter auch Bauwerke, die orientalisch anmuten.

Wer keine Zeit hat, Venedig gründlich kennenzulernen, begnügt sich fürs erste mit einer **Vaporettofahrt** auf dem Canal Grande. Dabei bekommt man einen Eindruck von dieser vielfältigen, prächtigen Stadt. Die Reise endet am Markusplatz, der **Piazza San Marco**, dem „schönsten Salon Europas" – wie Napoleon einst bemerkte. Trinkt man einen Cappuccino oder Campari in einem der zahlreichen Cafés, muß man damit rechnen, das malerische Ambiente teuer zu bezahlen.

Am Markusplatz befinden sich gleich mehrere der wichtigsten Sehenswürdigkeiten. Die **Basilica di San Marco** an seiner Ostseite wurde im 11. Jh. über der Grabstätte des Evangelisten Markus errichtet und ist ein klassisches Beispiel für die eingangs erwähnte, häufig anzutreffende Kombination diverser Baustile. Das Seefahrervolk schmückte ihr Inneres nicht nur mit Marmor und

Der Canal Grande mit Blick auf die Rialto-Brücke

Adria und Emilia Romagna

Gondelimpression im Abendlicht

prachtvollen **Mosaiken**, sondern auch mit kostbarem Diebesgut aus aller Welt, was ihr den Beinamen „Chiesa d'Oro" (goldene Kirche) einbrachte. An der Außenseite der Basilika schauen vom mittleren Portal Kopien der berühmten **vier Bronzepferde** auf das bunte Treiben zu ihren Füßen herab; die Originale aus dem 4. Jh. waren ein „Mitbringsel" des Kreuzzuges von 1204 nach Konstantinopel und sind heute im Museum der Kirche zu bewundern.

Der Dogenpalast, **Palazzo Ducale**, gleich nebenan stammt ursprünglich aus dem 12. Jh. und war über viele Jahrhunderte der Regierungssitz der Dogen und somit Mittelpunkt einer Weltmacht. Seine **wunderschöne Fassade** aus rosa Marmor und weißem Kalkstein übt noch heute eine beeindruckende Wirkung aus.

Der **Campanile** als Wahrzeichen überragte die Stadt fast ein ganzes Millenium lang, bevor er 1902 plötzlich in sich zusammenfiel, wobei – wie durch ein Wunder – niemand verletzt wurde. Zu seinem 1.000. Geburtstag wurde er 1912 wieder originalgetreu – allerdings stabiler – aufgebaut.

Wer einen Aufstieg nicht scheut, wird von der Spitze des Campanile mit einem herrlichen Rundblick auf die Stadt und den Golf von Venedig belohnt.

Am nördlichen Ende des Markusplatzes steht der Uhrturm, der **Torre dell'Orologio**, auf dem zwei Mohren aus Bronze seit fünf Jahrhunderten stündlich die Glocke schlagen.

Natürlich hat Venedig auch abseits der Piazza di San Marco viel zu bieten. Aus der Fülle der Sehenswürdigkeiten sei hier noch folgendes erwähnt: Der **Campo Santo Stefano** mit der gleichnamigen Kirche und den prachtvollen Patrizierhäusern, die **Rialto-Brücke** über den Canal Grande mit ihren Ladenreihen, die **Seufzerbrücke** hinter dem Dogenpalast, die **Zecca** (Münze) mit der „Biblioteca Marciana", die **Friedhofsinsel San Michele** und natürlich die berühmte „Glasinsel" **Murano**.

ℹ️ Zurück auf der S.S.14 fährt man über Mestre-Marghera zur S.S.11, der **Villenstaße** am Brenta Kanal über Malcontenta, Mira und Dolo nach Stra.

Der Campanile und die Fassade des Palazzo Ducale

Adria und Emilia Romagna

Nach der beeindruckenden Metropole Venedig bietet sich nicht weit entfernt ein unvergeßliches Erlebnis der ruhigeren Art an: eine Villentour am oder auf dem **Brenta-Kanal**. Mehrere Schiffsgesellschaften veranstalten mit den nach alter Überlieferung „Burchielli" genannten Motorbooten die Fahrten von Venedig nach Padua. An den Ufern des Brenta-Kanals reihen sich dutzendweise die feudalsten und großartigsten **Renaissancevillen** aneinander. Über Schleusen und Drehbrücken zieht das Boot gemächlich an der friedvollen Landschaft und den prächtigen Villen der venezianischen Aristokratie vorbei. Einige der Villen können besichtigt werden, so z.B. die **Villa Malcontenta** des Architekten Andrea Palladio (1550–1560), geöffnet Di, Sa und den ersten So im Monat von 9–12 Uhr, Eintritt ca. L. 10.000, oder die grandiose **Villa Pisani**, genannt „Nazionale", in Stra (geöffnet im Sommer Di–So 9–14 Uhr, im Winter geschlossen; Eintritt L. 6.000). Eine Fahrt kostet als Tagesausflug etwa L. 200.000; nähere Einzelheiten erfährt man bei der A.P.T. Riviera del Brenta, Via Don Manzoni 26, in Mira, Tel. 0 41/42 49 73. Die reizvolle Route kann man jedoch nicht nur mit dem Schiff, sondern auch mit dem Reisemobil oder dem Fahrrad nachfahren. Mit dem Fahrzeug folgt man der S.S.11, die Venedig mit

Gondelüberfahrt zum Hauptanlegeplatz

Padua verbindet. Von Mestre-Marghera aus fährt man nach Malcontenta. Dann folgt man dem Kanal über Mira, Dolo und Fieso bis Stra. Insgesamt legt man so knapp 20 Kilometer zurück. Mit dem Fahrrad kann man eine etwas kürzere, 16 Kilometer lange Strecke auf einem gemütlichen Kiesweg auf der Dammkrone direkt am Kanal entlang fahren. So kommt man individueller in den „hautnahen" Genuß der Palladio-Villen.

Für längere Ruhepausen empfiehlt sich der **Camping della Serenissima** in Oriago an der S.S.11 von Venedig nach Padua, Tel. 0 41/92 03 12.

COLIBRI GEHEIMTIP

Das Fest der blühenden Ufer, „**Riviera fiorita**", findet alljährlich am zweiten Sonntag im September auf dem Brenta-Kanal statt. An diesem farbenfrohen Fest nimmt die gesamte Bevölkerung der Umgebung in **historischen Kostümen** teil und setzt sich in Booten und Gondeln aller Arten zu einer Fahrt auf dem Kanal in Bewegung. (D4)

Adria und Emilia Romagna

➡️ Von Stra erreicht man auf der S.S.11 nach neun Kilometern Padua.

Padua 10

ℹ️ 27 km südöstlich von Vicenza, 25 km westlich von Venedig. A.P.T., Riviera dei Mugnai 8, Tel. 0 49/8 75 06 55. „Padova-Weekend" nennt sich ein Gutscheinheft für Wochenendbesucher, das verschiedene Vergünstigungen bietet, unter anderem geführte Stadtrundgänge und kostenlosen Eintritt in Museen; Preis etwa L. 20.000.

🅿️ Parkplätze sind in Padua so gut wie nicht vorhanden. Wenn man einen der wenigen ergattert, dann ist er recht teuer. Deshalb sollte besser gleich der Parkplatz P1 am **Prato della Valle** in der Nähe der Basilica di Santa Giustina – Viale Caducci – angefahren werden. Von dort kann man die Stadt bequem zu Fuß erkunden. Der ausgewiesene Stellplatz für Reisemobile enthält eine Ver- und Entsorgungsstation, die Gebühr beträgt L. 5.000.

Großen Ruhm verdankt diese sympathische, wohlhabende Provinzstadt ihrem „Santo", dem **Heiligen Antonius**. Die majestätische Basilika, die hier im 14. Jh. zu seinen Ehren errichtet wurde, ist seit Jahrhunderten ein Magnet für Pilger aus aller Welt. Ebenso bekannt ist in Padua das im Jahr 1594 erbaute **Anatomische Theater** der 1222 gegründeten Universität. Einer ihrer prominentesten Lehrer war Galileo Galilei.

Daß der Handel hier ebenfalls eine lebendige Tradition hat, zeigt neben vielen eleganten Geschäften auch das muntere Treiben auf den idyllischen Marktplätzen des historischen Zentrums.

Wichtigste Station eines Rundganges ist ein Besuch beim Schutzheiligen von Padua, Sankt Antonius. Die imposante byzantinische **Basilica di Sant'Antonio** an der Via del Santo wurde vom 12.–14. Jh. erbaut. An der linken Vorderseite steht das berühmte bronzene **Reiterdenkmal** des Gattamelata. Gattamelata heißt „gescheckte Katze" und war der Spitzname des venezianischen Condottiere Erasmo da Nardi, der 1443 in Padua verstarb. Das Standbild stammt von dem berühmten Bildhauer Donatello und war dessen erste Bronze-Statue überhaupt.

📷 Inmitten eines kleinen Parks steht am Corso Garibaldi die **Cappella degli Scrovegni** mit ihren 38 **Giotto-**

Reiterstandbild vor der Basilica di Sant'Antonio

Adria und Emilia Romagna

Fresken aus den Jahren 1303–1305; sie wurden erst kürzlich restauriert. Jetzt dürfen nur noch kleinere Gruppen von Besuchern gleichzeitig in die berühmte Kapelle, so daß man in der Hochsaison mit Wartezeiten rechnen muß; Öffnungszeiten: täglich 9–19 Uhr, Eintritt L. 5.000.

Eine weitere Sehenswürdigkeit Paduas ist der Palazzo della Ragione, der **Justizpalast** aus dem 13. Jh. Das wuchtige Dach des Palastes erinnert an einen Schiffsrumpf mit Kiel. Sein riesiger, 80 m langer Saal, „Il Salone", ist an den Wänden reich ausgemalt; im Parterre sind heute zahlreiche Läden untergebracht. Aber auch das Obergeschoß darüber kann besichtigt werden, und zwar Di–So 9.30–12.30 Uhr, Eintritt L. 7.000.

Der **Orto Botanico**, rechts vor der Basilika in der Nähe der Piazza del Santo, ist einer der ältesten Botanischen Gärten Europas. Er wurde 1545 als Kräuter- und Heilpflanzengarten der Universität gegründet; Öffnungszeiten: Mo–Sa 9–12 und 14.30–19 Uhr, So 9.30–13 Uhr, Eintritt L. 5.000.

Hochinteressant ist eine Besichtigung der **Universität** im Palazzo Bò, Corso Garibaldi, die einen der ersten Anatomiesäle der Welt besitzt. Das mehrstöckige **Teatro Anatomico** wurde 1594 zu einer Zeit errichtet, als das Sezieren eigentlich noch verboten war. Deswegen war der Leichentisch mit einem besonderen Mechanismus versehen, der den sezierten Körper im Falle plötzlicher Kontrollen in Sekundenschnelle verschwinden ließ. In der Universität kann man auch noch das Katheder sehen, an dem **Professore Galileo Galilei** seine Vorlesungen hielt. Die Öffnungszeiten der Universität sind unregelmäßig, meist ganzjährig am Vormittag und nur für geführte Gruppen; nähere Informationen erteilt gerne die A.P.T.

Ein wahres Erlebnis sind die **bunten Märkte** vor dem Palazzo della Ragione auf der Piazza della Frutta und der Piazza delle Erbe. An Wochentagen finden sie jeweils vormittags, samstags den ganzen Tag statt. Reichlich Lokalkolorit verspricht der Samstagsmarkt auf dem **Prato della Valle**, ein von vielen Statuen bekränzter Platz im Süden der Altstadt. Ein riesiges Angebot an preisgünstiger Mode,

Abendmahl – Fresco von Giotto in der Scrovegni-Kapelle

Adria und Emilia Romagna

Das bekannte Caffé Pedrocchi in Padua

Lederwaren, Schuhen, Spielsachen und Krimskrams findet man dort in faszinierender Atmosphäre.

🚲 Nach einem anstrengenden Bummel durch die Altstadt hat man sich eine Kaffeepause im berühmten **Caffé Pedrocchi**, Via VIII Febbraio 15, verdient. Hier, wo sich schon im vergangenen Jahrhundert Patrioten, Künstler und Literaten trafen, kehren die Paduaner auch heute noch gerne ein. In den oberen Räumen werden zudem oft Ausstellungen gezeigt.

🚲 Empfehlenswert ist die **Trattoria Al Pero** in der Via Santa Lucia 72, eine kleine, gemütliche Kneipe, die auch von Einheimischen aus der Nachbarschaft gerne besucht wird.

🔧 Jolly Caravan, Via Venezia 1, Vigonza bei Padua, Tel. 0 49/ 8 93 06 10.

🔧 Centro Vacanze Trevisian, S.S. 11, Via Marco Polo 4, Mestrino Padova, Tel. 0 49 /9 00 22 66.

➡️ Auf der S.S.516 kommt man in südöstliche Richtung nach 28 km nach Chioggia.

Chioggia 11

ℹ️ Ca. 35 km südlich von Venedig, 28 km südöstlich von Padua. A.P.T., Sottomarina, Lungomare Adriatico 101, Tel. 0 41/40 10 68. An der Piazzetta Vigo an der Brücke Ponte Vigo liegt die Haltestelle der Vaporetto-Linie 11 nach Venedig. Die Wassertaxis verkehren stündlich.

🅿️ Ein Stellplatz für Reisemobile ist auf dem Parkplatz am „Giardino Pubblico" auf der Isola dell'Unione eingerichtet.

Chioggia ist das Zentrum der Lagunenfischerei. Zurecht nennt man die durch die „Lange Brücke" mit dem Festland verbundene Lagunenstadt Chioggia auch „**Klein-Venedig**". Nicht nur ihre Inselstruktur, auch die parallelen Straßen und Kanäle sowie die Häuser im venezianischen Stil und die hübsch gewölbten Brücken erinnern an die nur wenige Kilometer nördlich gelegene große Schwester. Sogar einen Canal Grande gibt es, den **Canale della Vena**, an dem in langer Reihe die typisch bunt bemalten Segelboote der Fischer festgemacht sind. Chioggias Gassen, die

Adria und Emilia Romagna

alle vom Hauptplatz wegführen, verleihen dem Straßennetz ein klassisches Fischgrätenmuster.

Da es in Chioggias Straßen recht eng zugeht, ist es sinnvoll, den Ort vom neuen Ortsteil Sottomarina aus anzufahren. Ein Damm führt über die **Isola del'Unione** mit einem öffentlichen Park – dem „Giardino Pubblico" –, Sportplätzen und dem Stellplatz für Reisemobile zum fünf Gehminuten entfernten Zentrum von Chioggia. In Sottomarina genießt man außerdem das an der Adria übliche Strandleben mit Kind und Kegel am **langen Sandstrand** des Badeortes.

Dienstag- und Samstagvormittag findet am Canale della Vena ein Obst-, Gemüse- und Fischmarkt statt.

In Sottomarina, Lungomare Adriatico, befindet sich mit dem **Camping Europa** ein sehr schön gelegener, voll begrünter Campingplatz mit Ver- und Entsorgungsmöglichkeiten für Reisemobile; Tel. 0 41/49 29 07.

Das Ristorante **Al Porto**, Calle Gradara-Canale Lombardo, ist ein Restaurant für Fischspezialitäten, dessen ausgezeichnete Gerichte man unter einer hübschen Pergola mit Blick auf den Kanal genießen kann.

Hinter Chioggia beginnt die „Strada Romea", die S.S.309, der alte östliche Pilgerweg nach Rom. Etwa nach zehn Kilometern erreicht man den Ort **Cavanella d'Adige**.

Camping Sport 2000 liegt an der Strada Romea 39, kurz vor Cavanella. Die ökologisch angelegte Sport- und Campinganlage besitzt separate Reisemobil-Stellplätze mit Ver- und Entsorgungsanlagen und ein sehr gutes Restaurant in einem weitläufigen, naturbelassenen Areal. Sie ist ein idealer Ausgangspunkt für Touren in das **nördliche Po-Delta**.

Der botanische Garten **Litoraneo**, am Ende der Landzunge von **Rosolina Mare** (ca. 20 km südöstlich von Chioggia), zeigt auf 24 Hektar komprimiert auf kleinstem Raum anschaulich und didaktisch gut aufbereitet die typische Flora und Fauna des gesamten Po-Deltas. Zwei Rundwanderwege in Form einer Acht führen auf Holzstegen durch den Park.

Blick auf den Canale della Vena in Chioggia

Ein Kanal in Chioggia

Adria und Emilia Romagna

Öffnungszeiten: Di-Sa 9-14 Uhr, an Feiertagen 9-13 Uhr, Mo geschlossen; Eintritt L. 5.000. Auf Anfrage bei der Tourist-Information Rosolina sind auch geführte Touren durch den Park möglich.

P Am „Parco Naturale Litoraneo" in Porto Caleri gibt es direkt vor dem Eingang zum Parco einen Stellplatz für Reisemobile.

Direkt hinter Rosolina zweigt die S.S.443 nach Westen von der Strada Romea ab. Nach 18 Kilometern erreicht man **Adria**.

Einst war die auf Pfählen ins Meer gebaute Stadt, die dem ganzen Meeresteil seinen Namen gab, ein blühender und reger **Handelshafen** und ein wichtiger Umschlagplatz für griechische und orientalische Waren. Durch die von Etsch und Po verursachte allmähliche Verlandung des Hafens verlor Adria, das heute gut 30 km im Landesinneren liegt, nach und nach seine Bedeutung.

Im **Archäologischen Nationalmuseum**, Via Badini 59, werden zahlreiche römische, etruskische und griechische Funde aus der Region gezeigt. Öffnungszeiten: Di-Sa 9-14 Uhr, an Feiertagen 9-13 Uhr, montags geschlossen. Weitere Informationen erhält man bei A.P.T., Piazza Bocchi 6, Tel. 04 26/4 25 54.

Nach diesem Abstecher kehrt man zurück auf die S.S.309, die immer gerade nach Süden verläuft. Nach etwa 10 km gelangt man nach Mésola, einem der ersten Orte in der Region **Emilia Romagna**.

Mesola 12

i Ufficio Informazione Turistiche, Castello Estense, Tel. 05 33/ 99 36 88. Ca. 70 km südlich von Venedig und 65 km nordöstlich von Ferrara.

Mesola entstand am rechten Ufer des **Po di Goro** auf Schwemmland, das während des Spätmittelalters trockengelegt wurde.

Schon von der Po-Brücke aus ist das zentral gelegene, neu restaurierte **Castello d'Este** zu sehen. Das im Jahre 1583 vom Herrn von Ferrara, Alfonso II d'Este errichtete Renaissanceschloß ist heute Sitz der Akademie für Umweltschutz und eines Museums. Das Bauwerk gilt als eines der letzten Ursprungsgebäude der Familie Este.

Im Castello d'Este informiert ein **Museum** mit Film- und Diaschauen, Aquarien und Laboratorien über Flora und Fauna der Region sowie die artenreiche Umgebung des Po-Deltas (geöffnet Di-Sa 9-14 Uhr, an Feiertagen 9-13 Uhr, Mo geschlossen).

Zehn Kilometer südöstlich von Mesola liegt das ehemalige Jagdrevier der Familie Este, der **Bosco della Mesola**, der Wald von Mesola. Er ist seit 1977 ein geschützter **Naturpark**, ein Waldkomplex, der sich über eine Fläche von mehr als 1.100 Hektar ausdehnt. Man kann darin Mittelmeervegetation mit Steineichen, Pinien und Silberpappeln bewundern, und mit etwas Glück bekommt man einen der zahlreichen, aber scheuen Hirsche zu Gesicht. In unmittelbarer Nähe liegt der **Delta Garten**, ein botanischer Garten mit typischen Pflanzen der Region, der einen Besuch lohnt. Öffnungszeiten vom Park und dem Delta Garten: in den Wintermonaten Sa und Feiertage 8-16 Uhr, während des Sommers Sa und Feiertage 8-20 Uhr.

COLIBRI GEHEIMTIP

Den besten Eindruck von der Natur in dieser Gegend erhält man, wenn man mit dem **Fahrrad** durch den Wald von Mesola radelt. Am Eingang des Parks kann man Fahrräder leihen, Führungen für Gruppen organisiert der Corpo Forrestale dello Stato, Stazione di Bosco Mésola, Tel. 05 33/79 42 85. Für motorisierte Fahrzeuge gibt es eine Mautstrecke durch den Park. (F5)

Adria und Emilia Romagna

Beim Örtchen **Santa Giustina**, etwa sechs Kilometer südöstlich von Mesola, gibt es ein interessantes Architektur- und Technikdenkmal der Familie Este aus dem 17. Jh. zu bewundern. Der **Torre dell'Abate** oder Torre Aba ist ein dreistöckiger Schleusenturm mit hydraulischer Hebeanlage, der für die Be- und Entwässerung des Schwemmlandes von großer Bedeutung war.

Zur Besichtigung ist eine Anmeldung beim Corpo Forrestale von Mesola erforderlich (Tel. 05 33/ 79 42 85).

Von Mesola auf der S.S.309 in südlicher Richtung erreicht man nach wenigen Kilometern **Pomposa**.

Ufficio Informazione Turistiche, Abbazia di Pomposa, Tel 05 33/ 71 91 10; in den Sommermonaten geöffnet.

Schon von weitem sieht man von der Strada Romea aus den mächtigen Campanile der **Abtei von Pomposa**, Abbazia di Pomposa. Die auf dem Gebiet des benachbarten Codigoro gelegene Benediktinerabtei war während des gesamten Mittelalters von großer Bedeutung. Von hohem künstlerischen Wert ist die **Basilika Santa Maria**, die vom siebten bis zum neunten Jahrhundert im Stil von Ravenna erbaut wurde. Romanisch sind der Säulengang und der in neun Stockwerke geteilte, 48 m hohe Turm. Das Ensemble, von dem heute noch die Kirche, das Dormitorium, das Refektorium und der **Palazzo della Ragione** stehen, beheimatete viele Jahrhunderte lang die Benediktinermönche, die daraus ein wichtiges geistiges und kulturelles Zentrum machten. In der Kirche finden sich romanische Fresken, in den Klostergebäuden Wandmalereien aus der Gotik. Der Musikgelehrte **Guido di Arezzo**, der als Erfinder der Notenschrift gilt, lebte zeitweilig in der Abtei. Öffnungszeiten: tgl. 7.30–12 und 14–19 Uhr; ein Eintrittspreis wird nicht verlangt, lediglich um eine Spende wird gebeten.

Direkt an der Abtei, in der Via Pomposa Centro 16, liegt das Ristorante **Abbazia di Pomposa**. Die Spezialitäten-Gaststätte mit netter Terrasse wird auch von Einheimischen gerne besucht und ist trotz der schönen Lage nicht überteuert.

An der Straße nach **Codigoro**, westlich von Pomposa, ist nach 200 Metern ein Stellplatz mit Ver- und Entsor-

Abtei Santa Maria in Pomposa

Adria und Emilia Romagna

Freskenzyklus in der Abteikirche Santa Maria in Pomposa

gungsanlage und Stromanschluß eingerichtet.

Ein Abstecher empfiehlt sich in das nur wenige Kilometer westlich von Pomposa gelegene **Codigoro**. Die Stadt, deren ursprünglicher Name „Caput Cauri" lautete, entstand am Beginn des Po von Goro und stand unter der direkten Herrschaft des Abtes von Pomposa. Riesige Wasserrückhaltungsbecken legen heute noch Zeugnis von der Trockenlegung der Region ab. Die wichtigste Straße im Ort ist die **Riviera Cavellotti**, an der der Palast des Bischofs erbaut wurde, der sich malerisch im Wasser des Flusses spiegelt. Er ist leider nur von außen zu besichtigen. Nähere Informationen erhält man beim Ufficio Informazione Turistiche in Pomposa.

Zehn Kilometer östlich vom Stellplatz Pomposa gelangt man zum **Lido di Volano**. Hier liegt ein kleiner, reizvoller Naturpark mit dem Pinienwald von Volano und dem bekannten Gewässer **Taglio della Falce**. Der Blick über die gesamte Bucht von Goro ist wunderschön.

Der ausgeschilderte spezielle Stellplatz in Lido di Volano ist am Meer direkt hinter den Dünen gelegen.

Auf einer Nebenstrecke, zwischen dem Gewässer des Valle Bertuzzi und dem Lago delle Nazioni geht es 15 km in Richtung Süden bis nach Comacchio, wobei man die sieben Badeorte „**Sette Lidi di Comacchio**" mit ihren beliebten Badestränden passiert.

Camping Tahiti, Lido delle Nazioni, Tel. 05 33/37 95 00, ist ein ruhiger, begrünter Platz mit Ver- und Entsorgungsmöglichkeiten; geöffnet von Mai bis September.

Comacchio 13

I.A.T., Via Buonafede 12, Tel. 05 33/ 31 01 61. Ca. 55 km östlich von Ferrara, ca. 35 km nördlich von Ravenna.

Comacchio ist eine der wenigen echten **Wasserstädte** der Erde. Sie erhebt sich auf 13 kleinen Inseln, die durch Kanäle getrennt und mit Brücken untereinander verbunden sind. Die Stadt wurde schon gegründet, als der Po noch an dieser Stelle in die Adria mündete. Als der Fluß seinen Lauf änderte, wurde Comacchio in einer

Adria und Emilia Romagna

Landschaft der „Valli" vom Festland abgeschnitten. Für einen Stadtrundgang an den Kanälen entlang auf der **Via Pescheria** und der **Via Cavour** mit den barocken Palazzi sollte man sich auf jeden Fall Zeit nehmen.

Monumentaler Höhepunkt der historischen Altstadt von Comacchio ist die architektonisch sehr interessante Brücke **Treponti**, eine aus fünf Brücken-Treppen zusammenlaufende, künstlerisch aufwendig gestaltete Brücke, die über drei Kanäle führt. Sie wurde im Jahr 1643 von Luca Danese entworfen. Von oben hat man einen schönen Blick auf die Kanäle und den **Fischmarkt** mit der Fischhalle.

In der Nähe der Treponti gibt es den Laden **La Bottega**, der eine sehr große Auswahl an regionalen Erzeugnissen bietet.

Sechs Kilometer westlich von Comacchio sind archäologische Reste der Stadt **Spina** entdeckt worden. Die griechisch-etruskische Stadt war vor der Verlandung ein bedeutender Handelshafen der Adria. Die archäologisch interessanten Ruinen der **Pfahlbau-Stadt** und über 4.000 Gräber wurden bisher freigelegt. Das reichhaltige Ausgrabungsmaterial befindet sich im Archäologischen Museum in Ferrara.

Die „Valli", sog. Brackwassersenken, bedecken heute 9.000 Hektar Land. Abgesehen vom natürlichen Reiz dieser Gegend stellen die **Valli di Comacchio** sowohl für die Fischerei als auch für die Wissenschaft ein wichtiges **Naturschutzgebiet** dar. Von der Stazione Foce, südlich von Comacchio, geht viermal täglich eine **Bootstour** durch die Valli di Comacchio zu den traditionellen **Fischerhütten**, den strohgedeckten „Casoni", ab.

Die direkte Zufahrt zur Stazione ist wegen der engen Kanalbrücke in Comacchio nicht möglich. Man muß einen Umweg über die sechs Kilometer westlich gelegene neue Brücke an der Straße Richtung Spina-Ostellato fahren.

Bei der Stazione kann man eine typische **Aalfanganlage**, den labyrinthartigen „Lavoriero", besichtigen.

Weiter nach Süden auf der S.S.309 erreicht man nach ca. 35 km Ravenna.

Die Via Pescheria in Comacchio

Adria und Emilia Romagna

Ravenna 14

ℹ️ Ca. 80 km östlich von Bologna, ca. 100 km südlich von Venedig. I.A.T., Via Salara 8/12, Tel. 05 44/3 54 04. Das I.A.T. hält eine Sammeleintrittskarte zum Preis von L. 10.000 für die wichtigsten Sehenswürdigkeiten bereit.

🅿️ An der **Via Teodorico,** in der Nähe des Theoderich-Denkmals, hat die Stadt einen neuen, ausgeschilderten Stellplatz für Reisemobile mit Ver- und Entsorgungsanlage eingerichtet.

🅿️ Wer für Ausflüge nach Ravenna **Stellplätze am Meer** bevorzugt, für den bietet das etwa zehn Kilometer entfernte **Porto Corsini** Parkplätze für Reisemobile mit Ver- und Entsorgungsmöglichkeiten. Area di Sosta Campere, Via Sirotti – Molo San Filippo, nördlich des Kanals.

Ravenna ist eine weltberühmte, einzigartige Stadt, die im fünften Jahrhundert letzte **Hauptstadt** des Weströmischen Reiches war und die Erbschaft Roms übernommen hat. Sie wird von einem grünen Pinienhain umgeben, der sich bis ins Hinterland erstreckt.

Basilica San Vitale mit ihren prachtvollen Mosaiken

Über die Jahrhunderte spielte Ravenna eine bedeutende Rolle in der Weltpolitik. Es war 493 der Sitz der Ostgotenkönige unter der Herrschaft des Gotenkönigs Theodorich. Nach der Wiedereroberung durch das Oströmische Reich wurde Ravenna Sitz des Exarchen. Besonders zur Zeit des Römischen Reiches und in der zweiten Hälfte des 6. Jh.s, in der es **Zentrum des Oströmischen Reiches** wurde, erlebte Ravenna seine Blütezeit. Wertvolles Erbe aus dieser Zeit sind die Basiliken, das Baptisterum und das Mausoleum.

Neben ihnen findet man natürlich auch Zeugnisse der venetischen Herrschaft wie die **Piazza del Popolo** und die **Rocca Brantaleone**, beides herrliche Bauwerke der Renaissance. Die Stadt inspirierte Künstler wie Dante, Boccaccio, Lord Byron und **Gustav Klimt**.

Ravenna ist eine Stadt, die man sich „erlaufen" muß, da die Innenstadt **autofreie Zone** ist. Die Sehenswürdigkeiten liegen jedoch weit auseinander.

Die byzantinische **Basilica San Vitale** aus dem Jahr 547 ist der

Piazza del Popolo in Ravenna

Adria und Emilia Romagna

Außenansicht der Basilica San Vitale

kunsthistorische Höhepunkt Ravennas. Mit ihren **prachtvollen Mosaiken**, die vor allem im Chor und in der Apsis, aber auch in den Fußböden angebracht sind, ist sie eine interessante Sehenswürdigkeit. Öffnungszeiten: tgl. 9–19 Uhr, Eintritt L. 5.000.

Das Mitte des fünften Jahrhunderts errichtete **Mausoleum** der Regentin Galla Placidia, Via Galla Placidia im Norden von Ravenna, ist mit den ältesten Wandmosaiken Ravennas geschmückt. Besichtigungen sind tgl. von 9–19 Uhr möglich, der Eintritt ist im Ticket für die Basilika enthalten.

Das **Museo Nazionale**, Via San Vitale, ist in einem ehemaligen Benediktinerkloster untergebracht, das der Basilika direkt vorgebaut ist. Es enthält römische Skulpturen, archäologische Exponate aus der Antike, dem Mittelalter und der Renaissance. Öffnungszeiten: tgl. 8.30–19.30 Uhr, Eintritt L. 8.000.

Das **Grabmal von Theodorich dem Großen**, dem König der Goten in Italien, ist ein eindrucksvoller Rundbau mit Monolith-Steinkuppel in der Via Teodorico. Wegen notwendiger Renovierungsarbeiten an der Steinkuppel hat man dem Monument für die nächsten Jahre eine imposante **Plexiglaskuppel** aufgesetzt. Im Inneren ist lediglich der Porphyr-Sarkophag zu sehen, für dessen Anblick der Eintrittspreis von etwa L. 7.000 auf preislich hohem Niveau liegt. Öffnungszeiten: tgl. 9–19.30 Uhr.

Das **Ristorante Ai Quattro Gatti**, Via Pier Ecke Via Alligheri, ist eine gemütliche, holzgetäfelte Trattoria mit guter Küche und einigen Tischen auf der kleinen Gasse.

In der **Markthalle**, Piazza Andrea Costa, gibt es für den etwas schmaleren Geldbeutel das „**Bizantino**", ein ausgezeichnetes Selbstbedienungsrestaurant.

Das behagliche **Lustari d'la Rumagna**, Bivio Punta Marina, an der Strecke zum Lido Adriano bietet riesige Pizzen, fangfrischen Fisch und leckere „tagliatelle spicchi".

Im Juli finden alljährlich die großen **Ravenna-Festivals** mit dem Hauptspielort auf der Festung **Rocca di**

Adria und Emilia Romagna

Brancaleone statt. Die Festivals, die sich in der ganzen Stadt verteilt abspielen, umfassen Theater, Oper und klassische Konzerte mit vielen weltberühmten Künstlern. Im August gibt es dann das weithin bekannte **Ravenna Jazz-Festival**. Ausführliche Informationen und Programme gibt es in der Tourist-Information.

Ab Ravenna führt die S.S.67, die Strada Tosco-Romagnola, nach 30 km in südwestliche Richtung nach **Forlì**.

Alternativ kann man ab Ravenna die S.S.16 am Meer entlang nehmen, um eine **Bade- und Strandtour** über die bekannten Seebäder **Milano Marittima**, Cesenatico und Rimini mit einem abschließenden Besuch des Zwergstaates **San Marino** zu verbinden.

In dem von Leonardo da Vinci entworfenen Hafen von **Cesenatico** gibt es ein **schwimmendes Freilichtmuseum**, das „Museo della Mariniera", das im Hafenbecken alte Adria-Boote und Schiffe aus mehreren Epochen zeigt.

In Cesenatico, Via Mazzini, am Eingang des Campingplatzes **Camping Cesenatico**, hat man einen offiziellen Stellplatz für Wohnmobile eingerichtet. Der Preis pro Übernachtung beträgt L. 10.000.

Rimini 15

Ca. 50 km südöstlich von Ravenna, 30 km nordöstlich von San Marino. I.A.T., Via Dante 86, im Hauptbahnhof, Tel. 05 41/5 13 31.

In der **Via Fantoni**, nahe am Kongresszentrum und dem Messegelände, gibt es einen kommunalen Stellplatz mit Ver- und Entsorgungsmöglichkeiten.

Der Badeort Rimini gilt in Deutschland seit den Zeiten des Wirtschaftswunders als der Inbegriff des Italienurlaubs schlechthin. Seinen Siegeszug als **Pionier des Massentourismus** hat der frühere mondäne Badeort schon Anfang des letzten Jahrhunderts begonnen. Bis zu 100.000 sonnenhungrige Besucher täglich – zur Zeit meist aus osteuropäischen Ländern – verkraften die Bettenburgen und feinen Sandstrände in der Saison an der zehn Kilometer langen **Marina** von Rimi-

Am Strand von Rimini

Adria und Emilia Romagna

Ponte di Tiberio in Rimini

ni. Als Folge entsteht häufig Gedränge, sowohl auf den Straßen als auch nachts in den zahlreichen Diskotheken und Bars.

Dabei hat Rimini außer den zahlreichen Vergnügungsmöglichkeiten auch eine sehenswerte **historische Altstadt** zu bieten. Allerdings ist sie immer sehr belebt. Von der Via XX Settembre kommt man durch den gewaltigen **Arco d'Augusto**, dem Augustusbogen, über den Corso d'Augusto zum Zentrum der Stadt Rimini, die **Piazza Tre Martiri**.

Der **Tempio Malatestiano**, Via IV Novembre, ist eine romanisch-gotische Franziskanerkirche, die Sigismondo Malatesta in einem von der Antike inspirierten Klassizismus prunkvoll umbauen ließ. Sie blieb unvollendet, da mit dem schwindenden Einfluß den Malatesta auch das Geld ausging.

Die **Rocca Malatestiana**, Piazza Cavour, war einst der Herrschaftssitz des Malatesta Fürsten Sigismondo. Heute beherbergt es das **Museo Dinz Rialto**, eine Privatsammlung mit völkerkundlichen Exponaten aus aller Welt. Öffnungszeiten: Mo–Fr 9–13 Uhr, Sa 9.30–13 und 16–18 Uhr, Eintritt L. 4.000.

Das **Museo della Città**, Via Tonini 1, verfügt über eine Gemäldegalerie und eine archäologische Abteilung über die Geschichte der Stadt. Öffnungszeiten: Mo–Fr 8–13.30 Uhr, Di und Do auch 15.30 bis 18 Uhr, So 15.30–18 Uhr, Eintritt L. 5.000.

Die **Ponte di Tiberio** am Ende des Corso d'Augusto ist eine fast 2.000 Jahre alte Steinbrücke. Sie überspannt den Fluß Marecchia und verbindet die Altstadt mit dem rustikalen Stadtviertel **Borgo San Giuliano**.

An der S.S.16 zwischen Rimini und Riccione liegt der **Kinder-Freizeitpark Fiabilandia** mit allen Attraktionen, die den Kleinen Spaß machen. Öffnungszeiten: tgl. 10–18 Uhr, Eintritt L. 15.000.

Über die S.S.72 gelangt man von Rimini nach ca. 25 km in südwestliche Richtung nach **San Marino**.

Am Monte Titano findet man die **kleinste** und **älteste Republik der Welt**, deren Haupt-

Adria und Emilia Romagna

stadt kühn auf Felsen gebaut ist. Sie ist rund 80 Quadratkilometer groß, ihre 23.000 Einwohner leben vorwiegend vom Fremdenverkehr und den bunten Briefmarken, die von dem Zwergstaat herausgegeben werden. Das attraktive Städtchen mit den schmalen Gassen thront mit seiner **Festung** und den drei Burgtürmen hoch über den heftig abfallenden Klippen des Monte Titano. Die Ausblicke über das umliegende, sanft gewellte Gebirgsland bis hin zum Apennin sind von der zinnenbewehrten **Contrade della Mura** bei klarem Wetter ein Hochgenuß. Allein für einen Spaziergang auf den Befestigungsanlagen lohnt es sich schon, zu diesem Zwergstaat hinaufzufahren. In der Hochsaison herrscht in der Altstadt lebhaftes Treiben. Nähere Informationen erhält man beim Ufficio di Stato per Il Turismo, Palazzo Turismo, Tel. 05 49/99 21 01.

Die **Chiesa San Francesco** ist eine Minoritenkirche mit kleiner Pinakothek, die Gemälde aus dem 13.–16. Jh. zeigt. Öffnungszeiten: Mai–Aug. tgl. 8–20 Uhr, Apr.–Sep. 8.30–12.30 Uhr, Eintritt L. 3.000.

Der **Palazzo Pubblicio**, Piazza della Libertà, der neugotische Regierungspalast mit dem signifikanten Glockenturm ist über 100 Jahre alt. Der Palast wird ständig von den photogenen Wachmännern der Garde bewacht. Im Obergeschoß befindet sich der Sitzungssaal der Ratsherren und ein **Thronsaal** mit den Portraits aller „Capitianì Reggenti". Öffnungszeiten: Mai–Aug. tgl. 8–20 Uhr, Apr.–Sep. 8.30–12.30 und 14.30 bis 18.30 Uhr, Eintritt L. 3.000.

Ein Treppenweg, die **Salita alla Rocca**, führt zur **Rocca Guaita**, dem höchsten Punkt der Stadt an steil abfallenden Felsen.

Über die Zinnengänge kann man die Gemäuer erforschen und dann über den „Hexenpaß" zur **Rocca Cesta** am Monte Titano hinübergehen – vorausgesetzt, man ist schwindelfrei. Im Turm gibt es ein großes **Waffenmuseum** mit Exponaten aus verschiedenen Epochen. Öffnungszeiten: Mai–Aug. tgl. 8–20 Uhr, Apr.–Sep. 8.30–12.30 Uhr, Eintritt L. 3.000.

Im Museo delle Cere, **dem Wachsfigurenkabinett**, in der Via Lapidi Marini sind zahlreiche international bekannte Persönlichkeiten und italienische Helden – fast in Natura – zu bewundern.

In der Altstadt von San Marino

Adria und Emilia Romagna

Öffnungszeiten: Mai–Aug. tgl. 8–20 Uhr, Apr.–Sep. 8.30–18.30 Uhr, Eintritt L. 5.000.

P In **Sarvanelle**, nahe am Sportstadion von San Marino, ist ein ausgewiesener Stellplatz mit Ver- und Entsorgungsmöglichkeit.

➡ Von Rimini geht es auf der S.S.9 in nordwestlicher Richtung über Cesena weiter bis nach Forlì.

Cesena ist bekannt als Geburtsstadt von drei Päpsten. Der kulturelle Höhepunkt ist zweifellos die **Malatesta-Bibliothek**, die im 15. Jh. auf Anweisung der Adelsfamilie Malatesta eingerichtet wurde und heute zahlreiche kostbare Bücher und Manuskripte birgt (geöffnet Mo-Sa 9–12 und 14.30 bis 19 Uhr, So 9.30–13 Uhr, Eintritt L. 3.500).

Imposant ist die **Kathedrale** mit ihrem schönen romanischen Portal und einem wertvollen Altar aus dem 15. Jh. Auf der Piazza del Popolo besticht der **Masini-Brunnen** aus dem 17. Jh.

P Direkt an den Autobahnausfahrten der A14, nordöstlich von Cesena, gibt es einen Stellplatz mit Ver- und Entsorgungsanlage.

Wappen am Rathaus von Verruchio bei San Marino

Forlì 16

ℹ Ca. 35 km südwestlich von Ravenna, an der A14 zwischen Bologna und Rimini. I.A.T., Corso della Repubblica 23, Tel. 05 43/71 24 34.

P Der offizielle Stellplatz mit Ver- und Entsorgungsmöglichkeit befindet sich in der **Via Don E. Servadei**, nahe der Mautstelle der A 14.

In Forlì, der Provinzhauptstadt an der Via Emilia, fällt in der Altstadt sofort der elegante, zentrale Platz, die **Piazza Aurelio Saffi**, mit ihren prachtvollen Gebäuden auf. Dominierend ist die **Basilica San Mercuriale** mit dem monströsen Campanile.

Das Straßengefüge aus dem Mittelalter wird durch zahlreiche elegante Palazzi aus dem 16. und 17. Jh. bereichert: Dazu gehören der „Palazzo Mangelli" und der „Palazzo Gaddi". Von historischem Wert ist des weiteren der **Dom** mit Fresken von Cignani und dem Oratorium von „San Sebastiano", in dem heute Ausstellungen veranstaltet werden.

Nicht weit von diesen Gebäuden erhebt sich die **Rocca di Ravaldino**, eine vom Geschlecht der Ordelaffi im 14. und 15. Jahrhundert erbaute Festung, die in „Rocca di Caterina Sforza" umgetauft wurde.

Die **Basilica San Mercuriale**, Piazza Aurelio Saffi, stammt aus den Jahren um 1173 und beinhaltet die Reliquien des ersten Bischofs von Forlì, **Mercurialis**. Auffällig ist der riesige, backsteingemauerte **Campanile** der Basilica mit hübschen Verzierungen.

Im **Palazzo Gaddi**, Corso Garibaldi 72, sind gleich vier städtische Museen untergebracht. Öffnungszeiten: Di-Sa 9–14 Uhr, So 9.30–13 Uhr, Eintritt L. 5.000.

➡ Von Forlì sind es nur knapp 15 km auf der S.S.9 nach Norden bis nach **Faenza**.

Faenza, die Stadt am Fluß Lamone, ist etruskisch-römischen Ursprungs und weltweit für ihre **Keramik** bekannt. Dieses Handwerk geht bis auf das 12. Jh. zurück, erreichte aber seinen künstlerischen Höhepunkt erst in der Renaissance. Auch heute ist die Keramik der wichtigste Wirtschaftszweig Faenzas. Faenza bedeutet aber nicht nur Keramik. Der **Dom** ist ein äußerst interessantes Bauwerk aus der Zeit der Renaissance. Die beiden zentralen Plätze Piazza del Populo und Piazza Martiri della Libertà bilden das Zentrum der Stadt. Sie sind flankiert von einigen hübschen Palazzi mit Arkadengängen, Galerien und natürlich formvollendeten **Fayencen** in allen Formen und Farben.

Adria und Emilia Romagna

Kunstvoll bemalte Keramik

Mitte Juni findet jährlich der **Palio Niballo**, die bekannten Reiterspiele der einzelnen Stadtviertel, in Faenza statt.

Das „Museo Internazionale delle Ceramiche", Viale Baccarini 19, präsentiert in einer großen, antiken und in einer modernen Kollektion die Jahrhunderte alte Geschichte der Keramikherstellung. Es werden sogar Werke von **Picasso**, **Matisse**, **Chagall**, Cocteau, Léger und anderen berühmten Künstlern des 20. Jh.s gezeigt. Öffnungszeiten: Apr.–Okt. tgl. 9–19, Nov.–März 9.30 bis 13.30 Uhr, Eintritt L. 5.000.

Der Renaissancedom **Cattedrale San Pietro** an der Piazza della Libertà wurde erst nach 100-jähriger Bauzeit im Jahr 1581 geweiht. Er geht auf Zeichnungen des Florentiner Baumeisters **Giuliano da Maiano** zurück. Links vom Chor befindet sich das Grabmal des Heiligen Savinus, die **Arca di San Savino**.

Stellplätze für Reisemobile gibt es auf der **Area di Sosta per Campere**, Via Renaccio, im Osten der Stadt am Fluß Lamone. Ver- und Entsorgungsmöglichkeit und teilweise Stromanschluß sind vorhanden.

Etwa eineinhalb Kilometer südlich von Faenza liegt an der Via Cimatti ein britischer **Soldatenfriedhof** mit einer ausführlichen Dokumentation der Ereignisse von 1944.

Auf der S.S.302 verläßt man Faenza in nördliche Richtung und erreicht nach ca. 15 km Lugo.

Lugo 17

Zwischen Bologna und Ravenna an der A14. Informazioni Turistiche, Largo Relecini 6, Tel. 05 45/3 84 44.

Teilweise schattige Stellplätze für Wohnmobile gibt es an der **Viale Europa** im Nordosten der Stadt.

Lugo ist ein hübscher Ort mit mittelalterlichem Stadtbild und einem regen Kultur- und Marktleben. Bekannte Größen wie der Komponist **Rossini** und der Flugzeugpionier Baracca wurden in Lugo geboren. Das herausragendste Monument Lugos ist die Festung **La Rocca Estense** aus

Adria und Emilia Romagna

dem 16. Jh., in der sich heute das Rathaus befindet. Durch den Innenhof gelangt man zu dem interessanten **Dachgarten**, der auf Anfrage zu besichtigen ist.

Ein schönes Beispiel für die Architektur des 18. Jh.s ist der **Pavaglione** auf der Piazza Mazzini. Es handelt sich hierbei um einen pompösen, viertorigen Bau, in dessen Innerem auch heute noch verschiedene Ladengeschäfte anzutreffen sind. In der Platzmitte werden seit dem 14. Jh. immer mittwochs die Wochen- und Antiquitätenmärkte abgehalten, vor allem der berühmte **Seidenkokonmarkt**.

Das **Francesco Baracca-Denkmal** auf der Piazza Baracca und das gleichnamige Museum, Via Baracca 65, erinnern an den italienischen Flugzeugpionier, der in Lugo geboren wurde. Öffnungszeiten: Mo-Sa 9-12 und 14.30-19 Uhr, So 9.30-13 Uhr, Eintritt L. 3.000.

Man verläßt Lugo in nördliche Richtung und fährt parallel zum Fluß Santerno in das 30 km entfernte **Argenta**.

Der am Fluß Reno, zwischen den „Valli" von Commacchio und Marmorta gelegene Ort Argenta war von römischer Zeit bis ins Mittelalter ein **bedeutendes Handelszentrum**. Er wurde seitdem mehrfach, zuletzt 1944, völlig zerstört. Die einzige noch erhaltene Sehenswürdigkeit ist das **Museo delle Valli d'Argenta**, Via Cardinala, im Casino von Campotto, 4 km westlich von Argenta. In einem restaurierten Landwirtschaftsgebäude befindet sich das von der Europäischen Union geförderte, interessante Museum. Es beinhaltet Pläne, Modelle und Maschinen der Wasserwirtschaft sowie ein geschichtliches und naturwissenschaftliches Dokumentationszentrum des Deltagebietes. Öffnungszeiten: Di-So 9.30-13 und 15-18 Uhr, Eintritt L. 5.000. Weitere Auskünfte erteilt die A.T.P., Piazza Garibaldi 1, Tel. 05 32/ 80 43 26.

COLIBRI GEHEIMTIP

Drei Kilometer östlich vom dazugehörigen Museum liegt ein mit 1.600 ha riesiger **Naturschutzpark** mit fast 40 km ausgewiesenen Wander- und Radwegen, die zum Spazierengehen einladen. Inmitten der ruhigen vogel- und pflanzenreichen Süßwasserlandschaft der **Oasi di Campotto e Vallesanta** findet man historische Schleusen, Pumpstationen und Hebewerke. (G4)

Ein speziell für Wohnmobile eingerichteter Stellplatz befindet sich drei Kilometer südlich des Museums am Ende der **Via Vallesanta**. Hier liegt an einem restaurierten alten Hebewerk der Ausgangspunkt der Wander- oder Radtouren durch den Naturpark der Valli.

Ein Kilometer westlich von Argenta steht inmitten üppiger Sumpfflora die kleine, einschiffige Kirche **Pieve di San Giorgio** aus dem sechsten Jahrhundert.

Von Argenta sind es noch etwa 25 km, bevor man in nordwestliche Richtung Ferrara erreicht.

Ferrara 18

50 km nordöstlich von Bologna, ca. 100 km südöstlich von Verona. Ufficio Informazioni Turistiche, Corso Giovecca 21, Tel. 05 32/20 93 70. Das Tourist-Office bietet für eine Erkundung der Stadt per Fahrrad die „Bicicard" an, eine Sammelkarte, die – neben einer günstigen Fahrradmiete – viele weitere Ersparnisse bietet, so z. B. einen bewachten Stellplatz, kostenlosen Zugang zu allen Museen der Stadt und Rabatt bei Mahlzeiten in den Vertragsgaststätten.

An der Via Darnese vor der Stadtmauer ist auf dem Parkplatz ein offizieller Stellplatz für Reisemobile mit Ver- und Entsorgungsmöglichkeit

Adria und Emilia Romagna

Detail der Westfassade des Doms von Ferrara

und Toiletten eingerichtet worden. Zusätzlich gibt es auf dem Platz das Bistro „La Terrazza" zum Frühstücken und im Gebäude ein **Badehaus**.

Als Hauptstadt der gleichnamigen Provinz gilt die prächtige Renaissancestadt auch als europäische **Hauptstadt des Obstes**. In jahrhundertelanger Arbeit sind die Küstensümpfe in fruchtbares Agrargebiet verwandelt worden, wovon Ferrara heute noch profitiert. Groß wurde Ferrara durch die Fürsten Este, ein Adelsgeschlecht, von dem auch die Welfen in Niedersachsen abstammen.

Eine gewaltige **Burg** und prächtige Paläste erinnern an die Blütezeit der Stadt. Um den Dom hat sich ein mittelalterlicher Stadtteil mit romantisch kleinen Gassen wie der charakteristischen **Via delle Volte** erhalten. Sonst aber ist Ferrara in der großzügigen Anlage seiner Straßen und Plätze das ideale Beispiel einer gelungenen Stadtplanung der Renaissance. Vieles in Ferrara steht im Zeichen von **Biagio Rossetti** (1447–1516), einem genialen Stadtplaner der Renaissance. Er hat dem Corso della Giovecca, dem Corso Ercole I d'Este und der Piazza Ariostea ihr Gesicht gegeben und erbaute dazu zwei der bedeutendsten Paläste: den Palazzo Ludovico il Moro und den Palazzo dei Diamanti. Das historische Stadtzentrum ist für den Autoverkehr gesperrt, weshalb hier viele mit dem Fahrrad unterwegs sind.

Älteste Sehenswürdigkeit von Ferrara ist der Dom aus den Jahren 1135 bis 1485 an der Piazza Cattedrale. Der mächtige, romanische Bau, mit überwiegend gotischen Elementen ist dem Heiligen Georg geweiht. Sehenswert sind von außen das **Portal** mit dem schön verzierten, zweistöckigen Überbau und die **Fassade**, die einem Freilichtmuseum der Bildhauerei gleichkommt. Angeschlossen ist innen das **Museo del Duomo**, in dem sich Gemälde von Cosme Tura und die zwölf Steintafeln eines unbekannten Meisters befinden; bei letzteren handelt es sich um Allegorien der Monate, die früher das alte Portal schmückten (geöffnet Mo–Sa 10–12 und 15–17 Uhr, So 10 bis 12 Uhr).

Seitenaltar der Kathedrale San Giorgio

Adria und Emilia Romagna

Das mächtige, von Wassergräben umgebene **Castello Estense** wurde 1385 errichtet und symbolisiert die frühere Macht und den Einfluß der Familie Este.

Es wurde nach einem Aufstand der ausgebeuteten Bevölkerung im 16. Jh. aufgestockt, um als Zwingburg und wichtiger Verteidigungspunkt zu dienen. Mit der Zeit wandelte sich allerdings seine Bestimmung, und es wurde zu einer fürstlichen Prachtresidenz ausgebaut. Öffnungszeiten: Di–So 9 bis 17.30 Uhr, Mo geschlossen, Eintritt L. 6.000.

Vom Hofarchitekten Rossetti wurde der **Palazzo di Schifanoia** in der Via Scandiana 23 erneuert. Er stammt aus dem 14. Jh. Heute ist er Sitz des **Museo Civico** mit dem bemerkenswerten Salone dei Mesi, der glanzvolle Fresken mit Szenen aus dem Leben des Borso d'Este aus dem 16. Jh. enthält. Öffnungszeiten: tgl. 9–19.30, Eintritt L. 6.000.

Der **Palazzo dei Diamanti**, Corso Ercole d'Este, wurde 1493 ebenfalls von Biagio Rossetti erbaut. 12.600 in Form von Diamanten gehauene weiße Steine verzieren den Palast. Im Obergeschoß befindet sich die **Pinacoteca Nazionale** mit Werken der Ferrareser Schule aus dem 13. bis 18. Jh. Öffnungszeiten: Di–Sa 9–14 Uhr, So 9 bis 13 Uhr, Mo geschlossen, Eintritt L. 8.000.

Der **Palazzo di Luodovico il Moro**, Via XX Settembre 124, ist ein weiteres Rossetti-Bauwerk, das im ersten Stock das **Museo Archeologico Nazionale** beherbergt. Zu den wichtigsten Exponaten gehören die Funde aus der Etruskerstadt Spina. Öffnungszeiten: Mai–Sep. tgl. 9–18 Uhr, Okt.–Apr. 9–14 Uhr, Mo geschlossen, Eintritt L. 6.000.

Östlich des Doms beginnt das schöne **jüdische Viertel** mit der Via Manzini, an der die letzte der ehemals drei Synagogen steht. Kopfsteingepflasterte Straßen, charakteristische Torbögen und alte, überrankte Laubengänge kennzeichnen die Architektur dieses Stadtteils.

Nördlich der Corsa Porta Mare an der Via Borso liegt in einem ruhigen, weitläufigen Areal der **jüdische Friedhof**, der an die Ermordung Ferrareser Juden erinnert. Für eine Besichtigung kann man am Eingang läuten und um Einlaß bitten.

Campeggio Estense, Via Gramicia 5, Tel 05 32/75 23 96, liegt etwas außerhalb im Norden vor der Stadtmauer.

Das Castello Estense in Ferrara

Adria und Emilia Romagna

Jedes Jahr in der letzten Augustwoche treffen sich in der Altstadt Straßenmusiker aus aller Welt zum vielbestaunten **„Ferrara Buskers Festival"**. Ganz Ferrara wird eine Woche lang durch diese originelle Veranstaltung bis spät in die Nacht zur illustren Freilichtbühne.

Am letzten Maisonntag findet in Ferrara der **Palio di San Giorgio**, das Pferde- und Eselrennen der acht Stadtbezirke mit einem großen Volksfest statt. Die Piazza Ariostea am Corso Porta Mare verwandelt sich zu einer Arena mit Tausenden von Zuschauern, die auch die historischen Umzüge und Fahnenschwinger feiern.

Das **Ristorante Di Cucco** in der Via Voltacasotto 3 ist eine rustikale Trattoria mitten in der westlichen Altstadt. Dies ist einer der schönsten Flecken, um in Ferrara in einem grünen Innenhof lecker zu essen.

Die **Trattoria Centrale**, Via Boccaleone 8, ist ein ruhiger Familienbetrieb abseits des großen Trubels mit guter und preisgerechter Küche. Sonntag und Mittwochabend geschlossen.

Ein uriges Bistro mit Wintergarten und Terrasse ist die **Café-Bierreria „Giori"**, Piazza Savonarola 1, direkt am Castello.

Delta Vacanze, an der S.S.16, Arqua Polesine, zwischen Ferrara und Rovigo, Tel. 04 25/ 46 51 24. Bei dieser Werkstatt gibt es auch einen Stellplatz mit Ver- und Entsorgungsmöglichkeiten für Wohnmobile.

Über die S.S.16 in nördliche Richtung erreicht man nach ca. 30 km Rovigo.

Rovigo 19

Ca. 35 km südlich von Padua an der A13. I.A.T., Piazza Emanuele, Tel. 04 25/42 24 00.

Die Hauptstadt der gleichnamigen Provinz liegt im fruchtbaren, aber oft von Überschwemmungen bedrohten Gebiet zwischen Etsch und Po. Sie ist eine **Industrie- und Handelsstadt** und ein bedeutender Markt für die Agrarprodukte aus der Umgebung. Kaiser Friedrich II. belehnte 1222 die Herzöge Este in Ferrara mit dem im frühen Mittelalter gegründeten Ort. Die Piazza Vittorio Emanuele, Schauplatz geschäftigen Treibens, wird von Gebäude aus dem 16. und 18. Jh. gesäumt.

Die Kirche **Beata Vergine del Soccorso**, auch „Rotonda" genannt, ist ein achteckiger, harmonischer, von einer Portikus umgebener Bau aus dem Ende des 16. Jh.s, den ein von Baldassare Longhena entworfener Kirchturm schmückt. Mitten im Stadtpark stehen zwei mittelalterliche Türme, die **Due Torri**; der Torre Dona und der Torre Mozza sind die Reste eines Kastells aus dem zehnten Jahrhundert.

Die **Pinacoteca dei Concordi** im Palazzo dell'Academia dei Concordi, an der Ostseite der Piazza Vittorio Emanuele, zeigt in sechs Sälen überwiegend Gemälde venetischer Schule aus dem 15. bis 18. Jh., so beispielsweise Werke von Giovanni Bellini, Palma dem Älteren, Tiepolo und dem führenden Portraitmaler seiner Zeit, **Alessandro Longhi**. Öffnungszeiten: Mo-So 9–12 und 15–17 Uhr, Eintritt L. 5.000.

Auf der S.S.16 geht es etwa 15 km weiter bis nach Monselice.

Monselice 20

22 km südlich von Padula an der A13. Officio Tourismo Via Roma, im Gebäude der Stadtbücherei an der Piazza Mazzini, Tel. 04 29/ 7 23 80.

An der westlichen Stadtseite von Monselice, an der Via Vargine Destro, befindet sich auf dem **Campo della Fiera** ein für Reisemobile genehmigter Stellpatz direkt vor der alten Stadtmauer. Ver- und Entsorgungsmöglichkeiten gibt es im nahen **Montegrotto Terme**.

Adria und Emilia Romagna

Morgenstimmung in Monselice

Der Ort Monselice liegt an der Südseite der **Euganeischen Hügel**. Er besitzt noch Reste der mittelalterlichen Mauern und wird von einem 150 Meter hohen Hügel überragt. Darauf erhebt sich die Ruine einer von Kaiser Friedrich II. errichtete Festung aus dem 13. Jahrhundert.

Die **Innenstadt** ist wegen zahlreicher Absperrungen nicht mit dem Wohnmobil zu erreichen.

Das **Castello Ca' Marcello** umfaßt mehrere Bauten aus dem 13. Jahrhundert, in denen sich unter anderem der sehenswerte, prächtige Rittersaal befindet. Die interessanten Führungen finden nur in Gruppen statt. Öffnungszeiten: tgl. 9.30 bis 12 und 16–17 Uhr, im Sommer bis 19 Uhr, Mo geschlossen.

Der im romanisch-gotischen Stil erbaute **Duomo Vecchio**, in der Via Santuario, stammt aus dem Jahre 1256. Hinter der Kirche liegt das **Santuario delle Sette Chiese**. Hierbei handelt es sich um eine aus sieben von Vicenzo Scamozzi entworfenen Kapellen bestehende Wallfahrtsstätte.

Das Ristorante **Pizzeria „Al Campiello"**, Via Riviera Belzoni 2, ist eine gemütlich eingerichtete Trattoria mit guter Fisch- und Fleischküche und einer nett begrünten Terrasse zum Draußensitzen im Sommer.

Am dritten Sonntag im September veranstaltet die Stadt auf dem unterhalb des Hügels gelegenen „Cave della Rocca" die **historischen Reiterspiele** „Giostra della Rocca".

Der **Wochenmarkt** findet jeweils am Montag- und Freitagmorgen im Ortszentrum statt.

Etwa vier Kilometer nördlich von Monselice liegt die **Villa Emo di Rivella** mit weitläufiger Gartenanlage, die einen Besuch lohnt. Öffnungszeiten: Di-Sa 9.30–12 und 16–17 Uhr, montags geschlossen; Eintritt L. 5.000.

In Richtung Norden führt eine kleine Landstraße, auf der man nach etwa vier Kilometern links nach **Arquá Petrarca** abzweigt.

Ein Ausflug lohnt in die **Euganeischen Hügel** und nach Arqua Petrarca. Der Name dieses malerischen Orts ist mit dem Dichter **Francesco Petrarca** (1304–1374) ver-

Adria und Emilia Romagna

knüpft, dessen Werke die Lyrik bis ins 17. Jahrhundert beeinflußten. Auf dem Dorfplatz befindet sich das Grab des Dichters. Die von ihm bewohnte Casa del Petrarca wurde zu einem Museum umgestaltet, das eine Fotodokumentation über den Künstler, Originalmobiliar und -schriften zeigt; **Museo Petrarca**, Via Valleselle, Di–So 9.30 bis 12.30 und 15.30–19 Uhr, Mo geschlossen; Eintritt L. 5.000. Sehenswert ist auch die Villa Barbarigo mit dem **Parco Valsanzíbio**. Ende des sechzehnten Jahrhunderts ließ die adelige Familie Barbarigo die Villa mit einer imposanten Allee und einer der großartigsten Gartenanlagen Italiens errichten. Viel Spaß für Groß und Klein bringt das aus beschnittenen Buchsbäumen bestehende rechteckige **Labyrinth** (März bis Nov. tgl. von 9–12 Uhr und 14 Uhr bis Einbruch der Dunkelheit geöffnet). Am Ortsrand liegt der kleine See **Lago di Arquá Petrarca**. Er ist vulkanischen Ursprungs und wird von einer Thermalquelle gespeist; Sportfischer angeln hier gern.

➡ Von Monselice geht es auf der S.S.10 in westliche Richtung weiter nach **Este**.

Schon in der Eisenzeit existierte diese zeitweilige **Hauptstadt der Veneter**, die auch zur Römerzeit ein bedeutendes Zentrum darstellte. Im Jahr 589 wurde sie bei einer Etschüberschwemmung zerstört und verlassen. Mit einem aus den Ruinen erstandenen Dorf und einer Burg wurde 1050 eine Familie ungewisser Herkunft belehnt, die sich nach dem Ort Este nannte und später die Herrschaft über Ferrara erlangte. Weiterführende Informationen bei Pro Loco, Piazza Maggiore 5, unter den Arkaden.

Unbedingt anschauen sollte man sich das **Castello dei Carraresi** in der Via Guido Negri. Die neu restaurierte, mächtige Burganlage wurde im 14. Jh. auf den Resten einer Festung des 11. Jh.s errichtet. Im offenen Innenraum befinden sich heute großzügige öffentliche Parkanlagen.

📷 Im Palazzo Mocenigo, Via Guido Negri 9, ist das **Museo Nazionale Atestino** untergebracht. Besonders interessant ist seine vorrömische Abteilung mit Zeugnissen venetischer Kultur aus der Jungsteinzeit, aus der Bronze- und Eisenzeit.

Die Anlage des Castello dei Carraresi

Adria und Emilia Romagna

Blick auf die Euganeischen Hügel mit gepflegten Weingärten

Das Museum zählt zu den bedeutendsten archäologischen Museen Italiens (geöffnet tgl. 9–13 und 15–19 Uhr; Eintritt L. 6.000).

P Da Este über keine eigenen Stellplätze verfügt, liegt der offiziell empfohlene Platz im zehn Kilometer entfernten **Montegrotto Terme** auf der Piazza Mercato. Er ist Mittwochnacht wegen des Wochenmarktes am Donnerstag geschlossen.

Zurück auf der S.S.10 geht es in westliche Richtung ins ca. 15 km entfernte **Montagnana**.

Montagnana ist eine perfekte und wunderschöne venezianische „Città murata"; dabei handelt es sich um ein einwandfrei erhaltenes, vollständig mit Mauern umgebenes **mittelalterliches Kleinod**.

Die Mauer aus dem 14. Jahrhundert ist beinahe rechteckig angelegt und wird durchgehend von Zinnen abgeschlossen. Mit seinen 24 Türmen, den vier – nach den Himmelsrichtungen ausgerichteten – Toren und seiner 1.925 m langen Stadtmauer aus dem 13. und 14. Jh. ist Montagnana eines der eindrucksvollsten Beispiele mittelalterlicher Festungsbaukunst.

Jedes Jahr im September finden während des **Palio dei 10 Comuni** im Burggraben mittelalterliche Reiterspiele statt. Nähere Informationen bei Pro Loco, Piazza Vittorio Emanuele, Tel. 04 29/ 8 13 20.

COLIBRI GEHEIMTIP

Im Nordosten hinter dem Kastell in Este beginnt eine etwa vier Kilometer lange (auch für Wohnmobile bis maximal 6,5 t) leicht zu fahrende Serpentinenstraße nach Calaone auf dem Monte Cero (415 m), die **Strada Panoramica Colli Euganei**. Sie ermöglicht fantastische Rundblicke in die Umgebung, auf Weinberge, Villen, blühende Gärten und bäuerliche Anwesen. Nördlich erheben sich die lange erloschenen **Vulkankegel** der Euganeischen Hügel. In Calaone rundet eine Mahlzeit auf der Terrasse der Trattoria **Da Mario** mit schönem Ausblick die „Panorama-Fahrt" ab. (D3)

An der **Piazza Maggiore**, dem Haupt-

Die mittelalterliche Stadtmauer von Montagnana

Adria und Emilia Romagna

Castello Scaligero in Soave

platz, steht der fast schmucklose **Dom** aus Sandstein. Er stammt aus dem 14. Jahrhundert, besitzt außen gotische Formen und weist in seinem Inneren schon Renaissancemerkmale auf.

🅿 Gegenüber der Stadtmauer an der Ostseite, unweit der Porta Vicenza, gibt es auf dem Gelände der Stadtwerke einen mit „Punta Attezzato" ausgeschilderten Stellplatz für Reisemobile mit Ver- und Entsorgungsmöglichkeit. Der Platz wird nachts abgeschlossen, deshalb sollte man ihn rechtzeitig anfahren.

➡ Auf der Landstraße S.S.500 nach Norden in Richtung **Lonigo**.

➡ In Lonigo Richtung Verona fahren, so erreicht man nach ca. 15 km **Soave**.

Soave 21

ℹ Ufficio Touristico in der Cantina Sociale, Via Roma, direkt rechts hinter dem Haupttor Porta Verona, Tel. 0 45/ 7 68 06 48. 25 km östlich von Verona, 40 km südwestlich von Vicenza.

🅿 Die offiziell ausgewiesene kommunale Ver- und Entsorgungsstation befindet sich in der Via Adami auf der Nordseite der Stadtmauer. Hier gibt es einige schattige Stellplätze zwischen Alleebäumen an der **Porta Aquila**. Vor der Ostmauer, an der **Porta Vittoria**, liegt ein großer unbefestigter, aber ruhiger Stellplatz in der Via Covergnino.

🔧 I.P.-Station – Tankstelle, Viale della Vittoria 98, an der Zufahrt von der S.S.12 und der A 4.

Soave ist eine stille, gut erhaltene mittelalterliche Stadt, die am Fuß der **Monti Lessini** zwischen Verona und Vicenza inmitten von ausgedehnten Weinfeldern liegt. Beim Namen der Stadt denkt man schließlich auch sofort an den weltberühmten **Vino Bianco Soave** aus der Garganegra-Traube. Die Stadtmauern ziehen sich von einer Scaliger Burg den Hügel hinab und umgeben mit 24 Türmen und vier prächtigen Toren das kleine Städtchen vollständig. Das südliche Haupttor, die **Porta Verona**, führt in den Stadtkern von Soave. Wenn man die Hauptstraße Via Roma hin-

Adria und Emilia Romagna

aufgeht, gelangt man zum Mittelpunkt der Stadt, der **Piazza Antenna**. Die Standarte von Sankt Markus im Zentrum der Piazza Antenna ist ein Geschenk der Republica Veneta. Auf der Ostseite des Platzes kann man den Palazzo Cavalli im gotisch-venezianischen Stil von 1411 bewundern.

Im Norden der Piazza steht der ehemalige Palazzo Giustizia aus dem Jahr 1375. Er hat eine interessante Loggia mit vier Spitzbogentoren. Wenn man auf der Via Camuzzoni wenige Meter weiter geht, kommt man zum **Palast der Scaliger**. Er wurde im 14. Jahrhundert vom Cansignorio de Scala in der Nähe der Porta Aquila erbaut. Dieser Palast war die alte Residenz der Statthalter, der „Capitani di Serenissima".

Im historischen Mittelpunkt von Soave findet sich an der Via Castello die frühere Dominikanerkirche im lombardischen Stil von 1443, die heutige Pfarrkirche **San Lorenzo**. Das Innere ist reich mit Fresken geschmückt, darunter ein Werk des berühmten veronesischen Malers Francesco Morone aus dem 16. Jahrhundert.

Ein **mittelalterliches Weinfest** findet am dritten Wochenende im Mai statt; das bekannte **Traubenfest** „Festa dell' Uva" gibt es am dritten Wochenende im September.

Das **Ristorante La Rocca** in der Via Castello Scaligero ist eine typisch italienische Trattoria in unmittelbarer Nähe der Burg. Seine Mahlzeiten kann man auf der Terrasse mit schönem Fernblick einnehmen.

Die **Trattoria Dal Moro** in der Viale delle Vittoria 1 liegt direkt an der Zufahrtsstraße, gegenüber der Südmauer; sie bietet gutes Essen und Plätze im Freien.

Die **Café-Bar Fra-Ri**, Via Vittorio Emanuele 12, mit ihrem kleinen begrünten Vorgarten ist ideal zum Frühstücken; am Montag ist Ruhetag.

Für einen schönen Spaziergang ist nach einem guten Essen die richtige Gelegenheit. Rechts von der Loggia, an der Piazza Antenna beginnt die **Via Castello Scaligero**. Von ihrem Ende führt der mittelalterliche Weg durch mediterrane, zypressenbestandene Grünanlagen; in leichter Steigung geht es auf den Burghügel mit der eindrucksvollen Festung der Scaliger. Das nahezu original erhaltene **Castello Scaligero** wartet mit den typischen Schwalbenschwanz-Zinnen auf den mächtigen Mauern und Türmen auf. Der Ursprung der Burg geht auf das Frühmittelalter zurück. Gegen Ende des 13. Jahrhunderts wurde sie von der Repubblica Veneta erneuert (geöffnet Di–So 9–12 und 15–18 Uhr, Mo geschlossen).

➡ Die S.S.11 führt in westliche Richtung nach knapp 15 km direkt in die östlichen Stadtviertel von Verona.

Verona 22

ℹ A.P.T., Piazza delle Erbe 38, Tel. 0 45/ 8 00 00 65. 100 km westlich von Venedig, ca. 35 km östlich vom Südostufer des Gardasees. Da man für einen Eintritt in die Kirchen Veronas mittlerweile bezahlen muß, gibt es für L. 9.000 bei der A.P.T. ein Kombi-Ticket für alle Kirchen.

COLIBRI GEHEIMTIP

Jeden ersten Sonntag im Monat sind übrigens alle **Sehenswürdigkeiten** Veronas **kostenlos** zu besichtigen. (C2)

🅿 Im Westen, an der Porta Palio, Viale Colonello Galliano, kann man in der Nähe des Schwimmbades Piscina Comunale mit dem Wohnmobil übernachten.

Adria und Emilia Romagna

Weitere Parkplätze für einen Stadtbesuch findet man entlang der Bastionen und im Südosten am Friedhof an der Piazza Cimitero. Von beiden Plätzen ist man in etwa 15–20 Gehminuten an der Arena.

Verona ist nicht nur die bekannte **Opernstadt** an der Etsch, es ist auch die Heimat von Shakespeares Romeo und Julia und die Hauptstadt der gleichnamigen Region. In ihrer äußerst attraktiven historischen Altstadt liegen die meisten Sehenswürdigkeiten von Verona.

Hauptplätze der Altstadt sind die Piazza Bra', die Piazza dei Signori und die Piazza delle Erbe. An der **Piazza Bra'** steht das riesige **römische Amphitheater**, das um das Jahr 290 erbaut wurde. Der zweistöckige Innenring ist vollständig erhalten geblieben. Die Arena bietet Platz für über 15.000 Zuschauer. Im Juli und August finden hier die weltbekannten **Opern-Festspiele** statt, die Gäste aus aller Welt nach Verona locken.

Auf der von dem Brunnen der Madonna Verona und dem Markus-Löwen überwachten **Piazza delle Erbe**, die zu Italiens schönsten Plätzen gehört, findet täglich der Obst- und Gemüsemarkt statt, ein malerisches Bild. Gleich nebenan liegt die **Piazza dei Signori** mit dem Regierungspalast aus dem 13. Jahrhundert und der **Kirche Santa Maria Antica**, einem romanischen Gotteshaus. Östlich der Piazza delle Erbe und südlich der Piazza dei Signori – an der Via Cappello 23 – steht der Palast der Capuleti aus dem 13. Jahrhundert, genannt **Casa di Giulietta**. Hier soll Romeos Julia gewohnt haben, sagen die Fremdenführer.

Das **Castelvecchio** und die **Ponte Scaligero** über die Etsch wurden von dem Scaliger Cangrande II della Scala im Jahr 1354 als Fluchtburg errichtet. Das Schloß an der Via Cavour enthält heute ein Kunstmuseum, das Museo di Castelvecchio, mit Exponaten von Pisanello, Tintoretto, Mantegna, Bellini und Tiepolo (Di–So 8.15–19.30 Uhr, Mo geschlossen; Eintritt L. 5.000).

Vom **Palazzo della Ragione** mit dem Torre dei Lamberti und dem **Palazzo dei Tribunali** an der Piazza dei Signori ist nur der lauschige Innenhof mit

Eindrucksvolles Opernspektakel in Verona

Adria und Emilia Romagna

Freitreppe und der knapp 80 m hohe Turm zu besichtigen; Öffnungszeiten: Di–So 10–19 Uhr und Fr 10–21.30 Uhr, Mo geschlossen. Der Eintritt für die Turmbesteigung kostet mit dem Lift L. 4.000, zu Fuß – 368 Stufen! – L. 3.000.

Die **Chiesa San Zeno Maggiore**, Piazza San Zeno, ist innen wie außen eines der schönsten romanischen Bauwerke Norditaliens. Immer wieder ein Anziehungspunkt sind die mit Bronzetafeln besetzten Portalflügel der Kirche, die biblische Szenen und das Leben des Bischofs Zeno widergeben. Eintritt L. 3.000.

Der Dom, **Duomo Santa Maria Matricolore**, liegt an der Piazza Duomo im Nordosten der Altstadt. Er ist die älteste Kirche in Verona, ein romanischer Bau mit gotischen Fenstern, klassisch dreischiffig mit roten Marmorsäulen ausgeführt. Imposant ist das aus einem Marmorblock gehauene **Taufbecken** mit neun Metern Durchmesser. Eintritt L. 3.000.

Auf dem **Arche Scaligere**, dem Friedhof der Scaliger in der Via Santa Maria Antica, stehen die Grabmäler des großen Adelsgeschlechts in Form einer Leiter oder „Scala" – dem Wahrzeichen der Scaliger. Vor der Kirche **Santa Maria Antica** stehen

Portal der Chiesa San Zeno Maggiore

sie stolz aufgereiht unter freiem Himmel.

Ruhe und Erholung kann man im **Giardino Giusti**, Via Giardino Giusti, im östlichen Teil der Altstadt genießen. Der prachtvolle **Gartenpark** mit gestutzten Hecken, alten Zypressen und zahlreichen Marmorstatuen stammt aus dem 15. Jahrhundert. Einer der wenigen Parks, die auch das Betreten der Liegeflächen für einen Mittagsschlaf in der Sonne oder unter schattigen Zypressen auf den Wiesen erlauben (geöffnet tgl. 8 bis 19.30 Uhr, Eintritt L. 5.000).

Eine interessante Rundfahrt entlang der Stadtmauer und auf die **umliegenden Hügel** offenbart eine ganz andere, aber ebenso beeindruckende Sicht auf Verona. Die Fahrt beginnt am Friedhof, Cimitero Monumentale, an der Piazzale Cimitero im Südosten der Stadt. Man folgt der Uferstraße Lungo Porta Vittoria Richtung Norden, fährt am römischen Amphitheater **Teatro Romano** (1. Jh.) und der Ponte Pietra vorbei und kommt an die Bastione und Kirche San Giorgio. Auf der Via Castello schlängelt man sich

Adria und Emilia Romagna

den Berg hinauf zum **Castello San Pietro**, dem ersten Stop mit herrlichem Ausblick. Danach muß man wieder auf der Bergstraße aufwärts der Stadtmauer folgen und durch die sanften Hügel bis zur Eckfestung **Forte di San Felice** fahren. Hier links in die Via Torricelli einbiegen und über Villa Ferrari und San Mattia auf der Viale dei Colli zur ehemaligen österreichischen Festung **Forte San Leonardo** mit der Kirche Santa Madonna di Lourdes, dem Wendepunkt der Tour, fahren. Von hier hat man den schönsten Ausblick auf die Stadt. Der Rückweg führt ab Forte di San Felice geradeaus durch die Via Caroto entlang der Stadtmauer zurück zur Piazza Cimitero.

Ein wahrer Genußtempel ist das **Ristorante Il Desco**, Via Dietro San Sebastiano 7. In einem restaurierten **Benediktinerkloster** aus dem 17. Jahrhundert wird „neue" italienische Küche der Spitzenklasse serviert.

Etwas preisgünstiger und rustikaler geht es in der „**Osteria al Duca**", Via Arche Scaligere 4, zu. Dies ist eine klassische Osteria mit dunkler Holztäfelung, einer sympathischen Wirtin und leckeren Speisen. Samstag- und Sonntagmittag geschlossen.

Selbstbedienung bei einer riesigen Auswahl an Speisen in guter Qualität und zu günstigen Preisen bietet die **Birreria Mazzini** in der Via Mazzini.

Camping Castello San Pietro, Viale Castello, ist ein sehr kleiner, idyllischer Platz am Castello San Pietro im Nordosten der Stadt.

Automarket Bonometti, Via Brescina 9, Tel. 0 45/8 90 37 77.

Die Tour 2 schließt mit dem östlichen Gardaseeufer und der Rückfahrt nach Trento. Die S.S.11 führt in westliche Richtung, gut ausgebaut nach etwa 28 km direkt nach **Peschiera** an den Gardasee.

Zwischen Verona und Peschiera liegt an der S.S.11 der Ort **Cavalcaselle**. Auf dem Weingut und Bauernhof der Familie de Bartoni ist ein Agricampeggio-Stellplatz für Reisemobile eingerichtet. Eine Übernachtung kostet L. 17.000. Zudem können hier Wein und andere landwirtschaftliche Produkte direkt bezogen werden.

Herrlicher Blick vom Castello San Pietro auf Verona

Das flache Südufer

Adria und Emilia Romagna

Peschiera 23

ℹ️ Azienda Turismo, Piazzale Betteloni 15, Tel. 0 45/7 55 03 81. Ca. 40 km westlich von Verona, ca. 35 km östlich von Brescia.

Peschiera liegt am südlichen Ende des Gardasees, wo der Flußlauf des Mincio beginnt. Der schon in der Vorgeschichte besiedelte und zur Römerzeit bedeutende Ort war im Laufe seiner Geschichte immer wieder **militärischer Stützpunkt**. Der italienische König Berengar, die Scaliger und der Ghibellinenführer Ezzelino da Romano ließen hier Burgen errichten, die die Venezianer im 16. Jahrhundert zu einer **Festung** erweiterten, die Napoleon noch weiter vergrößern ließ. Heute ist Peschiera ein beliebter Badeort mit einem hübschen Strandbad, dem **Lido Cappuccini**, einem sehenswerten Hafen und der nachts illuminierten Altstadt mit der Festungsanlage, die man teilweise auf einem Wall umwandern kann.

Der über zwei Kilometer lange, fünfeckige **Festungsring** umschließt den alten Ortskern. Er entstand im 16. Jahrhundert von den bekannten venezianischen Baumeistern **Sanmicheli** und **d'Urbino**. Die Festung gilt als die größte ihrer Art am Gardasee, der mittelalterliche Festungskern, die „Rocca", enthält immer noch militärische Anlagen samt einem Gefängnis.

➡️ Auf der S.S.249, der Gardesana Orientale, in nördliche Richtung am **Ostufer des Gardasees** entlang.

Zwischen Peschiera und Lazise liegt mit dem **Gardaland**, der italienischen Antwort auf Disneyland, ein Vergnügungspark für die ganze Familie. Geöffnet ist tgl. von 9–18 Uhr, in den Sommermonaten (Juli bis Sept.) 9–24 Uhr mit nächtlicher Lasershow, außerhalb der Saison nur sonn- und feiertags. Der Eintritt beträgt L. 27.000, für Kinder L. 23.000. Von Peschiera gibt es einen kostenlosen Zubringerdienst, ab Riva fahren Busse an das Gardaland.

🅿️ Am Vergnügungspark Gardaland an der S.S.249 zwischen Peschiera und Lazise sind mit Hinweisschildern ausgewiesene Reisemobilstellplätze in ruhiger Lage zu finden.

➡️ Weiter auf der S.S.249, am Ostufer des Gardasees entlang ins ca. 5 km entfernte Lazise.

Teil des Festungsringes von Peschiera

Adria und Emilia Romagna

Rast am Gardasee

Den Ort **Lazise** umschließt fast gänzlich eine mittelalterliche, mit einer in Privatbesitz befindlichen Scaligerburg aus dem 14. Jahrhundert verbundene Ringmauer. Am kleinen, romantischen Bootshafen sollte man sich die **Kirche San Nicolo** aus dem 12. Jahrhundert mit hübschen Fresken und die **Dogana**, das Zollhaus aus dem 14. Jahrhundert anschauen. Die kleine Altstadt mit den engen Gassen und Plätzen ist eine der schönsten an dieser Seeseite.

Camping du Parc mit eigenem Badestrand und Ver- und Entsorgungseinrichtungen für Reisemobile liegt südöstlich von Lazise. Tel. 0 45/ 7 58 01 27.

La Taverna da Oreste, Via Fontana 22, in der Nähe der Dogana befindet sich ein historisches Haus mit alten Gewölben und einem riesigen offenen Kamin. Sitzmöglichkeiten bestehen auch auf einer hübschen Terrasse mit Blick auf das Hafenbecken, die Speisen werden vor den Augen der Gäste zubereitet; es gibt Weine vom hauseigenen Weinberg.

Etwa zehn Kilometer östlich von Lazise liegt **Pastrengo**, ein Ort mit einer besonderen Sehenswürdigkeit. Der **Parco Natura Viva** ist ein Naturpark mit eigenem Safaripark in fast 50.000 m² Ausdehnung. Über 800 Tiere kann man hier in freier Wildbahn oder in Gehegen bewundern. Der Safaripark kann mit dem Fahrzeug befahren werden. Besonderheiten sind das tropische Gewächshaus und der **Dinosaurier-Park** (geöffnet März–Nov. 9.30 bis 21.30 Uhr, Eintritt etwa L. 10.000). Nähere Informationen bei der A.P.T. in Lazise, Via Fontana 14, Tel. 0 45/7 58 01 14.

6 km weiter in nördliche Richtung über Cisano bis nach Bardolino.

Von der Ernte bis zum fertigen Olivenöl wird im **Museo dell'Olio** in **Cisano** anhand von vielen Exponaten die Geschichte der Ölgewinnung dokumentiert (im Ortskern, direkt an der Durchfahrtsstraße). Besichtigungen tgl. 8.30 bis 12.30 und 14–18.30 Uhr; Eintritt frei. Eine Einkaufsmöglichkeit für Olivenöl, Grappa, Wein, Honig und Liköre aus der Region gibt es im angegliederten Geschäft.

Adria und Emilia Romagna

Der bekannte Wein- und Badeort **Bardolino** am unteren Teil der Olivenrivieria war schon zur Römerzeit ein blühendes Zentrum. Die Scaliger erbauten hier im Mittelalter eine befestigte Burg, von der noch der Turm und zwei Eingänge existieren. Sehr malerisch ist der kleine Hafen bei der **Piazza Principe Medeo**. Nennenswert sind die zwei außerhalb des Ortskerns gelegenen Kirchen **San Zeno** aus dem 9. Jh., ein bedeutendes karolingisches Bauwerk, und **San Severo** aus dem 12. Jh. mit Fresken aus dieser Zeit.

In der Nähe des Sportgeländes an der Via Marconi gibt es einen für Reisemobile ausgewiesenen Stellplatz. Die Gebühr pro Nacht beträgt L. 8.000.

Weinproben und Kauf von **Bardolino-Weinen** direkt vom Erzeuger sind bei der Cantina Lenotti, Via Santa Christina 1, und in der Cantina Fratelli Zeni, Via Costabella 9 möglich.

Ende Mai veranstaltet die Stadt das „Città di Bardolino", ein internationales **Musikfestival**. Im September finden das Fest der Traube und des Weines in Bardolino statt, im benachbarten Cisano am ersten Wochenende im September die Vogelmesse und das „Sagra dei Osei", das **Fest der Singvögel**.

Ristorante Montefelice, Via Montavoletta 11, ist ein großes aber dennoch gemütliches Restaurant mit gutem Service und moderner Küche. Leichte, einheimische Speisen werden bevorzugt angeboten, ein Menü gibt es ab L. 45.000; Dienstag ist Ruhetag.

Jeden Donnerstag vormittag werden der große **Kleidermarkt** an der Promenade und der Obst-, Gemüse- und Lebensmittelmarkt auf der Piazza Matteotti abgehalten.

Camping Comunale, nördlich von Bardolino, ist ein stadtnah gelegener Platz mit schmalem Strand, eigenem Badesteg und teilweise schattigen Stellplätze. Tel. 0 45/ 7 21 00 51.

Nach weiteren 5 km erreicht man den Luftkurort Garda.

Garda 24

A.P.T., Lungolago Regina Adelaide, Tel. 0 45/7 25 51 94. In der Mitte des östlichen Gardaseeufers, ca. 25 km nordwestlich von Verona.

Uferpromenade in Bardolino

Adria und Emilia Romagna

Straßencafés in Garda

🅿 Am südlichen Ortseingang von Garda, dem Corso Italia, sind auf dem ausgeschilderten Busparkplatz Reisemobilstellplätze ausgewiesen.

Dank der Lage an einer weiten, windgeschützten Bucht ist **Garda** ein gerade von älteren Leuten gernbesuchter Luftkurort. **Venetische Totenstädte**, die hier entdeckt wurden, zeugen von einer frühen Besiedlung. An der Seepromenade dominieren der **Palazzo dei Capitani** mit einem schönen Terrassen-Restaurant und einige alte Häuser mit malerischen Winkeln.

Ein Ausflug zur ehemaligen Kamaldulenser-Einsiedelei, der **Eremo di San Giorgio**, auf den 309 m hohen Hügel Monte San Giorgio belohnt mit weitem Blick auf den Gardasee. Mit dem Reisemobil ist die Strecke allerdings nicht zu fahren, man muß das Mobil stehenlassen und die Rocca und das Kloster zu Fuß erklimmen.

Die prächtige **Villa Albertini**, Via Marconi, mit ihrer wunderschönen Lage am See war 1848 Ort für die Übergabe der Annexions-Urkunde, mit der die Lombardei zu Italien kam. Sie ist heute in Privatbesitz und nur von außen anzuschauen.

Mitte Juli findet das bekannte **Sardinenfest** statt, und der **Palio delle Contrade**; dieses traditionelle Pferderennen der Stadtteile zu Ehren der Schutzheiligen Madonna Assunta wird alljährlich am zweiten Augustwochenende abgehalten.

➡ Über Punta San Vigilio fährt man weiter nach Torri del Benaco.

Die **Punta San Vigilio**, eine kleine Landzunge drei Kilometer westlich von Garda, gilt als einer der schönsten Flecken des Ostufers und wurde von seinem Besitzer, dem Humanisten Agostino Brenzone, gar als der „schönste Ort der Welt" bezeichnet. Zu Fuß geht es durch ein Zypressen-Spalier direkt auf die in Privatbesitz befindliche, imposante **Renaissancevilla Guarienti** zu. Durch das riesige, schmiedeeiserne Portal kann man einen Blick auf eine gepflegte Gartenanlage mit kunstvoll geschnittenen Hecken werfen, die sich ansonsten hinter den Mauern verbirgt. Links von der Villa steht das ehemalige Gästehaus, in dem heute

Adria und Emilia Romagna

das exklusive Hotel und Restaurant **Locanda San Vigilio** beherbergt ist.

Am rechten Teil dieser einmalig schönen Halbinsel liegt die Baia delle Sirene, die **Sirenenbucht**, wohl der schönste und auch teuerste Strand am Gardasee.

Bei **Torri del Benaco** wird der See wieder enger und die Alpen beginnen hier mit ihren Ausläufern. Der Name des Ortes erinnert noch an die alte Bezeichnung des Sees, „Lacus Benacus".

Auch hier findet sich ein **Scaliger-Kastell** und ein malerischer Hafen. An der Burgmauer kann man noch ein altes **Zitrus-Gewächshaus**, eine Limonaia, aus dem Jahr 1760 entdecken, in dem heute noch Limonen geerntet werden.

Die aus dem Jahr 1383 stammende Burg der Scaliger ist noch relativ gut erhalten, die **Wehranlagen** und Türme können besichtigt werden.

Ein kleines Museum informiert über das Leben der Handwerker aus der Region (geöffnet Di–So 9–12.30 und 16.30–19.30 Uhr, Mo geschlossen; Eintritt L. 5.000).

[P] An der Schiffanlegestelle, Via Lavanda vor dem Scaliger-Kastell am südlichen Ortsrand von Torri del Benaco kann auf einem ausgeschilderten Stellplatz übernachtet werden.

➡ Auf der malerischen Gardesana Orientale geht es gut 20 km am See entlang, bis man mit Malcesine den nächsten wunderschönen Ort am Gardasee erreicht.

Malcesine 25

I.A.T., Via Capitanato 6, Tel. 0 45/ 7 40 00 44. An der Ostküste des Gardasees, ca. 18 km südlich von Riva del Garda.

COLIBRI GEHEIMTIP

Eine Besonderheit bietet Malcesines südlicher Ortsteil Cassone: Cassone besitzt mit dem 178 m langen Fluß Aril den **kürzesten Flüßchen der Welt** auf seinem Ortsgebiet. (B1)

Der bekannte Ort mit seinen historischen Gassen und Plätzen wird von einer Scaligerburg aus dem 13.–14. Jahrhundert beherrscht. Vom Bergfried der Burg bietet sich ein

Blick auf Malcesine

Adria und Emilia Romagna

Der Hafen von Malcesine

weites **Gardaseepanorama**. Der ehemalige Palast der venezianischen Seekapitäne – das heutige **Rathaus** – repräsentiert Macht, viele weitere alte Häuser zeugen von Reichtum und Kultur.

Über der Altstadt, direkt hinter den Häusern, beginnen die weitläufigen Festungsanlagen der Scaliger-Burg, die bereits im sechsten Jahrhundert von den Langobarden errichtet wurden. Markant ist der 32 m hohe **Bergfried**, in dem Goethe kurz gefangen gehalten wurde, weil er unerlaubterweise eine Skizze der Burg gezeichnet hatte. Ihm zu Ehren hat man im Hof des Kastells einen kleinen Garten mit Büste und Widmung gestaltet und ein Museum, den **Goethe-Saal**, eingerichtet. Als weitere Museen sind in der Festung eine interessante **Monte-Baldo-Ausstellung** und das Museo del Garda zu besichtigen (tgl. 9–20 Uhr, Eintritt L. 4.000).

Bei einem Besuch in der **Pizzeria La Pace**, Piazza Magenta, sitzt man direkt am See und genießt eine gute und günstige Küche; Dienstag ist Ruhetag.

Etwa drei Kilometer außerhalb von Malcesine in Richtung Torbole ist im Ortsteil Campagnola ein ausgeschilderter Stellplatz mit Ver- und Entsorgungsanlage installiert. Die Gebühr beträgt komplett L. 12.000.

Besonders bei schönem Wetter und klarer Sicht lohnt sich ein Ausflug auf den **Monte Baldo** (2.200 m), den mächtigen Bergzug, der im Osten des Gardasees verläuft. Seine Hänge gelten mit mehr als 550 katalogisierten Pflanzenarten als der **Botanische Garten Italiens**. Von der Talstation an der Via Navene Vecchia in Malcesine kann man mit der Seilbahn bequem – mit einem Umstieg an der Mittelstation – zur Bergstation Bocca Tratto Spino in 1.780 m Höhe fahren. Von dort hat man einen herrlichen Rundblick. Das Monte Baldo-Massiv ist im Sommer ein unerschöpfliches Wandergebiet, im Winter ist sogar alpines Skifahren möglich.

Über Torbole und Arco geht es zurück nach Trient, womit die Tour 2 abgeschlossen ist. Dieser Streckenabschnitt ist mit dem letzten Teil der Rundfahrt zu den Oberitalienischen Seen identisch und dort ausführlich beschrieben.

Riviera und Toskana

Kunst und Kultur

1. Villafranca di Verona A 6
4. Mantua B 6
6. Piacenza B 3
16. Sarzana F 4
19. Pisa H 5
20. Lucca H 5
23. Reggio nell'Emilia D 5 / D 6
24. Parma D 5
25. Colorno C 5

Sehenswürdigkeit

3. Solferino A 6
5. Cremona B 4
8. Bobbio C 2
10. Camogli E 1
12. Sestri Levante E 2
14. La Spezia F 3
17. Carrara G 4
22. Modena D 6
27. Gualtieri C 6
28. Sabbioneta C 5

Erlebnis

2. Valeggio sul Mincio A 6
7. Grazzano Visconti C 3
9. Genua E 1
11. Rapallo E 2
13. Cinque Terre F 3
15. Protovenere G 3
18. Viareggio G 4
21. Pavulla nel Frignano F 6
26. Brescello C 5

Riviera und Toskana

Diese Tour führt durch drei markante Regionen Italiens: **Emilia Romagna**, **Ligurien** und den nördlichen Teil der **Toskana**.

Die Region Emilia Romagna wird im Süden durch die Toskana und im Norden durch die Lombardei und Venetien begrenzt. Es handelt sich um eine wohlhabende, reich gesegnete Landschaft, die so kulturhistorisch bedeutsame Städte wie die Provinzmetropole Bologna, die Kunststadt **Parma** oder **Reggio nell'Emilia** vorzuweisen hat.

Geographisch teilt sich die Region in zwei Teile: Das Berg- und Hügelland – der **Monte Cimone** kann immerhin eine Höhe von über 2.100 Metern aufweisen – und die fruchtbaren und ruhigen Niederungen des Podeltas. Wichtiger Wirtschaftsfaktor für die Emilia Romagna ist neben der Landwirtschaft der Tourismus.

Die Region besitzt alle Voraussetzungen, um eine der besten Küchen Italiens zu kreieren: sie ist die Kornkammer des Landes und Mittelpunkt der Schweine- und Rinderzucht, an den Südhängen gedeihen hervorragende **Weine**, Schinken und Käse sind weltberühmt. Die Emilia Romagna zählt zu den wichtigsten Anbaugebieten Italiens – hier gedeiht fast alles: Erdbeeren, Birnen, Pflaumen, Melonen, Kirschen, Aprikosen, Spargel, Zwiebeln, Tomaten und vieles mehr.

Das von tiefen, engen und senkrecht zur Küstenlinie gelegenen Tälern durchzogene Gebiet des heutigen Ligurien war bereits vor der Römerzeit von Seefahrern besiedelt. An den steilen Hängen der Täler im Landesinneren drängen sich malerische kleine Dörfer, die von kargen Kastanien- oder Olivenhainen und Terrassenkulturen umgeben sind.

Die Römer prägten das Aussehen der Landschaft, wie sie heute noch besteht. Sie führten die schmale, lange **Feldaufteilung** und die Bepflanzung mit **Wein** und **Oliven** ein. Die Riviera di Ponente im Westen von Genua ist sonniger als die Riviera di Levante im Osten, die dafür aber eine reichere Vegetation besitzt. Die wichtigsten Städte sind Imperia, Savona, Genua mit dem Erdölhafen, den Schiffswerften, der Eisen- und Stahlindustrie sowie La Spezia als Kriegs- und Handelshafen und Sitz der Waffenindustrie.

Einst aß man viel Fisch an der Ligurischen Küste. Diese Zeiten sind jedoch vorbei: im **Tyrrhenischen Meer** schwimmt nicht mehr genug. Fischgerichte, die früher das Alltäglichste waren, gehören heute zu den Delikatessen. Die ligurische Küche ist herzhaft und stets sehr aromatisch. Das bewirken die einheimischen Kräuter – Salbei und Basilikum, Rosmarin und Majoran –, mit denen man verschwenderisch umgeht. Natürlich stehen überall auch Nudelgerichte auf der Karte – Spaghetti, Maccaroni und ähnliches. Zum Trinken gibt es Wein aus der Gegend: Das Gebiet der **Cinque Terre** an der Riviera di Levante liefert hervorragende Weißweine, teils sehr süß, teils ganz trocken. Und zum Fisch paßt besonders der schlichte Vermentino Ligure – ein frischer Weißwein, der gelbgrün schimmert.

Die Toskana ist eine der 20 Regionen der Republik Italien. Sie liegt zwischen dem **Ligurischen Meer** und dem nördlichen **Apennin** im nordwestlichen Mittelitalien, hat eine Fläche von 22.992 km^2 und 3,6 Millionen Einwohner. Die Toskana gehört zu den wirtschaftlich gut entwickelten Regionen Italiens. Sie ist reich an Bodenschätzen. Bedeutend ist die Landwirtschaft: Weinanbau im Chianti, Getreide, Oliven, Obst, Gemüse, Seidenraupen- und Viehzucht; auch die Fischerei ist wichtig. Während das Bergland harte Winter mit starken Schneefällen kennt, herrscht in der übrigen Toskana mildes Mittelmeerklima.

Die **toskanische Küche** ist eine bäuerliche Küche. Sie ist einfach, schmackhaft und bekömmlich. Statt der sonst üblichen Spaghetti wähle man hier

Riviera und Toskana

die „pappardelle alla lepre", Bandnudeln mit Hasenragout, oder die „agnolotti alla toscana", mit Hackfleisch gefüllte Teigtaschen. Dann als klassisches Hauptgericht die „bistecca alla fiorentina", ein riesiges Rindersteak mit Knochen. Eine Köstlichkeit unter den Süßspeisen ist der „zuccotto", Halbgefrorenes in mit Likör getränktem Biskuitteig.

Südlich von Verona, dem Anknüpfungspunkt zur zweiten Rundfahrt, beginnt die Terra Bassa – das Gebiet in der weiten Ebene zwischen dem Fluß **Mincio** im Westen und der **Etsch** im Osten. Die östliche Region um die Städte Isola della Scala, Bovolone und Cerea (an der S.S.10 gelegen) ist schon zu Zeiten der Renaissance für die Produktion von **Stilmöbeln** bekannt gewesen. Noch heute gibt es dort zahlreiche Kunstschreinereien, die wertvolle Stilmöbel in Handarbeit herstellen.

Im Landstrich um die Isola della Scala fühlt man sich nach Südostasien versetzt. Denn dort liegt das größte Reisanbaugebiet Venetiens, das mehr als ein Drittel der gesamten Reisproduktion Italiens erwirtschaftet. Auch wenn Maschinen mittlerweile die Hauptarbeit verrichten, kann man immer noch auf kleineren Feldern die Reisarbeiterinnen mit den klassischen Strohhüten durch das Wasser waten sehen.

➡ Verläßt man Verona auf der S.S.62 in südwestliche Richtung, so erreicht man nach 16 km den Ort **Villafranca di Verona**.

Villafranca di Verona 1

ℹ 16 km südwestlich von Verona. Weitere Informationen: A.P.T. N. 13, Piazza delle Erbe, 37121 Verona, Tel. 0 45/ 8 00 00 65.

Das kleine Agrarstädtchen unweit des Veroneser Flughafens wird von einer mächtigen **Scaliger-Festung** aus dem 14. Jahrhundert dominiert.

Das mächtige Adelsgeschlecht der Scaliger baute im Mittelalter rund um den Gardasee und das angrenzende Land Burgen und Kastelle. Die „Scala", eine Leiter, ist das Zeichen der Familie und findet sich auf allen Grabmälern – zum Beispiel markant als feines Gußeisenwerk vor den Veroneser Scaligergräbern – wieder.

Ein Scaligergrabmahl

Riviera und Toskana

Österlich dekorierter Stand

Empfehlenswert ist die Besichtigung der Festungsanlage in Villafranca di Verona. Die Scaliger bauten im Mittelalter eine Verteidigungslinie, den **Serraglio**, gegen die Visconti, Herrscher von Mantua weit im Vorfeld von Verona, auf. Er verband Valeggio sul Mincio, Villafranca und Nogarole über 16 km miteinander.

Auf dem Parkplatz vor der Scaliger-Festung kann man problemlos mit dem Reisemobil stehen und übernachten.

Um das grüne und leicht hügelige Land hautnah kennenzulernen, empfiehlt sich eine **Radtour** von der Terra Bassa nach Mantua. Die Strecke ist nicht besonders anstrengend, dafür aber reich an Abwechslungen. Start ist Villafranca di Verona, wo das Reisemobil auf dem Stellplatz sicher abgestellt werden kann. Über eine kleine Landstraße geht es zum etwa neun Kilometer entfernten **Valeggio sul Mincio**. Hier empfiehlt sich eine kleine Rast, denn die **Trattoria Bue d'Oro**, Alessandro Sala 1, ist berühmt für ihre Küche. Nach Überquerung der bekannten Visconti Brücke in Borghetto radelt man weiter, immer in Nähe des Mincio, nach Góito. Vom nächsten Etappenpunkt, dem nahen Máglio, aus, gibt es einen Fahrradweg durch das **Naturschutzgebiet** des Mincio-Tals nach Cittadella, das nur wenige Kilometer vor der Gonzagastadt Mantua liegt. Die Fahrstrecke beträgt knapp 40 Kilometer in recht ebenem Gelände.

Ab Villafranca geht eine kleine Landstraße in nordwestliche Richtung nach Valeggio sul Mincio. Nach etwa 4,5 Kilometern zweigt eine Stichstraße nach rechts Richtung Custoza ab.

Interessant ist ein Besuch der **Schlachtfelder** von Custoza und Solferino. Daß es in dieser Gegend so viele Schlachten und kriegerische Auseinandersetzungen gegeben hat, hat seine Gründe: denn wer die Festung **Peschiera** am Südufer des Gardasees besaß, beherrschte das Einfallstor zur Lombardei und nach Venetien.

Der Ort **Custoza**, inmitten einer großen, fruchtbaren Landwirtschafts- und Weinbauregion, ist Schauplatz von mehreren blutigen Schlachten zwischen **Österreich** und dem aufständischen **Italien** gewesen. Im Jahre 1884 von Feldmarschall Radetzky und später, 1902, unter Erzherzog Ferdinand wurden die Italiener zweimal vernichtend geschlagen. Ein riesiger Obelisk überragt die Stätte der kriegerischen Ereignisse. Vor Ort steht zudem ein riesiges Beinhaus, in dessen Keller ergreifend Tausende von Gebeinen der getöteten Soldaten aufgestapelt sind.

Ossario, das Beinhaus von Custoza, ging auf die Initiative eines örtlichen Priesters zurück, der als Anerkennung für seine Arbeit von Österreich und Italien mit Orden ausgezeichnet wurde. Öffnungszeiten: November bis Februar 9–12, 14–16 Uhr, sonst nachmittags 15 bis 19 Uhr.

Valeggio sul Mincio 2

Etwa neun Kilometer westlich von Villafranca liegt das beschauliche Örtchen am Ostufer des Mincio.

Eine große Scaligerburg prägt das Ortsbild mit seinem hübschen Kern. Die besondere Attraktion ist jedoch der 500.000 m² große **Parco Giardino Sigurta**.

Der außergewöhnlich faszinierende Park entstand Anfang der vierziger Jahre. Der Industrielle Giuseppe Carlo Sigurta kaufte am Nordrand von Valéggio weitläufige Ländereien, die als unfruchtbares Brachland sehr preiswert waren. Durch Zufall entdeckte er bei den Kaufunterlagen – so die Legende –, daß er mit dem Kauf auch das hundertjährige Recht erworben hatte, das Land mit Wasser aus dem Mincio bewässern zu dürfen. Der begei-

Riviera und Toskana

sterte Botaniker verwandelte im Laufe von vierzig Jahren das hügelige Terrain in eine märchenhafte, mediterrane Landschaft mit sehenswerter Wald- und Wiesenflora und kleinen Teichen. Der Park zählt heute zu den **schönsten Gartenanlagen Europas**. Die Besichtigung auf einer sieben Kilometer langen, teils recht schmalen Einbahnstraße ist nur per Fahrzeug möglich, der Wagen kann aber für Spaziergänge auf einem der vielen Parkplätze im Gelände abgestellt werden. Einen detaillierter Lageplan gibt es an der Kasse, Picknick und Übernachtungen im Park sind verboten. Öffnungszeiten: März bis November täglich 9–19 Uhr, Eintritt etwa L. 30.000 pro Fahrzeug.

Um von Valeggio in den kleinen Vorort Borghetto di Valeggio sul Mincio am Westufer des Mincio zu gelangen, befährt man eines der eindrucksvollsten Monumente des 14. Jahrhunderts, die **Ponte Visconti** über den Mincio.

Giangaleazzo Visconti, Herr von Mailand, war nicht der erste Stratege, der den Mincio für seine Expansionspläne nutzte. Um Mantua buchstäblich auszutrocknen, ließ er im Jahre 1393 den Borghetto di Valeggio bauen, einen **riesigen Damm** quer durch das Flußtal, 600 Meter lang, 26 Meter breit und 10 Meter hoch, mit mächtigen Torbauten, langgezogenen Kurtinen

und 14 Türmen, die 1702 von den Franzosen größtenteils gesprengt wurden. Heute dient der nie fertiggestellte **Borghetto-Damm** als Brücke. Unterhalb dieser Brücke befindet sich eine malerische Wassermühle, und schöne mittelalterliche Häuser reihen sich den Flußlauf entlang.

Das Ristorante **Antica Locanda del Mincio** liegt direkt am Fluß in Borghetto; in einem historischen Haus mit Terrasse zum Fluß bietet es Spezialitäten der Region in ausgezeichneter Qualität an. Dienstagabends und mittwochs geschlossen.

➡️ Eine Landstraße führt in westliche Richtung von Vallégio sul Mincio direkt nach **Solferino**. Wenn in dieser Region eine direkte Verbindung angegeben ist, muß das noch lange nicht so sein: Die Straßen, sofern in der Karte überhaupt verzeichnet, sind klein, schmal und meist verwirrend ausgeschildert. Hier muß der Navigator am „Roadbook" sehr gut aufpassen.

Solferino 3

ℹ️ Ca. 12 km östlich von Castiglione und 25 km südlich von Sirmione. Tourist-Information: Piazza Torelli 1, Tel. 03 76/89 31 60.

Solferino, ein kleiner Ort dicht an einen bewal-

deten Hügel gedrängt, gilt als der Entstehungsort des **Roten Kreuzes** und als Synonym der Befreiung Italiens. Franzosen und Piemonteser hatten 1859 über die Besatzungsmacht Österreich gesiegt. Der Schweizer Kaufmann **Henri Dunant** war vom Anblick der 40.000 Toten und unversorgten Verwundeten nach der Schlacht von Solferino derart entsetzt, daß er alles daran setzte, eine unabhängige, internationale Hilfsorganisation mit rechtlich verbindlichen Grundsätzen zu gründen. Dies wurde mit Unterstützung von Genfer Bürgern, dem „Genfer Komitee der Fünf", realisiert, aus dem das spätere Internationale Komitee des Roten Kreuzes hervorging.

Im August 1864 wurde die „Genfer Konvention" einberufen, deren Artikel später Grundlage für ein humanitäres Völkerrecht wurden. Mehrere Marmortafeln – das **„Memoriale croce rosso"** – auf dem Burghügel von Solferino repräsentieren alle Länder, die Mitglieder beim Internationalen Roten Kreuz sind.

Museo Storico Risorgimentale, das Museum der Befreiungskriege, liegt an der Hauptstraße in der Ortsmitte von Solferino. Es informiert mit viel Nationalstolz über die militärische Geschichte Italiens in den Jahren von 1796–1870. Aus der Schlacht von Solferino

Riviera und Toskana

Denkmal für das Rote Kreuz in Solferino

im Jahre 1859 stammen die meisten Exponate. Öffnungszeiten des Museums: Di–So 9–12, 14 bis 17 Uhr, montags geschlossen, Eintritt etwa L. 2.000.

Neben dem Museum führt eine von Zypressen gesäumte Allee hinauf zum großen **Beinhaus** in der **Chiesa San Pietro**. Die Gebeine von 7.000 gefallenen Soldaten aller Nationen ruhen hier friedlich aufeinandergestapelt. Kein Anblick für schwache Nerven, aber mit Sicherheit ein beeindruckendes Mahnmal.

Eine steile Straße zieht sich hinauf auf den Burghügel. Auf der von Burggebäuden umgebenen großen Piazza Castello steht in der Mitte die Kirche **San Nicola di Bari** aus dem 17. Jahrhundert. Die alte Orgel und das Altarbild des Heiligen Nikolaus aus dem 18. Jahrhundert sind sehenswert. Die Rocca, ein mittelalterlicher Vierecksturm, beherbergt ein Museum, das zu denselben Zeiten wie das Beinhaus zu besichtigen ist. Der Turm trägt den Beinamen „Spia d'Italia" – Spion von Italien –, weil man von der Hügelspitze weit ins damals österreichisch besetzte Veneto sehen konnte.

Von Solferino führt eine Landstraße in westliche Richtung und trifft bei Crocevia di Medole auf die S.S.236, die direkt nach **Mantua** führt.

Mantua 4

40 km südlich von Verona. Tourist-Information an der Piazza Castello, mit freundlichem Service, Stadtführungen mit Innenbesichtigungen werden organisiert, Tel. 03 75/20 39.

Im nordwestlich gelegenen Ortsteil San Giorgio di Mantova gibt es einen ausgewiesenen Wohnmobilstellplatz mit Ver- und Entsorgung an der S.S.62/Via Motella. An der S.S.420 Parma-Mantua liegt ein weiterer, schon im Ort ausgeschilderter Stellplatz für Reisemobile mit Ver- und Entsorgungsmöglichkeit.

Die ehemalige Freistadt am Fluß **Mincio**, der breit wie ein See die Mauern der Gonzaga-Residenz umfließt, fasziniert den Besucher nicht nur mit seinen Kunstschätzen, sondern auch mit seinen stillen Straßen und intensiven Farben. Die wunder-

131

Riviera und Toskana

bare Altstadt von Mantua ist relativ klein, der Verkehr im Rest der Stadt dafür gewaltig. Die dunkelbraunen Ziegeln sind ein wunderschöner Blickfang. Die Gonzaga, jene reiche Herrscherfamilie, die mehrere Jahrhunderte lang das Geschick Mantuas bestimmte, förderte viele Künste – nicht zuletzt die des Kochens.

Mantuas Sehenswürdigkeiten liegen so geschickt angeordnet, daß man sie in Form eines Rundganges bequem besichtigen kann. Über Dom und **Palazzo Ducale** kommt man so zur Piazza delle Erbe mit der romanischen Rotonda di San Lorenzo. Der wuchtige Uhrturm Torre dell'Orologio und der mittelalterliche Palazzo della Ragione lohnen eine Besichtigung. Daran grenzt die Piazza Mantegna mit der großartigen Kirche **Sant'Andrea**, einem bedeutenden Denkmal der Renaissance. Die Via Accademia führt zum Teatro Scientifico, einem akademisch-wissenschaftlichen Theater von 1769. Mit dem Wohnmobil sind dagegen ohne Parkplatzsorgen andere Sehenswürdigkeiten wie der Palazzo d'Arco mit der Kirche San Francesco zu erreichen. Ebenso das Mantegna-Haus, die Kirche San Sebastiano sowie die Zweitresidenz der Gonzaga, der **Palazzo del Té**.

 An der kleinen **Piazza Mantegna** steht die gewaltige Kirche Sant' Andrea – ein gigantischer Renaissancebau mit gotischem Campanile, Riesenkuppel und turmhohem Eingangsportal, dessen Rundung sich in der Tonnenwölbung des monumentalen Innenraums fortsetzt. Dieser ist einschließlich der hohen Kuppel völlig mit Fresken ausgemalt, sogar die Kassetten an der Decke sind nicht echt, sondern eine raffiniert angelegte perspektivische Täuschung. In der ersten **Seitenkapelle** links liegt das Grab des Malers **Andrea Mantegna**, der den Palazzo Ducale und viele weitere Bauten ausgeschmückt hat. Zu sehen sind eine Grabplatte, eine Büste des Künstlers – wahrscheinlich von ihm selber gefertigt – und Gemälde seiner Schüler. Unter der Kuppel befindet sich ein achteckiges Deckengebilde mit niedriger Balustrade, in der Krypta darunter wird „Blut vom Leib Christi" aufbewahrt.

Der **Duomo San Pietro**, Via Carlo Poma 18, stellt eine seltsame architektonische Mischung aus mehreren Epochen dar. Eine klassizistische Fassade, der romanische

Kirche Sant'Andrea – Tonnengewölbe im Renaissancestil

Riviera und Toskana

Dom San Pietro

Campanile und gotische Teile wie die südliche Kapellenreihe sind an dem gewaltigen Sakralbau zu finden.

Neben dem Vatikan ist der Gonzaga-Palast **Palazzo Ducale**, Via Sordello 40, mit seinen über 500 Räumen, 15 Höfen und Gärten auf einer Gesamtfläche von 34.000 m² das größte Schloß Italiens. Älteste Teile sind die **Domus Magna** und der **Palazzo del Capitano** (um 1300), die neueren Gebäude sind bis Mitte des 16. Jh.s angebaut worden. Unbestrittener Höhepunkt eines Rundganges ist sicher die **Camera degli Sposi** mit den Fresken Mantegnas im Castello di San Giorgio. Leider ist nur ein geringer Teil der Räumlichkeiten zu besichtigen, dennoch ist ein Besuch unbedingt empfehlenswert. Öffnungszeiten: Eine Besichtigung ist nur vormittags möglich; Montag geschlossen, Eintritt etwa L. 12.000.

Der **Palazzo del Té**, Viale Té, wurde im Jahre 1525 von Frederico II. Gonzaga als prächtig ausgestattete Vergnügungsresidenz etwas außerhalb der Stadt in Auftrag gegeben. Öffnungszeiten: Oktober bis März, 9–12.30, 14.30–17 Uhr, April bis September 9–12.30, 14.30 bis 17 Uhr, Eintritt L. 12.000.

Das **Teatro Scientifico**, Via Accademia, ein Auftrag der Accademia del Timidi, ist ein prachtvoller barocker Theaterbau aus dem Jahr 1767. Das Eröffnungskonzert gab kein geringerer als Wolfgang Amadeus Mozart im zarten Alter von 14 Jahren. Öffnungszeiten: 9–12.30 Uhr, 15–17 Uhr, So geschlossen, Eintritt L. 1.000.

Den klassizistischen Bau des **Palazzo d'Arco**, Via Scarsellini, mit einer sehenswerten Sammlung an Möbeln und Bildern sowie dem bekannten Falconetto Saal sollte man unbedingt besichtigen. Öffnungszeiten: Di–So 9 bis 12, 15–17 Uhr, Eintritt L. 5.000.

Jeden Donnerstagvormittag finden auf allen vier Plätzen der Altstadt riesige Märkte statt.

L'Aquila Nigra, der Schwarze Adler in der Via Bonacolsi 4, ist eine der ersten Adressen in Mantua. Hier wird Regional- und Traditionsküche auf hohem Niveau kredenzt. Stilecht erscheint das Gast-

Riviera und Toskana

zimmer mit alter Holzdecke und freskengeschmückten Wänden. Menüs ab L. 60.000. Sonntag und Montag und im August geschlossen.

Ochia Bianca, Via Finzi 2, ist eine geschmackvoll eingerichtete Trattoria mit vielen **Nudelspezialitäten** der Mantovaner Küche, etwa Tortelli alla zucca, mit Kürbismus gefüllte Teigtaschen; im Sommer wird auch im Hof serviert. Montag und Dienstagmittag geschlossen.

Die S.S.10 führt direkt von Mantua ins ca. 54 km entfernt gelegene Cremona.

Cremona 5

A.P.T. Cremona, Piazza del Comune 5, Tel. 03 72/2 32 33.

Für die Museen gibt es im Touristbüro ein Sammelticket für etwa L. 5.000: Palazzo del Comune mit Violinensaal, Museo Stradivariano, Museo Civico, Museo di Storia Naturale und Museo della Civiltà Contadina. Alle fünf sind geöffnet von Di–Sa 8.30–18 Uhr, So 9.15 bis 12.15, 15–18 Uhr, montags geschlossen.

Wohnmobilstellplatz mit Ver- und Entsorgungsmöglichkeit in der Via Mantova, nahe am Stadion.

Campingplatz **Parco al Po**, an der S.S.10 Richtung Piacenza. Das Gelände ist von teils hohen Laubbäumen umgeben. Tel. und Fax 03 72/2 71 37.

Die einst gallische Siedlung befand sich ursprünglich auf der Insel eines Sees, der später trockengelegt wurde. Im Mittelalter war es eine freie Stadt, die jedoch im Laufe der Jahre immer wieder zerstört wurde. Heute ist Cremona ein landwirtschaftliches Zentrum in der fruchtbaren oberitalienischen Tiefebene. Seine Blütezeit mit herausragendem künstlerischen Schaffen erlebte Cremona im 15. Jahrhundert, als es zum **Herzogtum Mailand** gehörte. Bis zum „Risorgimento", dem Befreiungskrieg, war die Stadt im 18. und 19. Jh. von Franzosen und Österreichern hart umkämpft.

Cremona ist vor allem für seine Geigenbauer bekannt, die ab dem 16. Jahrhundert hochwertige Violinen und Violoncelli bauten. Weltberühmte Geigenbauer wie

Blick über Cremona

Riviera und Toskana

Andrea Amati mit seinen Söhnen und Neffen, **Antonio Stradivari** und **Andrea Guarneri** bauten Instrumente, die jeder Fachmann sofort an Aussehen und Klang erkennen kann. Die „Internationale Geigenbauschule", die leider nicht zu besichtigen ist, setzt diese klangvolle Tradition fort. In Cremona wurde auch der Komponist Claudio Monteverdi geboren (1567 bis 1643), Schöpfer der Opern „Orfeo" und „L'incoronazione di Poppea".

Sechs außergewöhnlich schöne Bauten umringen die **Piazza del Comune**, die als eine der großartigsten Italiens gilt. An ihr liegen alle wichtigen historischen Bauwerke von Cremona.

Unter anderem befindet sich der **Dom** an der Piazza del Comune. Dieser Prunkbau wurde im Jahre 1107 im lombardisch-romanischen Stil begonnen und später in gotischer Bauweise vollendet. Die Domfassade leuchtet in weißem Marmor und ist mit reichen Ornamenten verziert. Besonders erwähnenswert sind ein Fries aus der Schule des Antelami, eine Fensterrose aus dem 13. Jahrhundert, vier Säulenstatuen am Mittelportal und das Renaissance-Chorgestühl mit Intarsienarbeiten.

Torrazzo – das Wahrzeichen von Cremona

Das **Café Pierot** befindet sich direkt am Domplatz und wartet mit sehr gutem Eis und Sitzplätzen auf der Piazza auf.

Der **Torrazzo** ist das Wahrzeichen von Cremona. Der sechsstöckige Glockenturm, Ende des 13. Jahrhunderts erbaut, ist durch eine Galerie mit dem Dom verbunden. Von der 111 m hohen Spitze des höchsten Campanile Italiens hat man eine wunderbare Aussicht auf die Stadt. Die im Jahr 1471 angefertigte **astronomische Uhr** mit den auf ihr abgebildeten Sternen und Tierkreiszeichen gilt als besonders gut erhaltene Rarität.

Das **Museo Civico Stradivariano** befindet sich in der Via Palestro • 17. Der Meister **Antonio Stradivari** selbst weist als Statue den Eingang zu den Ausstellungsräumen. Es werden Modelle, Zeichnungen, Entwürfe und Handwerkszeug der Geigenbaumeister und jede Menge Instrumente ausgestellt. Eine echte Stradivari ist allerdings nicht unter den Exponaten. Öffnungszeiten unter Information.

Das im 13. Jahrhundert errichtete Rathaus von Cremona,

135

Riviera und Toskana

der **Palazzo del Comune** an der gleichnamigen Piazza, ist hauptsächlich wegen der „Saletta dei Violini" bekannt, in dem Originalinstrumente der wichtigsten Geigenbauer zu sehen sind.

Die **Osteria Porta Mosa**, Via Santa Maria in Betlem 11, ist ein rustikales Lokal mit groben Holztischen und Bänken, angemessenen Preisen und guter Küche; sonntags geschlossen.

Beim **Aquila Nera** in der Via Sicardo handelt es sich um ein etwas feineres Spezialitäten-Ristorante, wo jedoch auch handfeste Speisen wie die Kochwurst „Cotechino" mit Polenta oder Linsen serviert werden.

Jeden Mittwoch und Samstag findet auf der **Piazza Marconi** ein großer Lebensmittel- und Kleidermarkt statt.

Nicht nur als Kunst- und Geigenstadt ist Cremona bekannt: Auch die köstlichen **Zuckerbäckerwaren** genießen einen hervorragenden Ruf. Sie eignen sich sowohl als Mitbringsel als auch zum sofortigen Genuß. Besonders frisch und süß sind die von Lanfranchi, einem schon hundert Jahre bestehenden Bäckergeschäft in der Via Solferino 30.

COLIBRI GEHEIMTIP

Selbstverständlich können in der Stadt der Geigen auch Instrumente gekauft werden. Es muß ja nicht gerade eine Stradivari sein, aber über 90 Fachgeschäfte und **Geigenbau-Werkstätten** bieten Geigen von hervorragender Qualität an. In der Tourist-Information liegt die Liste „Liutai Cremonesi" mit Herstelleradressen aus. (B4)

Mit dem Verlassen von Cremona kehrt man auch der Lombardei den Rücken und gelangt auf dem Weg nach Piacenza in die Region **Emilia Romagna**.

Die S.S.10 verläßt Cremona in westliche Richtung und führt über Monticelli d'Ongina nach **Piacenza**.

Piacenza 6

Ca. 35 km südwestlich von Cremona. I.A.T., Piazzetta Mercanti 7, Tel. 05 23/ 32 93 24.

Die von **Ligurern** gegründete, später etruskische und dann galli-

Stradivari Statue vor dem Museo Civico Stradivariano

Riviera und Toskana

Piazza dei Cavalli in Piacenza

sche Stadt wurde unter den Römern zu deren Grenzfeste Placentia.

Dank ihrer Lage am schiffbaren Po und am Schnittpunkt bedeutender Straßen entwickelte sie sich im Mittelalter zu einem internationalen Handelsmarkt.

Ihre Sehenswürdigkeiten stammen aus zwei Epochen: aus dem Mittelalter, als ab dem 10. Jahrhundert die einheimischen Kaufleute und Handwerker in stolzem Selbstbewußtsein Bauten errichten ließen, sowie aus der Renaissance- und Barockzeit, als ab 1545 die **Farneser Herzöge** Bauwerke als Zeichen ihrer Macht ausbauten. Aus dem 11. Jahrhundert stammen die romanischen Kirchen Sant'Antonio, Sant'Eufemia und San Savino.

Der Dom von Piacenza entstand im 12. und 13. Jh. unter Mitwirkung der freien Gilden, die ihren Sitz im Komunalpalast, **Il Gotico**, hatten. Das ehemalige Rathaus auf der Piazza dei Cavelli ist ein lombardisch-gotischer Prachtbau aus dem Jahre 1280. Auffällig ist sein hochgezogener Sockel aus Marmor, auf dem das rote Backsteinmauerwerk des Obergeschosses ruht. Öffnungszeiten: Mo-Sa 9–18 Uhr, So 9.15–12.15 und 15 bis 18 Uhr.

Vor dem Kommunalpalast, dem **Palazzo del Comune**, einst Zentrum des römischen Castrum, befinden sich zwei barocke Reiterstandbilder der Farneser Herzöge.

Im Westen der Stadt steht die vornehme Renaissancekirche **Madonna di Campagna** von 1528 mit Fresken und Gemälden des Malers Giovanni Antonio Pordenone.

Im Norden stößt man an der Piazza Citadella auf den monumentalen **Palazzo Farnese** aus der Spätrenaissance, der das Museo Civico beherbergt. Neben Barockgemälden findet man hier die „Bronzeleber von Piacenza", eine etruskische Kultarbeit mit eingeritzten Götternamen. Gezeigt werden außerdem Gemälde aus Sammlungen mehrerer Museen, zum Beispiel Werke von **Botticelli**, aber auch archäologische Exponate, alte Karossen, Wappen und Waffen. Öffnungszeiten des Museums: Di–Sa 9–17.30 Uhr, Sonntag 9.15–12.30 Uhr, montags geschlossen.

Riviera und Toskana

Berühmte Cremoneser Geige

Barocke Kunst kann in der Galleria d'Arte Alberoni, moderne Kunst (19. und 20. Jahrhundert) in der **Galleria d'Arte Moderna Ricci-Oddi**, Via San Siro 13, besichtigt werden. Öffnungszeiten der Galerien: Di–Sa 9–18 Uhr, So 9.15 bis 12.15, 15 bis 18 Uhr, montags geschlossen.

Ein Bummel durch die schachbrettartig angelegte **Innenstadt** ist streßfrei und sehr angenehm, da der Kern des Zentrums autofrei ist.

Das **Ristorante Agnello**, Via Calzolai 2, unweit des Gotico, bietet zur Polenta von Esel über Pferd, Rind und Schwein alles, was das Herz des Fleischfreundes begehrt; montags geschlossen.

Antica Trattoria Santo Stefano in der Via Santo Stefano 22, einer Seitengasse der Via Scalabrini in der Nähe des Doms, ist ein rustikaler Familienbetrieb in uriger Umgebung mit guter, preiswerter Küche.

Der **Dom und Bischofspalast**, an der Piazza Duomo, wurde im romanischen Stil zwischen den Jahren 1122 und 1233, der Glockenturm erst im 14. Jahrhundert erbaut. Der Innenraum hat die Form eines **lateinischen Kreuzes** und ist mit interessanten Kuppelfresken ausgestattet.

Mittwochs und samstags findet der große Wochenmarkt auf der Piazza Cavalli und dem Domplatz statt.

In südliche Richtung verläßt man auf der S.S.654 Piacenza in Richtung Podenzano, um nach etwa 15 Kilometern das Künstlerdorf **Grazzano Visconti** zu erreichen.

Grazzano Visconti 7

15 km südlich von Piacenza an der S.S.654 nach Podenzano gelegen. I.A.T., Piazza del Biscione, Tel. 05 23/ 87 09 97.

Um eine alte Burg aus dem 14. Jahrhundert hatte Anfang dieses Jahrhunderts der **Graf Visconti**, Vater des berühmten Regisseurs Luchino Visconti, ein Dorf in mittelalterlich-romantischem Stil errichten lassen. Anlaß für dieses Projekt war der Wunsch nach Erhaltung traditionell überlieferter Handwerkskunst.

Mittlerweile wirkt das Dorf zwar romantisch, aber auch ein wenig unecht. Am Wochenende wird es von zahlreichen Touristen besucht. Kirchen und Theater, Rathaus und Restaurants sind heute idyllisch von Rosen und Efeu überwuchert.

Jeden zweiten Samstag im Monat findet ein großer **Kunsthandwerksmarkt** auf der Piazza del Biscione statt.

An der Piazza del Biscione befindet sich ein kleines **Oldtimer-Museum** für Autos und Motorräder. Die Öffnungszeiten sind unregelmäßig, daher am besten vorher bei der Tourist-Information nachfragen.

Sehenswert ist außerdem das **Instituto Giuseppe Visconti di Modrone**, südwestlich vom Zentrum gelegen, wo man der Fabrikation von hervorragenden Stilmöbeln zuschauen kann.

Eine kleine Landstraße in westliche Richtung zwischen Grazzano und Niviano verbindet die S.S.654 mit der S.S.45. Die Staatsstraße 45 begleitet ab Rivergaro in ruhiger Steigung die ihr entgegenkommende **Trebbia** in den Apennin. Man erreicht nach knapp 35 Kilometern den nächsten größeren Ort, **Bobbio**. Die Strecke ist kaum touristisch erschlossen und passiert kleine Dörfer sowie gelegentlich, wie beim **Castello di Montechiaro** in der Nähe von Cisiano, versteckte Sehenswürdigkeiten.

Bobbio 8

Südlich von Piacenza auf halbem Weg nach Genua an der S.S.45

Riviera und Toskana

gelegen. I.A.T., Piazzetta Santa Chiara 11, Tel. 05 23/93 24 19.

Vom frühmittelalterlichen, im Jahre 612 gestifteten Kloster ist heute noch die Kirche erhalten. Sie wurde im 7. Jahrhundert fertiggestellt, aber im 15. und 17. Jahrhundert nochmals umgebaut. In der Krypta liegt der irische Klostergründer **Columban** begraben, zu dem bis heute viele Iren pilgern.

Das benachbarte **Museo di San Colombano**, Piazzetta Santa Chiara, birgt außer dem Schatz des heiligen Columban und religiösen Objekten eine **elfenbeinerne Reliquie** mit dem harfespielenden David aus dem vierten Jahrhundert. Öffnungszeiten: Täglich von 9–12, 14.30–17 Uhr, Eintritt L. 3.000.

Am Domplatz und in der nahen Via Genova finden sich malerische alte Häuser mit Lauben. Über eine wellenförmig gestaltete Steinbrücke aus der Römerzeit, genannt „die Bucklige", erreicht man die **Thermen** von Bobbio mit ihren schwefel- und salzhaltigen Quellen. Saison ist in Bobbio von Mai bis Oktober.

➡ **Camping Ponte Gobbo**, Terme di Bobbio, Località San Martino Terme 4, 1, 5 Kilometer außerhalb von Bobbio, ganzjährig geöffnet.

➡ Die S.S.45 überwindet ab Bobbio in moderat zu fahrenden Steigungen und Tunnelstrecken den Apennin. Die landschaftlich reizvolle Strecke führt kurvenreich durch bewaldete Hänge mit artenreicher Vegetation über Ottone – wo kurz danach die Region Ligurien beginnt – und Montebruno nach **Torriglia**. Etwa sechs Kilometer hinter dem gut besuchten Gebirgskurort Torriglia mündet die S.S.45 bei Laccio in die S.S.225, die dann am 674 m hohen **Passo della Scoffera** in einem etwa zwei Kilometer langen Tunnel verschwindet. Nach weiteren fünf Kilometern – kurz hinter Bargagli – biegt in westliche Richtung eine Landstraße Richtung Doria, dem vermuteten Herkunftsort des Geschlechts der Doria, ab. Von der Abzweigung an folgt die Straße dem **Bisagno Fluß**, der 1996 die verheerenden Überschwemmungen in Genua verursachte. Die Straße führt weiter, unter der Autobahn A12 hindurch, auf einer steilen Straße am Sturzbach **Torrente Bisagno** entlang, hinunter in den Norden und das Zentrum von Genua.

Genua 9

ℹ A.P.T., Via Porta degli Archi 10, Tel. 0 10/54 15 41; A.P.T. Genua/Nervi, Via Roma 11, Tel. 0 10/57 67 91. Deutsches Generalkonsulat, Via San Vicezo 4, Tel. 0 10/59 08 41.

Die Geburtsstadt von **Christoph Columbus** ist heute die Hauptstadt Liguriens. Mit knapp 740.000 Einwohnern ist sie die größte Stadt der Region und wurde schon in vorrömischer Zeit durch regen Handel mit Griechen, Etruskern und Phöniziern bekannt. In den Punischen Kriegen stand sie – im Gegensatz zu den anderen ligurischen Städten – auf römischer Seite. Langobarden und Franken beherrschten im Mittelalter die Stadt, die später von Sarazenen zerstört wurde. Vom 11. Jahrhundert an entwickelte sie sich aber durch die Teilnahme an den **Kreuzzügen** zu einer bedeutenden See- und Kolonialmacht mit Besitztümern in Spanien, Sardinien und Korsika, Nordafrika, Griechenland, Kleinasien und am Schwarzen Meer. In diese Blütezeit fällt im Jahre 1243 die **Gründung der Universität**.

Mit der Entdeckung Amerikas durch den großen Sohn der Stadt, Christoph Columbus, büßte Genua seine Vormachtstellung auf den Weltmeeren ein, verlor dadurch auch seine Kolonien. Im Jahr 1796 starb mit dem **Einzug Napoleons** auch die genuesische Republik.

Heute ist Genua wichtigster italienischer Handels-

Riviera und Toskana

Panoramablick über Genua

hafen und ein **Industriestandort** mit den Schwerpunkten Stahlerzeugung, Schiff- und Maschinenbau sowie Erdölumschlag und -verarbeitung. Entsprechend industriell sieht Genua auf den ersten Blick auch aus. Viele Touristen nutzen in der Stadt nur den **Fährhafen** zur Überfahrt nach Sardinien oder Korsika.

Schon im 6. Jahrhundert v. Chr. hatten sich Ligurer auf dem 40 m hohen Castello-Hügel im Süden der heutigen Altstadt niedergelassen. Vom 10. Jahrhundert an wuchs dort der älteste Teil der Stadt mit der frühchristlichen, später romanisch umgebauten Kirche **Santa Maria di Castello**. Im angeschlossenen Dominikanerkloster aus dem 15. Jahrhundert sind besonders der zweite Kreuzgang und das Museum sehenswert. Der benachbarte Torre degli Embriaci ist als einziger der mittelalterlichen Geschlechtertürme nicht verkürzt worden. In der Via Giustiniani bestehen noch alte Handwerkerläden fort. Einen interessanten Gegensatz bildet das hochmodern gestaltete Museum der ligurischen Architektur und Skulptur im **Kloster Sant'Agostino**.

Im Osten führt die **Porta Soprana**, ein 1155 angelegtes Stadttor, aus der Altstadt hinaus; in unmittelbarer Nähe befindet sich das angebliche Haus des Kolumbus und der beim Abbruch eines Benediktinerklosters gerettete **Kreuzgang von Sant'Andrea** mit interessanten Säulenkapitellen aus dem 12. Jahrhundert.

Charakteristisch sind die **Straßenschluchten** von Alt-Genua; bis zu sechsstöckige Wohnhäuser sind hier über mehrere Kilometer hinweg eng aneinandergebaut.

Vom 16. bis zum 18. Jahrhundert hatten die einflußreichen genuesischen Familien in ihren Stadtpalästen viele Kunstwerke angesammelt. Mit dem Ende der ruhmreichen genuesischen Republik wurden viele Paläste verkauft und verfielen; die Kunstsammlungen zerstreuten sich.

Einige Gebäude aber konnten samt ihrer Inneneinrichtung gerettet und in Museen verwandelt werden, wie beispielsweise der **Palazzo Reale** in der Via Balbi 10. Öffnungszeiten des Palastes: Di–So 9–13 Uhr, montags geschlossen.

Riviera und Toskana

Der 1593 von den Grimaldis errichtete **Palazzo Spinola** an der Piazza di Pelliceria ist Sitz der **Galleria Nazionale** und beherbergt in den beeindruckenden, freskengeschmückten Räumen kostbare Kunstwerke von Giovanni Pisano, Anton van Dyck und Bernardo Strozzi. Öffnungszeiten: Di–Sa 9–17 Uhr, So 9–13 Uhr, montags geschlossen.

Sehenswert ist auch die reiche Sammlung japanischer, chinesischer und siamesischer Kunstwerke im **orientalischen Museum** „E. Chiossone" am Rande des botanisch interessanten Stadtparks der Villetta di Negro zwischen Piazza di Porto und Piazza Corvetto. Öffnungszeiten des Museums: Di–Sa 9–17, So 9–13 Uhr, montags geschlossen.

Nicht verpassen sollte man natürlich eine **Hafenrundfahrt** und einen Bummel durch das Hafenviertel. Der Genueser Hafen mit seinem Wahrzeichen, dem Leuchtturm „Laterna", gilt als einer der interessantesten der Welt. Hier gibt es Handelsschiffe, Kriegsschiffe, Luxusliner und Werften zu entdecken. Bei einer Rundfahrt erlebt man die drei Häfen, die nebeneinander liegen, am intensivsten: den Haupthafen **Porto Vecchio** – den „alten Hafen" aus dem Jahre 1250. Der neue Hafen, **Porto Nuovo**, ist auch bereits hundert Jahre alt; außerdem ist der **Kriegshafen Avamporto** interessant. Abfahrt zur einstündigen Bootsrundfahrt ist alle 30 Minuten: Cooperativa Battellieri, Calata degli Zingari, Kosten etwa L. 10.000.

Zu Fuß läßt sich das Hafenerlebnis noch steigern. Einfach mal die Passeggiata Lungomare entlang spazieren! Dies ist eine breite Uferstraße, die den **Corso Marconi** und den **Corso Italia** umfaßt. Die Gäßchen im Hafenviertel, die „Carugi", bestehen aus schlichten Kneipen, raffinierten Feinschmeckerlokalen, Schuhgeschäften und Pizzerien, obskuren Läden und schicken Boutiquen, engen Durchgängen und winzigen Plätzen. Hier herrscht immer ein heilloses Gedränge und Geschiebe. Abends sollte man hier außerdem nicht unbedingt alleine entlangschlendern.

Den Höhenunterschied von rund 300 Metern zwischen dem Meer und den hoch am Berghang gelegenen

Der Hafen von Genua – heute der wichtigste Handelshafen Italiens

Riviera und Toskana

Vororten überwinden mehrere **Zahnradbahnen**, sogenannte Funicolari: vom Largo della Zecca zum Rhigi, vom Bahnhof Principe nach Granarolo und von der Piazza Portello zur Via Bertani. Zusätzlich existieren noch zehn Fahrstühle. Einer führt von der Piazza Portello zur Spianata Castelletto, wo sich ein herrlicher Blick auf die Altstadt und das alte Hafenbecken eröffnet. Die Fahrt kostet L. 500.

🅿 Der ausgewiesene Wohnmobilstellplatz befindet sich in der Via Molassana 169, in der Nähe der AGIP-Tankstelle, wo auch Ver- und Entsorgung möglich ist.

Mehrere gute Restaurants liegen in der Altstadt: z.B. **Trattoria Marino e Carlo** – außen steht Trattoria Casalinga –, Via Salita Pollaioli 17r, typische Trattoria-Einrichtung, gute Küche mit Fischspezialitäten in allen Varianten. Montags geschlossen.

Im **Da Genio**, Salita San Leonardo 61r, sollte man sich die ortstypischen Spezialitäten wie Fisch-Ravioli oder Schnitzel mit Pinienkern-Oliven-Sauce nicht entgehen lassen. Sonntags geschlossen.

Tramezzinoteca Da Franco, Via degli Orefici 25r, ist ein uriger Stehimbiß in Hafennähe.

Das Haus des Christoph Columbus'

Ein traditionsreiches Café ist „**Klainguti**" an der Piazza Soziglia: Es wurde bereits 1828 von Schweizern gegründet.

Floh-, Bücher- und andere sympathische Kleinkrammärkte findet man täglich an der Piazza Lavagna, der Piazza Banchi und der Via Gramsei.

Pons slr, in der Via Funtanin 1, Tel. 0 10/ 3 99 17 88.

Auf der berühmten Via Aurelia, der Straße des Zensors, amtlich die S.S.1, geht es von Genua aus weiter in östliche Richtung entlang der Riviera.

Das Gestade links und rechts von Genua heißt schlicht **La Riviera**, zu deutsch: die Küste. Von den Geographen wird sie präziser die Ligurische Küste genannt, nach dem Volksstamm der Ligurer, die dort einst wohnten. Westlich von Genua heißt sie **Riviera di Ponente** mit Orten wie Alassio und San Remo, östlich von Genua **Riviera di Levante** mit Portofino und La Spezia. Die Zusätze „ponente"

143

Riviera und Toskana

Piazza dei Ferrari in Genua

und „levante" bedeuten nichts weiter als „westlich" und „östlich". Die Riviera di Levante reicht von Genua bis La Spezia. Durch ihre wilde Steilküste wirkt sie landschaftlich besonders ursprünglich und großartig.

Für Wohnmobile gibt es hier allerdings nur wenige Park- und Übernachtungsplätze. Die Fahrt lohnt sich dennoch, denn man findet hier noch enge, altertümliche Dörfchen, deren Häuser wie hingemalt an den Felswänden kleben, und auch zahllose **Buchten und Grotten**, die sich für Sporttaucher ebenso eignen wie für verträumte Romantiker.

Ab **La Spezia** schließt sich bis Viareggio die **Riviera di Versilia** an.

Sie hat die breitesten Sandstrände und den süßesten Wein. Nicht nur sensible Gemüter schätzen die sanfte Schönheit dieser Landschaft zwischen Ligurien und der Toskana. Hier kann man stundenlang durch lichte, alte Pinienwälder spazieren.

➡️ Nächste Station auf der Tour ist jedoch zunächst der Genueser Vorort **Nervi** an der S.S.1 in Richtung Rapallo.

Ein beliebtes Strandbad und Tauchsportzentrum ist dieser Vorort von Genua – aber dennoch wesentlich ruhiger als die Stadt selbst. In vielen Gärten und im Stadtpark wachsen exotische Pflanzen wie Eukalyptus, Oliven und Orangen. Eine geschlossene Felswand im Rücken des Ortes sorgt für ein ungewöhnlich

mildes Klima. Besonders reizvoll ist die anderthalb Kilometer lange, in den Fels gehauene **Promenade** über dem steinigen Strand. Auch die Ortsausfahrt in Richtung Rapallo auf der alten Via Aurelia hat ihren eigenen Reiz. Sie geht als kurvige, einspurige Ortsdurchgangsstraße an märchenhaften Privatgrundstücken, exotisch-mediterranen Gärten und Ferienvillen aus allen Jahrhunderten vorbei.

➡️ Die S.S.1 führt über über Recco nach Camogli.

Camogli   10

ℹ️ An der S.S.1, nur wenige Kilometer westlich von Rapallo. Azienda Turismo, Via XX Settembre, Camogli, Tel. 01 85/77 10 66.

Riviera und Toskana

Camogli ist eine interessante Mischung aus lebendiger Hafenstadt und sorgfältig restaurierter Historie an der Halbinsel von Portofino.

Mit Sicherheit ist es einer der schönsten Küstenorte der ganzen Region. Das eher städtisch wirkende Ambiente zeigt sich lebhaft und farbenfroh. Ungewöhnlich ist vor allem die Architektur. Reihen von sechs- und siebenstöckigen Häusern direkt am Meer, Wolkenkratzer aus der vorindustriellen Epoche geben Camogli ein einzigartiges Aussehen.

Der ursprüngliche, **mittelalterliche Ortskern** mit Kirche und Burg und den angrenzenden, noch heute sehr verwinkelten Straßen am Ufer, befindet sich auf der Halbinsel.

Die Kirche **Santa Maria Assunta** liegt so exponiert vor dem Ort auf einer Halbinsel, als hätten ihre Erbauer schon an fotografierende Touristen gedacht. Unglaublich erscheint die Tatsache, daß der Ort im 19. Jahrhundert zu den bedeutendsten Seefahrerstädten Europas zählte. In der Hochzeit nannte Camogli nahezu tausend Schiffe sein eigen, etwa doppelt soviel wie Genua.

Der Aufschwung hatte mit massiven Investitionen der Camoglieser Reeder um 1800 begonnen. 1852 gründete ein gewisser Nicolo Schiaffino die „**Camoglieser Seefahrts-Versicherungsgesellschaft**", bei der man sich gegen alle Formen von Seeunfällen versichern konnte – das erste derartige Unternehmen auf der Welt.

COLIBRI GEHEIMTIP

Camogli ist der beste Ausgangspunkt für Tageswanderungen im Gebiet des **Promontorio di Portofino**. Ein herrlicher Küstenwanderweg führt von Camogli zu den Klippen der **Punta Chiappa** mit alten Geschützstellungen aus dem Zweiten Weltkrieg und weiter in die Klosterbucht San Fruttuoso; die Tour dauert etwa vier Stunden. Der Küstenpfad weist ab Punta Chiappa allerdings einige Schwierigkeitsgrade auf; festes Schuhwerk ist ratsam. Eine weniger anstrengende Route verläuft von San Rocco direkt zur Abtei San Fruttuoso. (E1)

Bar-Pasticceria Agnelli, Via XX Settembre 50, in der

Blick auf Camogli

Riviera und Toskana

Nähe des Bahnhofs, hält sehr guten Kaffee und morgens warme Brioche bereit.

Die **Trattoria Il Brochetto**, Via P. Rosso 33, ist einfach, preiswert und hält gute Gerichte bereit.

Höhepunkt der Festivitäten Liguriens ist ohne Zweifel das Fest **Sagra di Pesce** in Camogli. Am zweiten Mai-Sonntag findet jährlich zu Ehren des **Schutzheiligen Fortunatus** in Camogli ein großes Fisch-Volksfest statt. In riesigen Pfannen, die mittlerweile weltberühmten Camogli-Pfannen mit vier Metern Durchmesser und 500 l Fassungsvermögen, werden alle Köstlichkeiten des Meeres gebraten und an die Bevölkerung und Gäste kostenlos verteilt.

Die Stella Maris, eine große **Bootsprozession** mit geschmückten Schiffen zum Punta Chiappa, findet am ersten Sonntag im August statt.

Mit Recht ist das Gebiet um den **Monte Portofino** zum Naturschutzgebiet erklärt worden. Es ist eine der landschaftlich schönsten Ecken in ganz Italien. Und vom 310 Meter hohen Gipfel des Portofino-Berges hat man einen der schönsten Ausblicke im ganzen Land. Die Halbinsel von Portofino besitzt nur an der Ostküste eine Fahrstraße, die zum Ort Portofino hinunterführt. Westlich davon gibt es lediglich Berge, Pfade und ein paar Dörfer.

Wenn man zum Monte Portofino, zum alten und zum neuen Leuchtturm wandern will, fährt man zum Villenort **Ruta** – zwischen Camogli und Santa Margherita – und nimmt dort die gebührenpflichtige Privatstraße nach Süden zur **Albergo Portofino Vetta**.

Schon hier gibt es die erste prachtvolle Aussicht – nach Westen bis Genua, im Südosten bis **Portovenere**. Bei der Albergo Portofino Vetta endet die Autostraße.

Nun geht es zu Fuß weiter zum Gipfel. Bei schönem Wetter sieht man sogar die Umrisse von **Korsika**. Allerdings sind Parkplätze im ganzen Gebiet, zumindest während der Hauptsaison, rar. Als Alternative ist eine preisgünstige Anfahrt mit dem Zug ab Camogli in das Wandergebiet zu empfehlen.

Panorama vom Monte di Portofino

Riviera und Toskana

Der Hafen von Portofino

Ein schmackhaftes Gericht einnehmen kann man im **Ristorante Aurelia** in Ruta, Via Aurelia 249; dort wird man mit ländlicher und preiswerter Traditionsküche auf hohem Niveau verwöhnt.

Nach Camogli steigt die Via Aurelia steil an und führt durch **San Lorenzo** nördlich am Monte Portofino vorbei. In leichten Serpentinen führt sie dann abwärts nach **Rapallo**, wobei die ganze Strecke einen traumhaften Ausblick auf den gesamten Küstenverlauf nach Osten hin bietet.

Rapallo 11

Ungefähr 45 km östlich von Genua. Azienda Turismo, Via Diaz 5–9, Tel. 01 85/ 5 12 82.

Hier in der geschützten Lage im **Golfo Tigullio** mit seinem überaus milden Klima traf sich früher im Winter alles, was reich und adelig war. Noch heute prägen die Nobelherbergen vergangener Tage das mondäne Stadtbild. Der Dom an der **Piazza Cavour** stammt aus dem 12. Jahrhundert, aber seine Fassade wurde im Jahre 1857 auf nicht unumstrittene Art restauriert.

Bemerkenswert ist der **Campanile** aus dem 18. Jahrhundert: nicht ganz so schief wie der Turm von Pisa, aber doch merklich geneigt. Die spätrömische Brücke heißt **Ponte di Annibale**. Feldherr Hannibal soll angeblich einmal darübermarschiert sein. Sehenswert ist auch das mittelalterliche Stadttor Porta Saline, das westlich an der Promenade **Lungomare Vittorio Veneto** steht.

Geschichtlich bekannt ist der Ort durch den **Rapallo-Vertrag**, der 1922 in der Villa Spinola unterzeichnet wurde. Rußland und Deutschland nahmen damit wieder diplomatische Beziehungen auf.

Camping **Miraflores**, Via Savagna 12, Rapallo, Tel. 01 85/ 26 30 00, ist mit Wohnmobilstellplätzen und Ver- und Entsorgungsanlage ausgestattet und verfügt über teils hohe Laubbäume. Camping **Rapallo**, Via S. Lazzaro 6, ist ruhiger als der nahegelegene Miraflores und unter deutschsprachiger Leitung. Tel. 01 85/ 26 20 18.

Zum Schutz gegen Überfälle der Sara-

Riviera und Toskana

zenen wurde im Jahr 1551 das kleine **genuesische Castello** am Hafen von Rapallo errichtet. Vom Fischereihafen aus kann man für ca. L. 12.000 Motorbootausflüge nach Portofino und San Fruttuoso unternehmen.

COLIBRI GEHEIMTIP

Elf Kilometer nördlich, in 612 m Höhe, liegt die Wallfahrtskirche **Madonna di Montallegro**. Man erreicht sie von Rapallo aus nicht mit dem Wohnmobil, da die gewundene Straße sehr eng ist. Bequemer als zu Fuß kann man aber mit der Schwebebahn hinaufkommen. Die Station befindet sich im nordöstlichen Ortsteil am Übergang der Via Maggiocco in die Via Castagneto. Von hier und den umliegenden Hügeln ist die **Aussicht über den Golf** besonders reizvoll. (E2)

Gute, preiswerte Küche gibt es im **Ristorante Nicola**, Via Mameli 79, nahe der Piazza Cavour.

Im Ristorante **La Goletta**, Via Margenta 28, kann man gutes Essen und köstliche Weine in netter Atmosphäre genießen.

Jeden Donnerstag ist auf der **Piazza Chile** ein großer Wochenmarkt. Hier gibt es mit Lebensmitteln, Obst- und Gemüse sowie Kleidung und günstigen Lederschuhen alles, was das Herz begehrt.

Wenige Kilometer südlich von Rapallo liegt **Santa Margherita Ligure**. Das inmitten üppigster Vegetation gelegene Städtchen hat sich seit dem vorigen Jahrhundert völlig dem Luxus-Tourismus verschrieben. Seinem Ruf entsprechend reihen sich Nobelhotels an teure Boutiquen und Restaurants.

Noch erschwinglich ist das Ristorante **Baicin**, Via Algeria 5, ein freundlicher Familienbetrieb mit Spezialitäten aus dem Meer und dem Holzofen; montags Ruhetag.

Das **Il Frantoio**, Via Giuncheto 23 A, ist eine urige Trattoria in einer ehemaligen Mühle mit guter Küche und mäßigen Preisen; dienstags geschlossen.

Caffè Colombo, Via Pescino 13, ist eines der **schönsten Kaffeehäuser** der gesamten Küste. Hier haben die Schönen, Reichen und Prominenten schon ihren Kaffee getrunken und Kuchen genossen.

Einer der optisch reizvollsten Flecken der Riviera ist und bleibt **Portofino**. Den Ort sollte man am besten mit dem Stadtbus von Rapallo aus besuchen. Die Straßen sind eng und schmal, dazu ständig überfüllt und es gibt so gut wie keine Parkmöglichkeiten für Reisemobile in Portofino.

Das frühere und jetzige Mekka der Reichen hieß bei den Römern **Portus Delphini**. Die Bezeichnung geht auf die seeräuberischen Aktivitäten der Einwohner zurück, die blitzschnell wie die Delphine angriffen. Heute ist der Ort einer der fotogensten und auch teuersten Plätze der gesamten Riviera. In der **idyllischen Bucht** liegen Traumschiffe und teure Segelyachten neben wenigen schlichten Fischerbooten. Nicht nur Maler, Dichter und Romantiker waren seit jeher von der Schönheit dieses Fleckchens Erde fasziniert.

Wieder zurück auf der Via Aurelia verläuft diese ab Rapallo kurvenreich und malerisch an der Küste entlang. Die nächste größere Stadt ist nach etwa 12 Kilometern **Chiavari** an der Mündung des Entella-Flusses. In Chiavari herrscht ein generelles Übernachtungs- und Parkverbot für Reisemobile. Nach weiteren acht Kilometern gelangt man in den Kurort **Sestri Levante**.

Die Steilküste der Cinque Terre

Riviera und Toskana

Sestri Levante   12

ℹ️ 80 km östlich von Genua. Tourist-Information: Via XX Settembre 33, Tel. 01 85/ 4 14 22.

🅿️ Am nördlichen Ortsrand befindet sich in ruhiger Lage ein befestigter Großraumparkplatz, auf dem Übernachten mit dem Reisemobil gestattet ist.

Das Städtchen geht auf den römischen Hafenort Segestra Tigulliorum zurück und wurde wegen seiner **malerischen Lage** schon von Dante in der „Göttlichen Komödie" und vom Märchenerzähler Hans Christian Andersen gerühmt. Es liegt auf einem flachen Bergsattel, von dem eine bewaldete Landzunge ins Meer vorspringt und die beiden **reizvollen Badebuchten** des Ortes – eine sandige im Norden und eine kiesige im Süden – trennt.

Das touristische Zentrum von Sestri ist die Nordbucht mit dem **Giardino Pubblico**, dem Stadtpark.

An der Piazza Matteotti steht die sehenswerte barocke Pfarrkirche **Santa Maria di Nazareth**, erbaut zwischen 1604 und 1616. Im Innern sind berühmte Gemälde zu bewundern, z. B. der „Tod des heiligen Josef" von Orazio de Ferrari von 1640.

Da Sestri relativ zentral zwischen Genua und La Spezia gelegen ist und einen stark frequentierten Bahnhof hat, sind alle Küstenorte von hier aus in weniger als einer Stunde bequem zu erreichen.

Jeden Samstag ist Markttag auf der Piazza del Mercato.

Ristorante **Buon Geppin**, Corso Colombo 53. Die ruhige und preisgünstige Pizzeria bietet sehr gute, einheimische Küche.

Ristorante **Don Luigi**, Viale Rimembranza 36, ist eine freundliche und preiswerte Pizzeria mit guter Küche. Nur abends ab 17 Uhr geöffnet.

➡️ Die S.S.1 steigt hinter Sestri zum Passo del Bracco, etwa 11 Kilometer im Landesinneren, an. Alternativ zweigt im Ortsteil Pila eine kleine Küstenstraße ab, die über Riva Trigoso nach Moneglia führt. Diese Straße ist wegen enger **Tunneldurchfahrten** bis Deiva Marina nur für kleine Wohnmobile mit maximaler Höhe von zwei Metern geeignet. Alle größeren Fahrzeuge müssen auf der Via Aurelia bleiben, bis **Moneglia** ist die Zufahrt möglich.

Der stille Badeort Moneglia besitzt zwei, von einer Felsnase getrennte Badebuchten, eine steinige im Norden und eine sandige im Süden. Der Ort mit freundlicher Altstadt wird von zwei genuesischen Kastellen überragt: dem **Castello di Monleone** aus dem Jahr 1173 und dem wenig später errichteten **Castello di Villafranca**.

Preisgerechte und gute Küche findet man in der **Antica Osteria da „U Limottu"**, Piazza Marengo 13.

Camping **La Smeralda** liegt außerhalb, Richtung Riva Trigoso, und ist durch den Tunnel – auf Höhenbegrenzung achten!! – zu erreichen. Der Platz bietet einen traumhaften Meerblick.

➡️ Nach dem Passo del Bracco zweigt von der Via Aurelia die Landstraße S.S.332 ab und führt in südliche Richtung nach Levanto.

Auf dem Weg nach Levanto erreicht man an einer von Weinbergen umgebenen Bucht den freundlichen, ruhigen Ort **Bonassola**. Er wird von einem alten Fort überragt, hat einen breiten Sandstrand und wird meist von italienischen Familien besucht. Ein Bummel durch den Ort ist empfehlenswert.

🅿️ Auf dem ehemaligen Eisenbahndamm direkt am Strand kann man in ruhiger Umgebung mit dem Wohnmobil übernachten.

Riviera und Toskana

Brandung in Levanto

> **COLIBRI GEHEIMTIP**
>
> In der Via Matteotti 8 gibt es ein kleines Lebensmittelgeschäft „**Alimentari Fehrer-Ardoino**", dessen nette deutschsprechende Besitzerin gerne Auskünfte über den Ort und die Umgebung erteilt. (F2)

 Ristorante und Pensione „**L'Ancora**", Via G. Ganieri 18, lädt mit seinem preiswerten und guten Abendtisch zum Verweilen ein.

Nach einer kurzen Fahrt erreicht man **Levanto**. Der kleine, aber elegante und doch preisgünstige Badeort besitzt eine sehr malerische, von mittelalterlichen Mauerresten eingefaßte **Altstadt**, durch die man gerne schlendert.

Levanto ist eine **antike Seefahrerstadt** mit breitem Sandstrand, die dem gesamten Küstenabschnitt ihren Namen gegeben hat. Für Reisemobile der ideale Ausgangspunkt für Ausflüge in die **Cinque Terre**. Weiterführende Informationen erhält man in Levanto beim A.P.T., Casino Municipale, Piazza Colombo 12, Tel. 01 87/ 80 71 75.

P Am Ortsanfang, in der Nähe des Bahnhofs, gibt es einen extra ausgeschilderten Reisemobilstellplatz mit einer Ver- und Entsorgungsanlage. Gebühr etwa L. 15. 000 pro Tag.

 Direkt neben der Loggia del Comune, Piazza del Popolo 7, befindet sich das Ristorante „**La Loggia**",

ein lauschiges Restaurant mit guter Küche.

 Vom 23. bis 25. Juli findet jährlich das Fest des heiligen Giacomo mit Prozessionen und Volksfest statt. Auch am Fest der **Madonna della Guardia** am 30. August werden eine Prozession und ein Volksfest veranstaltet.

> **COLIBRI GEHEIMTIP**
>
> Folgt man zu Fuß der Strandpromenade auf dem alten Bahndamm nach Westen bis zum, mit einer Schranke verschlossenen, Tunneleingang auf der westlichen Seite, gelangt man nach etwa 100 Metern durch eine der Seitenöffnungen des Tunnels zu einem kleinen, versteckten **Sandstrand**. (F2)

Riviera und Toskana

An der Piazza del Popolo kann man die **Loggia del Comune** aus dem 13. Jahrhundert und den Uhrturm Torre dell'Orologio besichtigen. Auf der Ostseite steht die sehenswerte Casa Restani. Von dort geht es über die Via Toso auf einen Hügel, auf dem sich die gotische **Pfarrkirche Sant'Andrea** mit ihrer wunderschönen Fassade befindet.

Die Kirche Sant'Andrea ist der Ausgangspunkt für einen herrlichen **Küstenwanderweg** zu den **Cinque Terre**. Durch Macchiabüsche und Pinienwälder geht es über Punta Mesco nach Monterosso. Die Wanderung dauert etwa zwei Stunden und ist nicht sehr anstrengend.

Etwa 500 Meter nach der Kirche kommt man an das Ristorante **La Giada del Mesco** in der Via al Mesco. Die gemütliche Kneipe mit guter Küche hat eine Terrasse mit wunderschönem Meerblick.

Camping **Acqua Dolce Stefanini**, Via Guido Semenza am östlichen Ortsrand, hat separate Reisemobilstellplätze und Ver- und Entsorgungsmöglichkeiten.

Auf der S.S.1 Richtung La Spezia gelangt man zu der Region Cinque Terre, einer der malerischsten Gegenden des nördlichen Italiens.

Cinque Terre 13

Monterosso al Mare, Pro Loco im Bahnhofsgebäude, Tel. 01 87/ 81 75 06.

Via Aurelia und die Autostrada machen einen großen Bogen um diesen knapp 10 Kilometer langen Küstenstrich an der Riviera di Levante. Nur über kleine Stichstraßen gelangt man zu den von Fischern und Sciachetra-Weinbauern bewohnten Orten. Ein Geheimtip sind sie nicht mehr, die Cinque Terre – die „**Fünf Gemeinden**". Doch dank ihrer Abgeschiedenheit haben die fünf Orte an der Ligurischen Küste unweit von La Spezia ihre Ursprünglichkeit bewahrt. Sie drängen sich mit schmalen, bunten Häusern eng an die Felsen. Selbst die Eisenbahn nimmt Rücksicht auf die bizarre Landschaft und fährt meist im Felstunnel. Ans Tageslicht kommt sie nur an den fünf Bahnhöfen. Pinien, Zypressen, Oleander und die wilde

Zweisamkeit am Strand

Riviera und Toskana

Der Strand von Monterosso

Mittelmeermacchia sind ständige Begleiter bei Wanderungen durch die Cinque Terre, bei denen meist nur die Brandung des Meeres und das fröhliche Zwitschern der Vögel zu hören ist.

Monterosso ist der nördlichste, größte und touristisch am meisten frequentierte Ort der Cinque Terre, der dazu als einziger über einen Sandstrand verfügt. Das Meer ist hier auch recht wild, in dem kleinen Dorf geht es aber noch recht beschaulich zu. Nobelrestaurants oder Edelboutiquen sind nicht zu finden, dafür einfache Trattorien mit köstlichen, wenn auch nicht ganz billigen Fischgerichten. Die Spezialität sind hier die **Datteri di mare**, eine besonders wohlschmeckende Muschelart. Dazu paßt hervorragend der würzige Weißwein, der auf schwindelerregenden, bis dicht ans Meer hinunterreichenden Terrassen reift; man sollte ihn kosten.

Das **Ristorante Belvedere**, Piazza Garibaldi 36, ist eine bekannte Adresse für Spezialitäten vor der Altstadt.

Etwa drei Kilometer oberhalb von Monterosso ist die **Abtei Nostra Signora di Soviore** zu finden. Nach einem schmackhaften Essen bei den Schwestern kann man von dort auf einem in 700 m Höhe verlaufenden Eselspfad durch erfrischend kühle Wälder in etwa eineinhalb Stunden nach **Vernazza** wandern.

Am **Fußballstadion** von Monterosso liegt ein ausgewiesener Wohnmobilstellplatz mit einer Ver- und Entsorgungsanlage.

Auf steilen Treppen steigt man hinab nach **Vernazza**. Der alte Ort bedeckt einen ins Meer vorspringenden Felsgrat und ist der stimmungsvollste der Cinque Terre. Hinter der Kirche aus dem 14. Jahrhundert zieht sich die Hauptstraße des Dorfes in einem ehemaligen Bachbett hin.

Der Bach wird in zwei, durch den Felsgrat geschlagene Tunnel abgeleitet. Durch den Antro del Diavolo, die „Teufelshöhle", wie der Tunnel genannt wird, brandet das Meer bis in den Ort hinein. Sehenswert ist der Ausblick von den Ruinen der **mittelalterlichen Festung**.

Schräg gegenüber **Alimentari** und

Riviera und Toskana

Vernazza – stimmungsvoller Ort der Cinque Terre

Metzgerei liegt in der Via Roma 31 das Ristorante „**Il Baretto**", eine einfache, aber gute und preisgünstige Pizzeria.

Der Nachbarort südöstlich von Vernazza ist **Corníglia**. Dies ist das einzige Dorf der Cinque Terre, das keinen direkten Zugang zum Meer hat. Um den Ort zu erreichen, muß man eine lange Treppe vom Bahnhof emporsteigen. Die aus Felsbrocken errichteten Häuser des Weinbauerndorfes scharen sich um die gotische **Kirche San Pietro** aus dem Jahr 1335.

Manarola wurde im 12. Jahrhundert gegründet und liegt an einem engen Taleinschnitt südöstlich von Corniglia. Die bunten Häuser kleben dreißig Meter direkt über dem Meer auf einer geologisch höchst interessanten Felsformation. An ihr kann man deutlich die schmalen **Schichtungen** und immensen **Verwerfungen** des Küstengebirges erkennen.

Es gibt keinen richtigen Hafen, weshalb in die aus dem Meer emporragenden Felsen **Rutschen** gemeißelt wurden, um die Fischerboote an Land ziehen zu können.

Riomaggiore ist das südlichste Dorf der Cinque Terre. Malerisch aus einer **engen Schlucht** aufsteigend, werden die Häuser von der Pfarrkirche überragt. Die **Via dell'amore** gilt immer noch als der romantischste Abschnitt der Cinque Terre, auch wenn sie mittlerweile bekannt und ausgetreten ist wie ein alter Schuh. Der „Liebespfad" führt ab dem Badestrand von Riomaggiore ungefähr einen Kilometer an der Steilküste zwischen Manarola und Riomaggiore entlang. Eine Alternative für gute Wanderer ist der oberhalb gelegene **Höhenweg**, der die Wallfahrtskirchen der fünf Dörfer miteinander verbindet. Er verläuft weiter über die kleine Ortschaft Le Grazie bis nach **Portovenere** am südlichen Ende des Küstenstreifens. Über steile Pfade und viele Treppen führt er in luftige Höhen; der Wanderer hat stets das Traumpanorama der zerklüfteten ligurischen Küste vor Augen.

➡ Bei Carrodano erreicht die Bergstraße von Levanto zur Autostrada nach etwa 12 Kilometern wieder die Via Aurelia. Von dort geht es kurvenreich nach La Spezia hinunter.

Malerisches Riomaggiore

Riviera und Toskana

Der Hafen von La Spezia

La Spezia 14

Ca. 130 km südöstlich von Genua an der S.S.1, ca. 100 km südwestlich von Parma. Ente Provinciale per il Turism, Viale Mazzini 47, Tel. 01 87/77 09 00.

Der wichtigste **Marinehafen** Italiens hat sein Stadtbild im Laufe des 20. Jahrhunderts stark verändert. Nachdem die Bomben des Zweiten Weltkrieges das alte La Spezia zerstört hatten, wurde es von Osten in moderner und zeitgemäßer Bauweise erneuert.

Das einst als Aufbewahrungsort für Vorräte an Waffen und Kriegsmaterial errichtete **Arsenal** ist heute an den Stadtrand gerückt, sein früherer Glanz ist längst verblichen. Und doch hatte die von Domenico Chiodo mit vielen originellen Ideen und technischer Kompetenz geplante, zwischen 1867 und 1880 errichtete Anlage den Anstoß zur Verwirklichung vieler städtebaulicher Projekte gegeben. Besonders nach der **Cholera-Epidemie** von 1884 hatte man sich beeilt, für die zahlreichen Arsenalarbeiter (1890 waren es 7.800) zweckmäßige und hygienische Wohnungen zu bauen.

Das Arsenal liegt am äußeren Westende des Golfes von La Spezia und umfaßt zwei durch einen Kanal getrennte Hafenbecken, neun Hellingen (Montage- und Ablaufplätze für Schiffe) und eine ganze Reihe noch erhaltener Hafengebäude, wo einst Schmiede, Schreiner und Zimmerleute Harpunen, Bemastungen, Segel, Bordausstattungen und vieles andere herstellten. Der ganze Arsenal-Komplex liegt hinter einer mächtig anmutenden Mauer mit einem pompösen Portal, das an Festungen aus längst vergangenen Tagen erinnert. Bedauerlicherweise ist es nicht zu besichtigen.

Seine militärische Bestimmung hat wohl dazu geführt, daß La Spezia – trotz seiner wunderschönen Lage am malerischen Golf – nie ein richtiger Ferienort geworden ist.

Diese Rolle fiel **Lerici** und **Portovenere** zu, besonders als in La Spezia gegen Ende des 19. Jahrhunderts im Osten des Arsenals mit dem Bau eines neuen Handelshafens begonnen wurde, der um

Riviera und Toskana

1920 vollendet war. Er hat die Stadtfläche weit nach Osten, bis über den Cappuccini-Hügel hinweg, erweitert.

Die Schöpfer des neuen La Spezia waren Architekten wie Giovanni Panconi, Raffaello Bibbiani, Vincenzo Bacigalupi und Giorgio Guidugli. Ihrer Planung verdankt La Spezia die **großen Boulevards** Viale Mazzini, Garibaldi, Regina Margherita, die **Meerespromenade** und den Stadtpark.

Vom 23.–25. Juli findet ein großer **Bootsfackelzug** mit Feuerwerk – das San Giacomo Fest – statt. 12 Tage danach gibt es eine **Ruderregatta** der Stadtviertel – den Palio del Golfo – mit Kostümumzug und Feuerwerk.

Das **Museo Navale**, Via Amendola, im Marinearsenal neben dem Stadtpark, Zugang von der Piazza Chiodi, beherbergt interessante Schiffsteile, sehenswerte Modelle von römischen und ägyptischen Galeeren sowie allerlei Interessantes zur Geschichte der Seestadt La Spezia. Öffnungszeiten: Di, Mi, Do 9–12 und 14–18 Uhr.

Museo Civico Archeologico, Via Curtantone 9, Ecke Corso Cavour, zeigt eine Sammlung der Ausgrabung des Römerkastells Luni mit den berühmten Stelen-Statuen. Öffnungszeiten: Di–Sa, 9–13 Uhr und 15–19 Uhr, So 9–13 Uhr.

Freitags findet der größte **Wochenmarkt** der Riviera Levante statt.

Der Schnell-Imbiß **Pizzeria da Valente**, Viale Garibaldi 36, bereitet **Pizzen** und **Paste** aller Art für den schmalen Geldbeutel zu.

Die **Pizzeria V. Z.**, Piazza D. Chiodo, ist eine große Pizzeria mit Riesenportionen, guten Preisen und schneller Bedienung. Weitere rustikale Ristoranti, meist Familienbetriebe, finden sich im gesamten Hafenviertel.

Von der Via XX Settembre führen Treppen zum interessanten Genueser **Castello San Giorgio** aus dem 13. Jahrhundert. Von dort hat man einen – vor allem in den Abendstunden besonders reizvollen – gigantischen Panoramablick über den Golf von La Spezia. Das Castello selbst ist nicht zu besichtigen.

Nach Portovenere führt die kurvige N 340; da es in Portovenere so gut wie keine Parkmöglichkeiten gibt, empfiehlt sich als Alternative, mit dem Stadtbus ab dem Arsenal – hier sind auch Parkmöglichkeiten vorhanden – nach Portovenere zu fahren.

Portovenere 15

12 km südlich von La Spezia. Tourist-Information: Pro Loco, Piazza Bastretti, Tel. 01 87/90 06 91.

Der vielbesuchte **Badeort** römischen Ursprungs – Portus Veneris, der „Hafen der Venus" – wird von der mächtigen, zu besichtigenden Genueser Burganlage **Castello Doria** beherrscht, die in ihrer heutigen Form noch aus dem 16.–17. Jh. stammt.

Portovenere ist Endpunkt der Riviera di Levante und gleichzeitig Eingang in die Bucht von La Spezia. Die romanische Kirche San Lorenzo im Ortszentrum wurde 1130 erbaut und enthält eine **Schatzkammer**, die syrisch-byzantinische Arbeiten birgt.

Bekannt wurde der Ort auch durch die unterhalb von Kastell und Kirche San Pietro liegende **Arpaia-Grotte**, dem Lieblingsplatz des Dichters Lord Byron. Davor ragt die 188 Meter hohe Badeinsel **Isola Palmaria** steil aus dem Meer auf. Auf der Insel gibt es neben den bekannten Sand- und Felsstränden zahlreiche, sehenswerte Kalksteingrotten, die bereits in der Steinzeit von Höhlenmenschen bewohnt wurden; die bekanntesten sind die **Grotta Azzurra** und die „Taubengrotte", **Grotta dei Colombi**.

Riviera und Toskana

Die vielleicht am schönsten gelegene Kirche Liguriens ist **San Pietro**: ein gotischer Bau, der im 13. Jahrhundert mit einer frühchristlichen Kirche verbunden wurde. Sie liegt malerisch auf der äußeren Felsspitze vor Portovenere.

Auf der benachbarten **Insel Tino** und der momentan nicht zugänglichen **Insel Tinetto** finden sich die Ruinen mittelalterlicher **Benediktinerklöster** und Einsiedeleien wie die des Eremiten San Venerio aus dem siebten Jahrhundert. Vom Yachthafen gibt es Schiffsverbindungen nach Portofino und La Spezia.

In der **Antica Osteria del Carrugio**, Via Capellini 66, kann man zu angenehmen Preisen gut speisen.

Preisgünstige **Meeresspezialitäten** gibt es im Ristorante il Timone am Hafen.

Am 25. Juni findet das **Fest des heiligen Paulus**, des Schutzheiligen der Taucher, mit einer **Seeprozession** statt. Am Abend schwimmen Tausende von kleinen Lichtern auf dem Meer.

Nach wenigen Kilometern auf der S.S.331 erreicht man am Ostufer des Golfes von La Spezia **Lerici**, ein modernes, sich ständig ausbreitendes Seebad mit einem hübschen alten Stadtkern. Dem Ostufer mit seinen reizvollen Orten verdankt der Golf von La Spezia seinen Beinamen **Golfo dei Poeti**, Golf der Dichter. International bekannte Schriftsteller und Künstler wie Arnold Böcklin, Lord Byron, John Keats oder D. H. Lawrence verbrachten hier ihre Sommerfrische. Höhepunkte einer Besichtigung sind die Überreste der antiken pisanischen Häuser, das **Oratorium von San Rocco**, der Pfarrkirche und das Haus von Andrea Doria.

Das Ristorante Golfo dei Poeti, Calata Mazzini, ist ein bekanntes **Fisch-Restaurant** am Fischmarkt mit hübscher Terrasse, gediegener Meeresfrüchte-Küche und annehmbaren Preisen.

Camping **Maralunga**, östlich vor dem Ort. Der beengte Platz befindet sich in schöner Lage mit terrassierten Plätzen und Bademöglichkeit. Die Zufahrt ist sehr schmal, Tel. 01 87/ 96 65 89.

San Pietro in Portovenere

Riviera und Toskana

Die Via Zanelli führt von der Piazza Garibaldi steil hinauf zum mächtigen, gut erhaltenen **Castello** aus dem Mittelalter mit einem sehenswerten Fünfeck-Turm. Das **Burgmuseum** zeigt historische Waffen und Gegenstände aus dem ehemaligen Arsenal der Burg. Öffnungszeiten von Castello und Museum: Di–So 10–12 und 15–18 Uhr, montags geschlossen.

Eine schmale, etwa fünf Kilometer lange, kurvige Stichstraße führt von Lerici nach **Fiascherino** und **Tellaro**. Die Küste ist größtenteils in Privatbesitz, so daß es keine Möglichkeit gibt, an die Strände zu kommen. Erst in Fiascherino gibt es einen öffentlichen Zugang zum Meer hinunter mit einem Kies- und Felsstrand. Während der Saison ist der Strand allerdings von Einheimischen gut besucht. An der untersten Spitze des Felsens liegt wie eingemeißelt das idyllische Küstenörtchen Tellaro. Am Wochenende ist der wirklich wunderhübsche Ort allerdings von vielen auswärtigen Wochenendgästen belegt, denen hier das Gros der Häuser gehört.

Blick auf Tellaro

Camping **Gianna** befindet sich an der Straße Lerici – Tellaro. Der Platz liegt an einem Berghang mit steilen Terrassen. Die meisten Gäste sind Dauercamper. Es gibt nur wenige, relativ teure Transitplätze. Tel. 01 87/ 96 64 11.

Jeden Nachmittag, meist gegen 15 Uhr, kehren die Fischkutter von ihrem Fang nach Lerici zurück. Ein bunter **Fischmarkt** entwickelt sich spontan, wo Einheimische, Gastwirte und Händler fangfrischen Fisch direkt vom Schiff kaufen.

Der **Parco Montemarcello** ist ein frei zugänglicher Naturpark zwischen Tellaro, Ameglia und Montemarcello mit dichtem Macchia-Bewuchs und vielen **Waldgebieten**. Für Naturfreunde ist der Besuch ein Muß. Auch mit dem Wohnmobil ist der Park zu befahren, die Ortschaften sind mit gut ausgebauten, aber schmalen Straßen verbunden. Weiterführende Auskunft über Wanderwege und Touren im Park gibt es bei den jeweiligen Touristbüros der anliegenden Orte.

An der Mündung der Magra enden die schroffen Küstenberge Liguriens und gehen in die **Sandstrände der Toskana** über.

Riviera und Toskana

🡆 Die S.S.331 führt von Lerici wieder auf die S.S.1, die durch Sarzana geht.

Sarzana 16

ℹ️ Ca. 20 km östlich von La Spezia, 10 km westlich von Carrara. Ufficio Turismo, Rathaus, Piazza Mateotti. Tel. 01 87/62 54 02.

Die **mittelalterliche Via Francigena**, die von Rom nach Flandern führte, brachte Wohlstand an den Oberlauf der Magra. Bis heute ist der geschäftige Ort ein Verkehrsknotenpunkt. Sehenswert sind die Kathedrale und die Fußgängerzone in der **Altstadt** innerhalb der Stadtmauern sowie die Festung Sarzanello oberhalb des Zentrums.

Jeden Donnerstag findet in der Altstadt auf der Piazza Mateotti der große **Wochenmarkt** statt.

Im Palazzo degli Studi werden im August **Antiquitätenausstellungen** organisiert; außerdem gibt es Mitte bis Ende August einen zweiwöchigen Antiquitätenmarkt, die **La Soffitta nella Strada**, in der gesamten Altstadt.

Das römische Luna heißt heute Luni und ist im zweiten Jahrhundert vor Christus gegründet worden. Es liegt 7 km von Sarzana entfernt an der S.S.1, Höhe Dogana. Als Marmorhafen gelangte die Stadt zu großer Blüte, verfiel aber im Mittelalter. Heute ist der ehemalige Ort Ausgrabungsgelände. Geöffnet täglich von 9–19 Uhr, Eintritt L. 4.000.

Ausgrabungsfunde befinden sich im Archäologischen Museum; das **Amphitheater** aus dem ersten Jahrhundert auf dem Gelände ist ein stimmungsvoller Schauplatz sommerlicher **Freilichtaufführungen**. Es ist täglich von 9–19 Uhr geöffnet, montags geschlossen.

Der nördliche Küstenabschnitt der „Riviera Versilia" bildet den **Naturpark Lunigiana**. Er umfaßt die Landschaft um das Tal der Magra und ihrer Zuflüsse. Er ist eine urwüchsige Marschlandschaft mit Pinienhainen, Macchia und Sumpfgebieten. Einige Teile des Naturparks davon dürfen nur mit vorheriger Genehmigung der Parkverwaltung, Consorzio del Parco, Via Cesare Battisti 10, 56100 Pisa, betreten werden.

🡆 Immer noch auf der S.S.1 fahrend gelangt man in die Versilia und an die Apuanische Riviera, die nördlichsten Küstenstreifen der Toskana.

Erster Kontakt mit der Toskana ist die berühmte Marmorstadt **Carrara**, die abseits der nach Südosten weiterführenden Via Aurelia liegt.

Carrara 17

ℹ️ Ungefähr 30 km östlich von La Spezia. Tourist-Information: A.P.T., Marina di Carrara, Piazza Menconi 5b, Tel. 05 85/63 22 18.

Mit einer Jahresproduktion von 500.000 Tonnen behauptet Carrara bis heute seinen Platz als **Marmormetropole** der Welt. Seit 2.000 Jahren ist der carrarische Marmor bekannt, und naheliegenderweise ist auch das bedeutendste Bauwerk der Stadt, der romanisch-gotische Dom mit weißem Marmor verkleidet. Bedeutend ist die **Bildhauerschule**, Via Pietro Tacca 36, die auch Kurse für Ausländer anbietet.

🅿️ In **Marina di Carrara** ist ein ruhiger gepflasterter Stellplatz mit Bäumen und Sträuchern in Strandnähe, ohne Gebühr.

Einblick in den Marmorabbau und seine Bearbeitung gibt die Mostra Nazionale del Marmo im **Museo Civico del Marmo**, Viale XX Settembre, am Stadion. Öffnungszeiten im Sommer: Di–So von 9–13 und 15–18 Uhr, montags geschlossen.

Mehr als 300 **Marmorbrüche** befinden sich in der Umgebung von Carrara. Ein Besuch ist unbedingt lohnenswert.

Riviera und Toskana

Marmorbrüche bei Carrara

Das Ristorante **Da Venanzio**, Piazza Palestro 3, ist ein alteingesessenes bekanntes Restaurant mit guter Küche; donnerstags und sonntagabends geschlossen.

➡ 7 km weiter an der S.S.1 liegt **Massa**.

Massa, 47 km nördlich von Pisa, bietet sich für einen Zwischenstop an. Als Wahrzeichen der Stadt, die sehr reizvoll am Ausgang des Frigido-Tals liegt, thront auf einem Hügel das mauerumringte **Castello Malaspina**. Es besteht aus einem mittelalterlichen Kern und einem Renaissancebau. Von dort ist ein weiter Blick auf Stadt und Meeresküste möglich.

Im Zentrum fällt der Palazzo Cybo Malaspina aus dem 16. Jahrhundert mit **loggiengesäumtem Innenhof** auf. Viel besucht ist der Sandstrand des Seebades **Marina di Massa** nördlich von Forte dei Marmi. Weitere Informationen unter A.P.T, Viale Vespucci 24, CAP 54037, Marina di Massa, Tel. 05 85 / 24 00 46, Fax 05 85 / 86 90 15.

➡ Auf der S.S.1 bis nach Viareggio.

Viareggio 18

 Ca. 20 km nördlich von Pisa. A.P.T., Viale Carducci 10, Tel. 05 84/ 4 88 81.

Viareggio ist aufgrund seines **riesigen Sandstrandes** das größte und eleganteste Seebad der Tyrrhenischen Küste mit über einhundert Hotels. Der viel befahrene Hafen-Kanal Burlamacca trennt den Industrieteil von den Badestränden im Norden.

Im 16. Jahrhundert war die Stadt eine wehrhafte Festung gegen Seeräubereinfälle. Bevor sie Mitte des vorigen Jahrhunderts Badeort wurde, war die Stadt ein wenig beachtetes Fischerdorf in sumpfigem Gelände. Die zahlreichen **Jugendstilbauten** haben der Stadt eine besondere Atmosphäre eingehaucht. Die phantasievollen Bauten an der Viale Regina Margherita, der eleganten Seepromenade, und der Wehrturm am Hafen fallen als Sehenswürdigkeiten besonders auf.

🅿 Bei Camping **La Pineta**, an der Ausfahrt Pisa Nord, A12, gibt es auch eine Ver- und Entsorgungsstation für Reisemobile.

161

Riviera und Toskana

Das Ristorante **Vecchia Viareggio**, Via Regia 106, entpuppt sich als urige Kneipe mit riesigen Portionen.

Berühmt ist der **Carnevale di Viareggio** im Februar. Er ist der wohl bekannteste und schönste Karneval nach dem in Venedig.

Nahe der Küste führt die S.S.1 parallel zur Autobahn A12 zum **Lago di Massaciuccoli**, auch Lago Puccini genannt.

In **Torre del Lago** am Lago di Massaciuccoli kann man die Villa des Opernkomponisten **Giacomo Puccini** besichtigen. Der Musiker komponierte hier einige seiner erfolgreichsten Opern.

Vom Balkon der Villa ist der Blick auf den See fast alpenländisch: Auf der glatten Wasseroberfläche spiegeln sich die nicht weit entfernten Apuanischen Alpen. Durch seinen dichten Schilfgürtel kommt der See nicht als Badesee in Frage.

Heute ist in der Puccini-Villa ein **Museum** untergebracht, in dem des Komponisten liebste Instrumente ausgestellt sind. In einem umgebauten, kapellenartigen Raum liegt Puccini neben seiner Gemahlin Elvira und seinem Sohn Tonio begraben; geöffnet: täglich 10–12 und 16 bis 18.30 Uhr.

Jährlich im Sommer findet hier im Ort auf einer Freilichtbühne ein **Puccini-Opernfest** statt.

Camping Italia, Viale dei Tigli, ist ausgeschildert. Der komfortable Platz im Schatten von Pinien bietet für seine Gäste Animation und eine Diskothek. Ver- und Entsorgung für Reisemobile ist vorhanden. Tel. 05 84 / 35 91 14 und 35 98 28.

Weiter auf der Via Aurelia erreicht man nach etwa 16 Kilometern Pisa.

Pisa 19

A.P.T., Lungarno Mediceo 41, Tel. 0 50/ 54 18 00, oder Verkehrsbüro am Bahnhofsvorplatz, Tel. 0 50/4 22 91, mit freundlicher Bedienung und viel Prospektmaterial. Für alle Sehenswürdigkeiten gibt es Sammeltickets. Zwei Sehenswürdigkeiten – nach freier Auswahl – kosten etwa L. 10.000, vier kosten etwa L. 15.000.

Zuerst die gute Nachricht: Er steht immer noch, der **Campanile** von Pisa. Jetzt die schlechte: man kann trotz aller Bemühungen

Campanile von Pisa

Riviera und Toskana

Campo dei Miracoli

um Stabilisierung immer noch nicht wieder hinauf. Pisa – am nördlichen Rand der gleichnamigen Provinz gelegen – zählt nach wie vor zu den absoluten Höhepunkten einer Oberitalienreise, auch wenn der berühmteste Turm der Welt auf unabsehbare Zeit gesperrt bleibt.

Vermutlich im sechsten Jahrhundert vor Christus von den Griechen an der Mündung des Arno gegründet, wurde Pisa schon von den Römern zu einem strategisch wichtigen Hafen ausgebaut und stieg im Mittelalter zu einer mächtigen Seerepublik auf. Zum Dank für den Sieg über die Sarazenen begann man mit dem Bau des Domes. Großen Ruhm erlangte Pisa durch seine bereits 1343 gegründete **Universität**, an der auch der berühmteste Sohn der Stadt, **Galileo Galilei**, mehrere Jahre lehrte. Heute studieren 30.000 Studenten an dieser Institution.

Selbstverständlich muß man dem **Campo dei Miracoli**, der „Wiese der Wunder", einen Besuch abstatten. Die einzigartige Komposition von **Dom, Schiefem Turm, Baptisterium** und dem großen **Friedhof „Camposanto"** sucht in ihrer architektonischen Vollendung ihresgleichen.

Einmal ganz abgesehen von seiner Neigung gilt der Glockenturm, der **Torre Pendente**, als der schönste Turm Italiens, stark von der **islamischen Baukunst** beeinflußt. Jeder möchte natürlich hinaufsteigen, aber leider ist seit 1991 wegen Baufälligkeit und Restaurierung geschlossen.

1173 begann der Bau des Turmes, der schon von Anfang an eine leichte Neigung zeigte. Doch allem Hohngelächter der umliegenden Städte zum Trotz, wurde verbissen weitergebaut.

Die Neigung des 55 m hohen Turms beträgt an der Spitze 4,54 m von der Senkrechten in südöstlicher Richtung und vergrößert sich pro Jahr um etwa 0,7 Millimeter. Wissenschaftler haben einen maximalen möglichen Überhang von 4,74 m berechnet. Demnach müßte der Turm in etwa 200 Jahren umstürzen. Die Vorderseite des Doms wurde von **Rainaldus** in der ersten Hälfte des 12. Jahrhunderts gebaut. Der Meister hatte dabei das Bild eines römischen Tempels vor Augen. Im unteren Teil wirkt das Ganze eher orientalisch.

163

Riviera und Toskana

Wo Lang- und Querschiff sich kreuzen, ist das **Tor des San Ranieri**, das einzige, das von den ehemals alten vier Toren übrig geblieben ist. Es ist stark byzantinisch beeinflußt und von schlichter Schönheit. Öffnungszeiten: 7.45–13 und 15–19.30 Uhr.

Auf dem grünen Rasen des Platzes befindet sich die größte **Taufkapelle** der christlichen Welt. Piotisalvi begann im Jahre 1153 mit dem Bau des Baptisteriums. In ihm sind romanische, gotische, byzantinische und sizilianische Baustile vereint. Öffnungszeiten: 9–13 und 15–19 Uhr.

Der Camposanto, ein langgestreckter, marmorummauerter **Monumentalfriedhof**, komplettiert das „Wunderwiesen"-Ensemble. Der Bau wurde von Giovanni di Simone 1278 begonnen, und viele berühmte Pisaner fanden hier, in der heiligen Jerusalemer Erde, ihre Grabstätte.

Die **Piazza dei Cavalieri**, war früher das Zentrum von Pisa. Den Platz ist in seinem Stil durch und durch von der Renaissance geprägt. Hier steht der **Palast der Cavalieri** mit reich verzierter Fassade. Früher war im Palast die Militärschule der Ritter untergebracht.

Ein Bild aus der Zeit, als man den Campanile noch besteigen durfte

Das **Museo Nazionale San Matteo**, Lungarno Mediceo im alten Kloster San Matteo, ist für Kunstliebhaber wegen der Werke von Giovanni und Nicola Pisano eines der interessantesten Museen der Toskana. Außerdem findet man Bilder der Pisanischen Schule, eine Reihe von Altarbildern aus dem 14. und 15. Jahrhundert, eine Sammlung von Flamen und Werke aus dem Florenz des 17. Jahrhunderts, alte Choralbücher, Statuen und Figürchen. Öffnungszeiten des Museums: Di-Sa 9–14, So 9–13 Uhr; montags geschlossen, Eintritt L. 8.000.

Im Juni feiert die Stadt mehrere traditionelle Feste; am ersten Sonntag im Juni findet der **Gioco del Ponte** – ein historischer Wettkampf um die Arno-Brücke – mit 600 Teilnehmern in Kostümen statt. Am 17. Juni gibt es das Fest „Festa di San Ranieri" mit einem traditionsreichen **Bootsrennen** auf dem Arno. Am letzten Wochenende im Juni findet die historische Ruder-Regatta, die „Regata Storica delle antiche" mitanschließendem **Fackelzug** statt.

Das Ristorante **Al Casteletto**, Piazza San Felice 12, serviert preisgünstige und gute Küche.

Die **Trattoria da Matteo**, Via Arenico 46, Ecke Via Santa Maria, ist ein bodenständiges Familienlokal mit guter Küche.

Zu beiden Seiten des Arno-Ufers an der Altstadt finden in Pisa noch typisch italienische Märkte wie der **Gemüsemarkt** im Metzgerviertel statt.

Camping **La Torre Pendente**, Viale delle Cascine 86, etwa einen Kilometer vom Campanile entfernt in Richtung Stadtrand. Mit der Buslinie 5 ab dem Hauptbahnhof und umgekehrt zu erreichen. Der Platz ist mit Hecken und Laubbäumen bepflanzt und mit einer Entsorgungsmöglichkeit für Wohnmobile ausgerüstet. Tel. 0 50/56 17 04.

An der Via Andrea Pisano kann man auf dem Stadion-Parkplatz im hinteren Teil ruhig mit dem Mobil übernachten.

Die S.S.12 – ab Giuliano Terme die S.S.12r – führt als Hauptstrecke in nördlicher Richtung nach **Lucca**.

Lucca 20

20 km nördlich von Pisa, 63 km westlich von Florenz auf der A11, 161 km südlich von Modena auf der S.S.12. A.P.T., Piazza Guidiccioni 2, Tel. 05 83/49 12 05. Auskünfte über Wanderungen in den Apuanischen Bergen und der Garfagna erhält man im Club Alpino

165

Riviera und Toskana

Der Dom in Lucca

Italiano CAI in der Cortile Carrara.

Der Ort wurde zunächst von Ligurern und Etruskern besiedelt. Lucca – abgeleitet von „Luk", der Sumpf – wurde von den Römern an einem Übergang des Flusses **Serchio** errichtet. Lucca ist die einzige Stadt der Toskana, die nicht von Florenz erobert wurde. Die ruhige und überschaubare **Bischofsstadt** ist die für die Toskana untypischste, aber für viele Besucher reizvollste Stadt. Sie besitzt fast 100 Kirchen und Kapellen, da in früheren Zeiten jeder drittgeborene Sohn der reichen Kaufmannsfamilien zum Priesteramt genötigt wurde, samt eigener Kirchenstiftung.

Am westlichen Ortseingang, der **Porta Vittorio Emanuele**, und an der Viale Luporini in Richtung Autostrada gibt es einen ausgeschilderten Stellplatz für Reisemobile und Busse mit Ver- und Entsorgungsstation. Das Parken an der Ringmauer ist tagsüber empfehlenswert, gegen Abend wird es allerdings dort wegen häufiger Einbrüche gefährlich.

Die mit Bäumen bestandenen, vollständig erhaltenen letzten **Stadtwälle** von Lucca aus dem 16. Jahrhundert sind ein einzigartiges Bauwerk. Ein 30 Meter breiter Lehmwall wird auf beiden Seiten von einer 12 Meter hohen, gemauerten Ziegelsteinwand eingefaßt. Man kann darauf mehr als vier Kilometer unter **riesigen Platanen** und **Kastanien** spazierengehen, joggen, radfahren oder auf den Bänken und Rasenflächen nur das Leben genießen.

Die Stadt mußte mit ihrer elfsternförmigen Bastion niemals einer militärischen Bedrohung standhalten, nur dem gelegentlichen Hochwasser des Serchio. Elisa Baciocchi, die von ihrem Bruder Napoleon 1805 eingesetzte Regentin, ließ die Wälle mit unzähligen Bäumen in eine erhöhte Parkanlage verwandeln. Von hier hat man einen wunderschönen Blick von allen Seiten auf die turmgekrönte Stadt und eine herrliche **Aussicht** auf das Umland.

Man kann auch die interessanten und wiederhergestellten Innenräume einiger **Bollwerke** und **Stadttore** besichtigen. Informationen sind in der Bastione Paolina oder bei der Touristen-Information in der Vecchia Porta San Donato an der Piazzale Verdi, Tel. 05 83/5 38 88, erhältlich.

Riviera und Toskana

Im **Giardino Botanico**, Via San Micheletto, lädt eine ungewöhnliche Flora zum Verweilen ein. Öffnungszeiten: Täglich 9–12 und 16–19 Uhr.

Der Dom von Lucca, die Kathedrale **San Martino**, wurde im Jahre 1060 von Bischof Anselmo da Baggio gegründet. Die mit zierlichen Säulen-Galerien reich gegliederte Fassade ist der älteste und einzige romanische Teil des Gebäudes. Der **zinnengekrönte wuchtige Campanile** bildet den Kontrast. Der gotische Innenraum wurde im 14. und 15. Jahrhundert umgestaltet. Hier ist eines der schönsten Werke von Jacopo della Quercia aus Siena zu bewundern, der Sarkophag der Ilaria del Caretto, einer Guinigi-Gemahlin, von 1408. Er ist eines der Hauptwerke der italienischen Bildhauerei. In einem Seitenaltar hängt ein ebenso bedeutsames Gemälde: **Das Abendmahl von Tintoretto**. Der Platz vor dem Dom, die Piazza San Martino, ist einer der schönsten der Stadt.

Im September findet die **Festa della Santa Croce** mit einer Prozession in historischen Kostümen statt. Dabei wird das Kruzifix „Volto Santo" aus dem linken Seitenschiff des Doms durch die Stadt getragen.

Die Kirche **San Michele in Foro**, an der Piazza San Michele, wurde auf Ruinen einer älteren Kirche erbaut. Sie steht an einem der belebtesten Plätze des Stadtzentrums, auf dem Gelände des ehemaligen römischen Forums. Der architektonische Kern in romanischem Stil stammt aus dem 12. Jahrhundert. Am unteren Teil der Fassade befinden sich Blendarkaden aus weißem Marmor, die sich über die Seitenschiffe fortsetzen. Auf dem Giebel erhebt sich der fast vier Meter große **Erzengel Michael** zwischen zwei Engeln, die seinen Sieg über den Drachen verkünden.

Auf der Vorderfront der Kirche **San Frediano** befindet sich ein **buntschillerndes Giebelmosaik** mit einem Himmelfahrtmotiv. In dem romanischen Bauwerk aus dem 12. Jahrhundert befindet sich die Grabkapelle der lukkesischen Schutzpatronin, der heiligen Zita. Ihr zu Ehren gibt es am 21. und 22. April einen großen **Blumenfestmarkt**.

Der **Palazzo Guinigi** mit dem Torre Guinigi ist das Wahrzeichen der Stadt. Von fast überall in der Stadt ist der rote Ziegelsteinbau mit den

San Frediano in Lucca

Riviera und Toskana

charakteristischen zwei **Steineichen** auf dem Dach zu erkennen. Ein wirklich traumhafter Ausblick über die Stadt und bis weit in die Umgebung belohnt den Aufstieg; Öffnungszeiten: täglich 10 bis 17 Uhr.

Der Palazzo Guinigi ist nicht zu verwechseln mit der **Villa Guinigi**. Sie beherbergt das **Museo Nationale** in der Via della Quarquonia. Dort werden etruskische und römische Ausgrabungsfunde und Gemälde sowie Skulpturen aus der Toskana ausgestellt. Öffnungszeiten des Museums: Di–So 9–13 Uhr, montags ist geschlossen.

Der orginellste und schönste Platz ist die Piazza Mercato oder **Piazza Anfiteatro**. Hier befand sich ursprünglich ein römisches Amphitheater aus dem ersten Jahrhundert nach Christus. Das sonst rechtwinklige Straßenbild wird durch das Oval des ehemaligen Theaters aufgebrochen. Auf den verfallenen Zuschauerrängen baute man später Wohnhäuser. Der tägliche Markt findet hier im Oval statt.

Nördlich von der Piazza Anfiteatro liegt eine schöne Weinstube: **Osteria-Trattoria Baralla**, Via del Anfiteatro 5; mittwochs geschlossen.

Der **Palazzo Mansi**, Via Galli Tassi 43, stammt aus dem 17. Jahrhundert. Er wurde nach der gleichnamigen gegenüberliegenden Kirche „San Pellegrino" benannt. Im Innern finden sich wertvolle Gemälde und kostbare Einrichtungsgegenstände. Die Nationale Pinakothek hat hier ihren Sitz. Öffnungszeiten: Di–Sa 9–14 und So 9–13 Uhr, montags geschlossen.

Jedes dritte Wochenende im Monat findet vor dem Dom auf der Piazza San Martino ein **Antiquitätenmarkt** statt.

Ab Lucca nimmt man die Landstraße S.S.12 in nördliche Richtung.

Folgt man dem Serchio flußaufwärts, kommt man in die **Garfagnana**, einem herben, reizvollen, aber touristisch eher unerschlossenen Landstrich der Toskana. Seine abgeschiedenen **Hügelketten** sind gesäumt von ausgedehnten Kastanienwäldern. Die „Colline Lucchesi", das Hügelland nördlich Luccas, wird von Olivenhainen, die den Rohstoff für das beste Olivenöl Italiens liefern, und von zahlreichen historischen **Luccheser Villen** geprägt. Eine der bekanntesten ist die „Villa Reale", die sich im Besitz von Napoleons Schwester Elisa Baciocchi befand.

Bei **Borgo a Mozzano** überspannt eine der ältesten Brücken Italiens von 1322 den Serchio: Die **Ponte della Madalena** – im Volksmund auch „Teufelsbrücke" genannt –, deren Hauptbogen sich im spiegelnden Wasser zu einem perfekten Kreis rundet. Von hier aus sind es nur noch etwa acht Kilometer bis **Bagni di Lucca**, einem klassizistischen Luft- und Thermalkurort, den schon der Dichter Heinrich Heine gerne besuchte.

COLIBRI GEHEIMTIP

Dem Fluß folgend erreicht man nach etwa 15 Kilometern **Barga**, „die Perle der Garfagnana", eine kleine, mittelalterliche Stadt mit romanischem Dom, in Panoramalage hoch über dem Flußtal. Nach weiteren 15 Kilometern gelangt man am gegenüberliegenden Ufer zur größten und einer der schönsten **Tropfsteinhöhlen** Europas: die „Grotta del Venfo" bei Gallicono. 10 Kilometer nördlich schließlich liegt das sehenswerte **Castelnuovo di Garfagnana**, der Hauptort der Region, mit einer gut erhaltenen Festungsanlage. (G5)

Nun schlängelt man sich die S.S.12 langsam in gemütlicher Fahrt durch die einsame, wunderschöne Gegend bergauf in den Apennin.

Der herausragende Glockenturm des Duomo San Martino

Riviera und Toskana

Ab San Marcello fährt man bis auf die Höhe des **Passo del Abetone** – 1.388 Meter – eine kurze, aber heftige Serpentinenstrecke von ungefähr sieben Kilometern Länge. Mit der Paßhöhe erreicht man den Wintersportort **Abetone** und gelangt gleichzeitig aus der Toskana in die Emilia Romagna.

Hier um Abetone erstreckt sich im Sommer ein ideales Wandergebiet mit Höhenwanderwegen und jeder Menge Berghütten sowie im Winter ein bekanntes **Skigebiet**, in dem bereits FIS-Weltcup Rennen stattfanden. Sestola und die Region um den Monte Cimone sind nicht weit.

Nach der Abfahrt vom Paß wird es wieder ruhiger, man gelangt in das relativ unberührte, hügelige Gebiet **Frignano** bis **Pavullo**. Hier braucht man sich keine Gedanken um Stellplätze zu machen, da das ganze Gebiet dem Reisemobilfahrer schöne Plätze in ruhiger, unberührter Natur anbietet. Wenn nicht klar ist, ob an dem ausgesuchten Platz übernachtet werden darf, sollte man vorsichtshalber fragen. Die Einwohner sind sehr freundlich und hilfsbereit und werden ohne Zögern zustimmen.

Als Zwischenstop bietet sich der Ort **Pievepelago** an, der zwar keine touristisch relevanten Sehenswürdigkeiten bietet, aber dafür „ganzjährig geöffnet" hat und mit Loipen und einem kleinen Skilift Winterbetrieb anbietet.

Dementsprechend hat der nett am Fluß Scoltenna gelegene Campingplatz **Rioverde**, Via M. di Canossa 3, auch Winterbetrieb und eine Ver- und Entsorgungsanlage für Reisemobile, Tel. 05 36/ 7 22 04.

Pavullo nel Frignano 21

126 km nördlich von Lucca, 35 km südlich von Modena. Pro Loco, Piazzale Santo Bartolomeo, Tel. 05 36/2 03 58.

Der einzig größere Ort auf der Strecke nach Modena ist Pavullo. Ein Beispiel für das zunehmende Interesse an Umwelt und Natur ist das gerade eröffnete **Museo naturalistico del Frignano**, das sich speziell mit der einheimischen Flora und Fauna beschäftigt. Die Öffnungszeiten für Museum und Castello sind in der Tourist-Information (Pro Loco) zu erfragen.

Der Campingplatz **Valverde** in Lama Mocogno, Via Michelangelo 15, ist südwestlich von Lama gelegen und hat ganzjährig geöffnet.

Eindrucksvoll ist ein Besuch des **Castello dei Montecuccoli** südlich von Pavullo. Das Castello ist Geburtsort des Feldherren Raimondo Montecuccoli, der im Jahr 1664 heldenhaft und erfolgreich gegen die Türken zu Felde gezogen ist.

Bald nach Pavullo wird aus der kleinen S.S.12 eine mehrspurige Straße. Die Großstadt Modena kündigt sich an. So bleiben vorher noch zwei Abstecher in das Umland von Modena nach **Sassuolo** und natürlich ein Besuch im Reich der roten Ferrari-Flitzer – **Maranello**.

Bevor man Sassuolo erreicht, passiert man Maranello, das 18 km südlich von Modena liegt. Seit im Jahre 1949 Enzo Ferrari seine Firma nach Maranello verlegt hat, ist dieser kleine Ort unweit von Modena in aller Munde.

Für Auto-Fans sind die **Ferrari-Werke** ein Muß. Werk und Teststrecke sind leider offiziell nicht zu besichtigen, doch die Galleria Ferrari zeigt eine Ausstellung der schönsten „Ferraris" und Formel 1-Rennwagen aus der Geschichte des Konzerns. Museo Galleria Ferrari, Via Dino Ferrari 43, Di–So 9.30 bis 12.30 und 15 bis 18 Uhr, montags geschlossen. Eintritt L. 8.000.

Echte **Räuberhöhlen** findet man an den Sassi di Rocca Malatina bei **Guiglia**, et-

Riviera und Toskana

wa 17 Kilometer von Maranello entfernt, zu erreichen über Spilamberto und Vignola. Die gelblichen, bizarr geformten Sandsteintürme ragen als malerisches Ergebnis jahrtausendelanger Erosion aus der Apenninlandschaft auf. Zwei Löcher am höchsten der drei Türme werden als Zufluchtsort der ersten Christen oder als Brigantennest gedeutet. Heute nisten **Wanderfalken** an den „Sassi", die unter Naturschutz gestellt worden sind.

Sassuolo liegt 17 km südlich von Modena, westlich der S.S.12. Francesco d'Este ließ 1634 durch Barolomeo Avanzini die frühere Burg in eine **Prunkresidenz** verwandeln; leider sind die eleganten Innenräume des **Palazzo degli Estensi** nicht zu besichtigen – heute hat hier die Militärakademie ihren Sitz. Interessant als Überblick über die italienische **Keramikproduktion** ist die „Mostra Permanente della Ceramica Italiana". Gezeigt wird der Unterschied zwischen normalen Fliesen, die in Bädern und Toiletten verwendet werden, und den Kunstwerken, die heute von den gefragtesten italienischen Modeschöpfern und Designern entworfen werden. Außerdem ist der Ort für die **Liköre** „Sassolino" und „Nocino" bekannt.

➡️ Bis nach Modena sind es nur wenige Kilometer auf der S.S.486 oder der S.S.12.

COLIBRI GEHEIMTIP

Eine seltene geologische Erscheinung ist die **Salsa di Sassuolo** nahe bei Sassuolo. Brennbare Erdgase dringen durch Risse im Boden an die Oberfläche. Dabei kommt es zu Explosionen, zur Bildung **kleiner Vulkane** und zum Auswurf von salzigem Schlamm. Im vorigen Jahrhundert war der flüssige Kohlenwasserstoff, der dabei zutage trat, zur Beleuchtung und zu medizinischen Zwecken verwendet worden. Ein Ausbruch dieses Schlammsprudels war schon 91 v. Chr. vom römischen Naturgelehrten Plinius dem Älteren beschrieben worden; ein weiterer Ausbruch dauerte im Jahr 1825 drei Monate lang. Bei dem etwa zwei Kilometer entfernten Fiorano besteht ein ähnliches Phänomen. Beide Gegenden gehören zu dem Naturpark San Roca Santa Maria. (E6)

Modena 22

ℹ️ 86 km südlich von Verona, 51 km südöstlich von Parma, 39 km nordwestlich von Bologna. A.P.T., Corso Canalgrande 3, Tel. 0 59/22 01 36. I.A.T., Via Scudari 30, Tel. 0 59/22 24 82.

🅿️ In der Nähe des **Camper Clubs Mutina**, San Matteo, am Anfang der Strada del Canaletto, etwa 3 km von Modena entfernt, gibt es einen ausgewiesenen Reisemobilstellplatz mit Ver- und Entsorgungsstation und Picknick-Platz.

Modena ist ein wichtiger Verkehrsknotenpunkt, da hier die Brennerautobahn auf die Strecke Milano – Bologna trifft. Außerdem ist Modena eine der wichtigsten **Industriestädte** der Poebene. Zahlreiche Autofirmen wie Ferrari und Maserati lassen hier produzieren, weshalb Modena zu den Städten mit den höchsten

Dom von Modena

Riviera und Toskana

Pro-Kopf-Einkommen Italiens gehört. Modena gilt zwar als **Hauptstadt der Romanik** und Hochburg des Geschlechts der Este, kulturell ist jedoch für Besucher bis auf den **Dom** wenig geboten.

Bemerkenswert ist der um das Jahr 1100 unter der Schutzherrschaft der Markgräfin Mathilde von Canossa vom Architekten Lanfranco gebaute Dom. Er gilt als eines der großartigsten Beispiele lombardisch-romanischer Architektur. Interessant sind die Fassade, das Hauptportal mit den Figuren von Wiligelmus und die herrlichen Galerien. An der Seite ragt der Turm „**Ghirlandia**", das Symbol der Stadt Modena, leicht geneigt gut 88 Meter in den Himmel.

Die herzögliche Residenz, der **Palazzo Ducale** an der Piazza Roma, ist ein prachtvoller Barockbau aus dem 17. Jahrhundert. Er wurde im Jahre 1634 unter Francesco I d'Este begonnen und gilt als einer der weitläufigsten Paläste Italiens. Er ist heute Sitz der Militärakademie und somit nur von außen zu betrachten.

Einmal im Monat, wenn am letzten Wochenende der bekannte Antiquitätenmarkt stattfindet, bekommt die **Piazza Grande** am Dom ihre ursprüngliche Bestimmung als Marktplatz zurück. Marktfans ist auch der Besuch der 1931 erbauten **Jugendstil-Markthalle** in der Via Albinelli zu empfehlen. Jeden Montag ist Flohmarkt, „Mercato delle Pulci", im Parco Novi Sad, Viale Jacobo Berengario.

Uva d'Oro, Piazza Giuseppe Mazzini 38, ist ein ruhiges und geschmackvoll ausgestattetes Ristorante in griechischer Hand. Man ißt hervorragend und kann im Sommer vor dem Lokal auf der netten Piazza sitzen.

Camping International Modena, Località Bruciata, Via Cave Ramo 111. Der einzige Campingplatz der näheren Umgebung liegt in keinem besonders reizvollen Umfeld. Tel. 0 59/33 22 52.

Auf der S.S.9 geht es in westliche Richtung aus Modena über Rubiera nach Reggio nell'Emilia.

In **Rubiera** gibt es am Sportgelände einen ausgeschilderten, kommunalen Stellplatz mit Ver- und Entsorgung.

Reggio nell'Emilia 23

20 km westlich von Modena, 27 km östlich von Parma, 61 km südlich von Mantua. I.A.T., Piazza Prampolini 5, Tel. 05 22/4 33 70.

Reggio nell'Emilia ist zu Beginn des 1. Jahrhunderts v. Chr. als römische Stadt entstanden. Die ältesten, noch erhaltenen Gebäude stammen aus dem Mittelalter. Die eindeutig romanisch geprägte, unvollendete Kathedrale zeigt auf der Fassade wertvolle **Renaissanceskulpturen** von Sogari. Sie ist geschickt in die Häuserreihen an der Piazza Prampolini eingebaut. Die Fassade mit dem achteckigen Turmaufsatz und der Bronzefigur der Madonna sind nennenswerte Besonderheiten.

Das nahegelegene, erst kürzlich restaurierte **Baptisterium** enthält eine architektonische Reise vom frühen Mittelalter bis ins 15. Jahrhundert. Auf dem kleinen Platz besticht die Kirche **San Prospero** aus dem 16. Jahrhundert mit wertvollen Freskengemälden von Camillo Procaccini und Bernardino Campi. Seitlich ragt der unvollendete, unter der Oberaufsicht von Giulio Romano erbaute **Glockenturm** in den Himmel.

Ein wunderschönes Beispiel für sakrale Architektur aus den Anfängen des 17. Jahrhunderts ist die große **Basilika** „Madonna della Ghiara", ein imposanter Kreuzkuppelbau aus dem 17. Jahrhundert, in dem Werke der besten bolognesischen und emilianischen Künstler jener Zeit bewahrt werden.

Riviera und Toskana

Der große Salon neben dem Rathaus stammt aus der zweiten Hälfte des 18. Jahrhunderts, während das schöne **Stadttheater**, heute nach Romolo Valli benannt, das nachfolgende Jahrhundert symbolisiert.

Auch mit **lukullischen Besonderheiten** kann Reggio aufwarten: Den bekannten Käse Parmigiano Reggiano und den prickelnden Wein Lambrusco Reggiano schreiben sich die Einwohner von Reggio und dem Umland zu.

Im **Rathaus**, dem Palazzo Comunale aus dem 18. Jahrhundert an der Piazza Prampolini, ist im berühmten „Sala del tricolore" das Urbild der italienischen **Nationalflagge** aufbewahrt; Öffnungszeiten: Di–Sa 9–12 und 15 bis 18 Uhr, So 9–12 Uhr; montags geschlossen.

Im **ehemaligen Franziskanerkloster**, den Musei Civici an der Piazza Cavour, finden sich naturkundliche, archäologische und geschichtliche Sammlungen sowie eine Gemäldegalerie. Öffnungszeiten: Di–Sa 9–12 und 15–18 Uhr, So 9–12 Uhr. montags geschlossen.

In der Via XX Settembre auf dem Gelände des ehemaligen römischen Foro Boario gibt es einen ausgewiesenen Reisemobil-Stellplatz, der den Mobilreisenden Ver- und Entsorgungsmöglichkeiten bietet.

3 C slr., Via G.B. Vico. Villa cella, Tel. 05 22/94 19 83.

Die S.S.9 führt über eine Strecke von 30 Kilometern kerzengerade parallel zur Autobahn A1 nach Parma.

Parma 24

62 km südwestlich von Mantua, 82 km nordwestlich von Bologna. A.P.T., Piazza del Duomo 5, Tel. 05 21/23 47 35.

Parma ist eine traditionsreiche Kulturstadt, in der kostbare Kunstwerke und andere Spuren ihrer Vergangenheit als Hauptstadt zu bewundern sind. Viele bedeutende Künstler und prominente Persönlichkeiten, die aus Parma stammten oder hier tätig waren, wie Benedetto Antelumi, Salimbene, Correggio und Parmigianino bis hin zu Bodoni, **Verdi** und **Toscanini**, haben Parma berühmt gemacht. Der bedeutende italienische Opernkomponist Giuseppe Verdi, der stolze, düstere Mann aus der „Bassa", empfand für seine Heimat eine

Blick auf Parma

Riviera und Toskana

Art Haß-Liebe. Auch Dichter, Schriftsteller und Regisseure ließen sich inspirieren, u.a. Stendhal, der die Stadt zum Schauplatz seines Romans „Die Kartause von Parma" machte. Bedeutende Zeugnisse aus allen Kunstepochen, die von den Dynastien der Farnese und der Bourbonen gestifteten kulturellen Einrichtungen sowie die weltoffene Regentschaft von Marie Luise von Österreich verhalfen der Stadt, die im 18. Jahrhundert das „Athen Italiens" genannt wurde, zu europäischem Ruhm. Heute ist Parma eine fast großstädtisch wirkende, elegante Industriestadt mit einem gewissen internationalen Flair.

Nuovi Orizzonti slr., Via Emilia Ovest 14/A, Tel. 05 21/98 66 76.

In der Trattoria Corrieri, Via Conservatorio 1, einer urtypischen, gemütlichen **Trattoria**, hängen Käse und Schinken von der Decke. Die Küche ist ausgezeichnet mit soliden Preisen.

Das Ristorante **Nuovo Giardinetto**, Borgo Santa Chiara 10 A, bietet preiswerte und gute Küche in angenehmem Ambiente.

In der Via Colorno, an der Ausfallstraße nach Norden Richtung Colorno, nahe der Autobahnausfahrt Parma Nord, liegt ein ausgewiesener Stellplatz mit Ver- und Entsorgungsmöglichkeiten.

Der Campingplatz **Cittadella**, Parco Cittadella 5, befindet sich neben der riesigen Cittadella Farnese im Süden der Stadt. Tel. 05 21/96 14 34.

Der Dom von Parma ist streng im lombardisch-romanischen Baustil des 12. Jahrhunderts errichtet worden. Sein später angebauter Glockenturm ist im gotischen Baustil gehalten. Besonders beachtenswert sind die **Kuppelfresken** Mariä Himmelfahrt, die der Maler „Il Correggio" zwischen 1520–24 schuf.

Das direkt am Dom liegende **Baptisterium** stammt aus dem 13. Jahrhundert. Die Taufkapelle ist ein imposanter achteckiger Bau aus rosafarbenem Veroneser Marmor mit vier übereinanderliegenden, rundumlaufenden **Außengalerien**. Öffnungszeiten: täglich 9–12.30 und 15–18 Uhr, Eintritt etwa L. 3.500.

Der gigantische **Palazzo della Pilotta** an der Piazza della Pace wurde Ende des 16. Jahrhunderts begonnen und sollte – als Stadt in der Stadt konzipiert – die Macht der einflußreichen Familie Farnese dokumentieren. Die **Biblioteca Palatina**, das **Archäologische Museum** und die **Galleria Nazionale** mit weltberühmten Werken sowie das **Teatro Farnese** sind heute in den weitläufigen Innenräumen des Palastes zu finden. Das im Jahre 1618 dem Olympischen Theater in Vicenza nachgebildete Teatro Farnese war lange Zeit hindurch das größte Theater der Welt; geöffnet Di-So 9–13.30 Uhr, montags geschlossen. Eintritt etwa L. 4.000.

Eine der besterhaltenen Burgen dieser Gegend ist das aus dem 15. Jahrhundert stammende **Castello Torrechiara**, ungefähr 15 km südlich von Parma. Von weitem ist die mächtige, hoch auf einem Hügel gelegene Burg an ihren vier rechteckigen Türmen und dem Bergfried zu erkennen. Bemerkenswert ist die **Goldkammer**, Camera d'Oro, ein mit Fresken verziertes Gewölbe. Öffnungszeiten des Castello: Di-So 9–13 Uhr, montags und an Feiertagen geschlossen, Eintritt etwa L. 5.000.

Osteria La Forchetta d'Oro, Via della Badia 5, in **Torrechiara**. Der Familienbetrieb bietet in seinem rustikalen Restaurant mit ausgezeichneter Küche Spezialitäten der Region.

Südlich von Parma liegt in Richtung der Stadt **Langhirano** das Land des Schinkens, des Weins, der Salamis, des Käses und der Burgen.

Gelagerter Parmaschinken

Riviera und Toskana

In den Bergdörfern werden der berühmte Parma-Schinken, der Käse Parmigiano-Reggiano und die bekannten DOC-Weine hergestellt. Man kann vor Ort probieren und sich direkt vom Hersteller mit frischen Waren eindecken.

➡️ Man fährt über die S.S.9 in Richtung Westen, nach etwa 10 Kilometern überquert man den Fluß Taro, fährt unter der Autobahn A15 hindurch und biegt nach Norden in Richtung Soragna auf eine Landstraße nach **Fontanellato** ab.

Im malerischen Ort Fontanellato gibt es eines der besterhaltenen Schlösser der Emilia. Das Wasserschloß **Rocca Sanvitale** wurde im 16.–17. Jahrhundert von den Sanvitale aus einer Festung in eine Prunkresidenz verwandelt. Unter den zahlreichen Sälen besticht das vom jungen Parmigianino elegant ausgemalte Boudoir von Paola Gonzaga aus dem Jahr 1620. Öffnungszeiten: Di–So 9–13 und 15.30 bis 18 Uhr, montags geschlossen. Eintritt etwa L. 5.000. Anfang August veranstaltet Fontanellato ein großes **Augustfest** im Hof der Festung.

➡️ Von Fontanellato führt die Landstraße weiter acht Kilometer Richtung Norden, dann rechts abbiegen auf die Brücke über den **Taro** und von da nach **Colorno**.

Es sind nur noch wenige Kilometer bis zum **Po**. Der große Strom erinnert an **Giovanni Guareschi**, den Vater von Don Camillo und Pepone. Der Fluß erscheint in allen seinen Erzählungen über die Poebene, wie ein Leitfaden, wie ein Freund. Der größte Fluß Italiens entspringt in den Cottischen Alpen und erreicht bei Saluzzo die Po-Ebene; nach 652 km Länge mündet er in das Adriatische Meer.

Colorno 25

ℹ️ Knapp 20 km nördlich von Parma. Pro Loco, Piazza Garibaldi, Tel. 05 21/8 17 71 60.

Hier entstand das „Versaille" der Herzöge von Parma mit all den vielen Palazzi und kostbaren Monumenten, die Colorno nun seinen Besuchern offeriert. Da sind der **Palazzo Ducale**, der **Garten der Farnese**, die **Aranciaia**, die Kirche von **San Liborio**, in deren Innerem sich ein kunstvoller Hochaltar von Petitot befindet, dazu ein schöner hölzerner Chor von Drugman und eine wertvolle Orgel von Serassi; Öffnungszeiten: Di–So 9–13.30 Uhr, montags geschlossen. Der Eintritt beträgt etwa L. 3.500.

Das **Museo Etnografico della Civiltà** dokumentiert Weinbau, Jagd, Fischfang und Textilverarbeitung der Region. Genaue Lage und Öffnungszeiten bei der Touristen-Information in Brescello erhältlich.

➡️ In östliche Richtung am Ufer des Pos entlang gelangt man nach **Brescello**.

Brescello 26

ℹ️ Ca. 20 km nordöstlich von Parma am Po. Pro Loco, Viale Soliani 2, Tel. 05 22/68 75 26.

In Brescello ist man am Po angekommen. Brescello ist das „**Dorf von Don Camillo**" und die Hauptstadt der „Mondo piccolo", der kleinen Welt. Alles hat mit Giovannino Guareschi, dem geistigen Vater von „Camillo und Peppone", zu tun: die Kirche, das hölzerne Kruzifix, der Kirchplatz, die Kirchturmuhr, die Glocken, die Osterien, das alte Gemeindehaus, die Dämme und die Leute. Zu sehen gibt es in Brescello das **Museum** von Don Camillo und Peppone, die **Kirche**, welche die unvergeßlichen Bilder der Filme von Duvivier mit den unnachahmlichen Fernandel und Gino Cervi wiederaufleben läßt. Diese Filme sind alle in Brescello gedreht worden, das deshalb ein beliebtes Ziel von Touristen ist.

Das **Museo di Peppone e Don Camillo** liegt in einer Seitenstraße vom Kirchenvorplatz; die Namensnennung des Muse-

Riviera und Toskana

ums in dieser Reihenfolge geht übrigens auf den noch amtierenden Bürgermeister von Brescello zurück, der als Kommunist natürlich seinen Filmkollegen und Parteigenossen „Peppone" zuerst genannt haben wollte. Öffnungszeiten nach Bedarf, entweder in der nahen Kneipe fragen oder im Touristbüro Pro Loco.

➡ Weiter gen Osten entlang des Pos.

Gualtieri 27

ℹ Ungefähr 30 km nördlich von Reggio, ca. 35 km südlich von Mantua. Pro Loco Gualtieri, Palazzo Bentivoglio, Tel. 05 22/ 82 86 96.

Der Ort wird die „**kleine Hauptstadt der Padana**" genannt. Grund ist die Eleganz seiner Palazzi, die Größe eines der schönsten und eindrucksvollsten Plätze an den Ufern des Po. Hier läßt sich die Atmosphäre traditionsreicher Noblesse zwischen den alten Vierteln und Häusern verspüren. Das wahrhaftige Schmuckstück im historischen Zentrum von Gualtieri ist die **Piazza Bentivoglio**, die – geprägt durch ein imposantes Renaissance-Ensemble – einer der schönsten Plätze in ganz Italien ist.

➡ Am Ortsausgang von Gualtieri überquert man links die Brücke über den Po und gelangt auf der Landstraße nach Sabbioneta.

Sabbioneta 28

ℹ Ca. 30 km nordöstlich von Parma, ca. 35 km südwestlich von Mantua. Pro Loco, Via V. Gonzaga 31, Tel. 03 75/ 5 21 33.

Sabbioneta, die ehemalige Gonzaga-Residenz, ist ein seltsames Relikt von hochherrschaftlichem Wahn. Herzog Vespasiano Gonzaga begann im 6. Jahrhundert das kleine schläfrige Städtchen zu seiner „idealen Renaissancestadt" umzubauen. Er wollte seine Verwandtschaft in Mantua mit einem prunkvollen Dörfchen beeindrucken. Nach seinem Tod beendete man das gesamte Projekt, die glanzvolle Residenzstadt wurde wieder zum einfachen landwirtschaftlichen Ort. Lediglich die komplett erhaltene **Maueranlage** mit einem imposanten **Wassergraben** zeugt in Sabbioneta noch von der vergangenen Herrlichkeit.

Das **Teatro Olimpico** war Europas erstes überdachtes, eigenständiges Theater. Mit seinen zahlreichen Fresken im veronesischen Stil erinnert es an das gleichnamige Theater in Vicenza.

🅿 An der S.S.420 Parma – Mantua liegt am östlichen Ortsausgang von Sabbionetta ein schon im Ort ausgeschilderter Reisemobilstellplatz mit Ver- und Entsorgungsmöglichkeit.

➡ Die Rundtour schließt sich mit der Weiterfahrt auf der S.S.420 von Sabbioneta nach **Mantua** und Richtung **Verona**.

Galleria Antichi in Sabbioneta

Praktische Tips

Aktive Hilfe

Wer mit einem sicheren Gefühl auf die Reise gehen will, der sollte rechtzeitig vor dem Reiseantritt dafür sorgen, daß ihm im Notfall aktiv geholfen werden kann. Am besten eignet sich dazu ein Schutzbrief, wie ihn die D.A.S. sehr günstig anbietet. Er beinhaltet umfassende Sicherheit rund um die versicherten Personen (Single- oder Familienschutzbrief) und die benutzten Fahrzeuge.

Ob man unterwegs krank wird, einen Unfall erleidet oder wichtige Gegenstände verliert, ob das Fahrzeug streikt oder der Fahrer ausfällt: Der Schutzbrief ist ein wichtiger Reisebegleiter. Man sollte ihn auch auf kürzeren Reisen und nicht weit entfernten Zielen unbedingt dabei haben. Wichtig ist auch, daß die Hilfe im Notfall aktiv, mit kompetenten Partnern vor Ort und rund um die Uhr erfolgt.

Anreise

Zwei Routen führen nach Italien. Für Besucher aus dem Norden und Westen Deutschlands empfiehlt sich die Anreise über die Schweiz auf der A2 Basel – Luzern – St. Gotthard – Bellinzona. Startet man in Süd- oder Ostdeutschland, ist sicher die Strecke über Österreich und den Brenner in Richtung Bozen die beste Wahl. Beide sind nach der deutschen Grenze mittlerweile gebühren- und teilweise mautpflichtig und in den Sommermonaten durch das hohe Verkehrsaufkommen stark staugefährdet.

Man sollte – wenn irgend möglich – in dieser Zeit den Großraum München meiden und eine Alternativstrecke, etwa über Garmisch-Partenkirchen – Innsbruck oder Füssen-Reutte und den Fernpaß nach Innsbruck wählen. Deshalb ist es wichtig, sich frühzeitig über mögliche Staus zu informieren.

Apotheken

Apotheken sind in Italien mit dem Schriftzug „Farmacia" gekennzeichnet. Sie haben in der Regel von 8.30 – 12.30 und 16–19.30 Uhr geöffnet. Bekannte Marken-Medikamente gibt es erheblich preiswerter als bei uns, dazu sind wesentlich mehr rezeptfreie Präparate im Handel. Not- und Wochenenddienste sind an den Apotheken mit einer Tafel bekanntgemacht.

Ärzte

Italien hat ein Kostenübernahmeabkommen mit gesetzlichen Krankenkassen in Deutschland. Für eine Behandlung in Italien muß man sich einen Auslandskrankenschein bei seiner Ersatzkasse besorgen und soweit als möglich vorher ausfüllen. Dieser Schein muß dann beim Gesundheitsamt vor Ort, ausgeschildert als „Unità Sanitaria Locale – USL", in einen italienischen Krankenschein umgetauscht werden. Das nächste Gesundheitsamt kann man bei der Tourist-Information erfragen. Ohne Krankenschein wird natürlich auch behandelt, allerdings werden die Ärzte dann bar bezahlt. Ungefähr sind mit L. 20.000 für eine Behandlung in der Praxis, L. 40.000 für einen Hausbesuch und L.10.000 für das Ausstellen eines Rezeptes zu rechnen. Zusätzlich gibt es in der Hochsaison in den stark frequentierten Touristenorten noch die Stationen der „Guardia Medica Turistica", die meist kostenfrei kleinere Behandlungen vornehmen.

Autobahngebühren

Autobahnen in Italien sind in der Hand von privaten Betreibergesellschaften und deshalb gebührenpflichtig. Für die Durchreise von Österreich und der Schweiz werden Gebühren in Form einer Vignette fällig: Die Schweiz verlangt generell für alle mehrspurigen Schnellstraßen und Autobahnen eine Jahresvignette für DM 50, Österreich bietet eine Wochen-, eine Zwei-Wochen- und eine Jahresvignette abgestuft nach Fahrzeugarten an. Die Jahresvignette für Fahrzeuge bis 3,5 Tonnen und

Praktische Tips

Reisemobile kostet DM 80. Die österreichische Vignette ersetzt nicht die in diesem Land noch zusätzlich anfallenden Mautgebühren.

Automobilclubs

Der ACI – Automobil Club d'Italia – ist über die Notrufnummer 116 und an allen Notrufsäulen erreichbar. Pannendienste und das Abschleppen sind in Italien kostenpflichtig. Spezielle Anliegen kann man unter der Zentrale des ACI, Via Costantini 16-18, I-19100 La Spezia, Tel. 01 87/51 10 98 erfragen. Zusätzlich gibt es eine Notrufnummer des ADAC in Italien: ADAC Mailand, Tel. 02/66 10 11 06.

Beladen

Korrektes Beladen des Reisemobils ist wichtig. Überladene Mobile verlieren an Fahrstabilität und Sicherheit. Zudem können Strafen für das Überschreiten der zulässigen Höchstlast sehr teuer werden. Reiseutensilien und die Vorräte gehören dem Gewicht entsprechend verstaut. Schwere Gegenstände aus Konservendosen dürfen nicht in Oberschränken oder bei frontbetriebenen Wagen im Heckbereich verstaut werden. Sperrige Güter wie Campingstühle und große Sportgeräte können ohne Probleme als Dachgepäck transportiert werden. Fahrräder können auf dem Fahrradträger am Heck verstaut werden. Mit vollem Frischwassertank, gefülltem Kraftstofftank, Gasflaschen, Vorräten, Reiseutensilien und der Besatzung kommen schnell 350–400 kg Zuladung zusammen.

Camping

Die Stiefel-Republik hält über 2.000 gut ausgestattete Campingplätze für sonnenhungrige Urlauber bereit. Viele Campingplätze haben sich der neuen Touristengruppe der Reisemobilisten angenommen und bieten separate Stellplätze und Ver- und Entsorgungseinrichtungen an. Die Preise für eine komplette Übernachtung lagen in der Saison 1997 im Schnitt etwa bei L. 25.000 bis L. 35.000, je nach Klassifizierung des Platzes. In der Hochsaison ist es oft schwierig, einen Stellplatz zu bekommen. Daher ist eine Buchung im voraus sinnvoll. Aber Achtung: Viele Platzbetreiber verschrecken Transitcamper auf der Durchreise nicht mehr mit dem notorischen „ausgebucht", sondern verlangen generell eine Mietdauer von mindestens einer Woche.

D-Kennzeichen

Ein „D-Aufkleber" am Fahrzeug ist bei einer Italienfahrt unbedingt erforderlich. In letzter Zeit häufen sich die Kontrollen, und selbst mit einem Euro-Kennzeichen werden nicht selten bis zu L. 100.000 abkassiert.

Diplomatische Vertretungen

Sollten durch Verlust oder Diebstahl die komplette Reisekasse oder alle persönlichen Dokumente abhanden gekommen sein, können die diplomatischen Vertretungen des Heimatlandes zur Überbrückung weiterhelfen. Sind alle Mittel der Geldbeschaffung wie Postanweisung oder ähnliches erfolglos, bezahlt die Botschaft oder das Konsulat in der Regel eine Bahnkarte nach Hause und ein Handgeld, das selbstverständlich zurückgezahlt werden muß. Von sämtlichen Dokumenten sollten Kopien angefertigt werden. Im Verlustfall wird dem Konsulat oder der Botschaft die Arbeit dadurch erheblich erleichtert.

Deutsche Botschaft:
Via F. Siecci 2
00198 Roma
Tel. 06/88 47 41

Deutsche Generalkonsulate:
Via Pergolesi 3
16100 Genova
Tel. 0 10/59 08 41
und Via Solferino 40
20121 Milano
Tel. 02/6 55 44 34

Österreichische Botschaft:
Via Pergolesi 3
00198 Roma
Tel. 06/8 54 31 20 66

Österreichisches Konsulat:
Via Cremona 27

Praktische Tips

20100 Milano
Tel. 02/4 81 20 66 bzw.
4 81 29 37.

Schweizer Botschaft:
Via Barnaba Oriani 61
00197 Roma
Tel. 06/8 08 83 98

Konsulat Schweiz und Lichtenstein:
Via Palestro 2
201000 Milano
Tel. 02/79 55 15

Einkaufen

Nicht nur zum Einkauf von Souvenirs eignet sich Oberitalien besonders. Gerade in den Mode-, Textil-, Schuh- und Lederwarenzentren kann man so manches Schnäppchen auch von den Wochenmärkten erstehen. Auch in Italien gibt es Ende Juli/Anfang August den Sommerschlußverkauf „Saldi", der gerade in Mode- und Textilgeschäften mit Nachlässen bis zu 50 % zum günstigen Einkauf animiert.

Erste Hilfe

Polizei und Unfallrettungsdienst haben die landeseinheitliche, kostenlose Notrufnummer 113. Beim Notruf meldet sich die „polizia", die nach dem Standort oder der Adresse fragt. Unfallhilfe in Form eines Rettungswagens kann mit „pronto soccorso" verlangt werden. Die Feuerwehr – vigili del fuoco – bekommt man über die ebenfalls kostenlose Notrufnummer 115.

Essen und Trinken

Italien kann zu Recht als Land der Gourmets bezeichnet werden. Ob bodenständige, alpenländische Küche im Trentino und der Lombardei, die feine Reis- und Fischküche in Venetien oder die Feinschmeckerküche der Emilia Romagna – das Angebot an leckeren Spezialitäten ist riesig und von Ort zu Ort verschieden. Der hungrige Gast kann sich bei kleinem Hunger für eine Birreria (Bierstube) oder eine Bottega (Stehausschank) entscheiden, für ausgiebigere Mahlzeiten ist der Besuch einer Osteria (schlichtes Gasthaus mit Wein vom Faß), einer Pizzeria oder Trattoria zu empfehlen.

Fahrzeugpapiere

Für Italien und den Transit durch Österreich oder die Schweiz werden der Kraftfahrzeugschein, der Führerschein und die internationale grüne Versicherungskarte benötigt.

Feiertage

Die italienischen arbeitsfreien Feiertage bedeuten meist, daß alle Kultureinrichtungen geschlossen bleiben. Landesweite Feiertage – giorni festivi – sind am:
1. Januar – Neujahr
6. Januar – Heilige Drei Könige
Ostermontag (variabel)
25. April – Befreiungstag
1. Mai – Festa dell'Lavoro (Tag der Arbeit)
15. August – Ferragosto – Mariä Himmelfahrt
1. November – Allerheiligen
25. und 26. Dezember – Weihnachten und Stephanstag. Auch am Tag vor dem Feiertag haben manche Geschäfte und Banken nur halbtags geöffnet.

Feste feiern ist ein besonderes Vergnügen der Italiener. Jeder noch so kleine Ort richtet meist ein Fest zu Ehren des örtlichen Schutzpatrons aus. In Weingegenden kommen im Herbst die „Festa dell' Uva", die Trauben- und Weinfeste, in Obstgegenden Kirsch- und Früchtefeste dazu. Am Meer feiert man in den Sommermonaten Fisch- und Meeresfeste.

Fotografieren

Filmmaterial ist in Italien relativ teuer, deshalb sollte man sich zu Hause ausreichend eindecken. Wer das Ergebnis seiner Aufnahmen nicht erwarten kann, der hat in allen größeren Städten die Möglichkeit, bei Farbabzügen Über-Nacht-Entwicklungen machen zu lassen.

In vielen sakralen Sehenswürdigkeiten wird es nicht gerne gesehen, wenn gefilmt oder mit Blitzlicht fotografiert wird. Bitte daher vor Innenaufnahmen beim zuständigen Personal nach Erlaubnis fragen.

Praktische Tips

Gas

Die Versorgung mit Campinggas in Italien ist unproblematisch. Spezielle Abfüllstationen und Tankstellen mit dem GPL-Zeichen – Gas Liquido Propano – füllen auch deutsche Flaschen oder Tanks nach. Ein Flaschentausch ist nicht üblich, ein Euro-Adapter ist wegen der unterschiedlichen Anschlüsse unbedingt erforderlich. An den Füllstationen liegt oft eine Liste der Gasstationen aus. Das in Italien gebräuchliche „Gas Metano" ist für das Reisemobil nicht geeignet.

Geld

Bargeld in italienischen Lire ist bequem und einfach mit der EC-Karte an den in den meisten größeren Ortschaften installierten Geldautomaten bis zu L. 300.000 zu bekommen. Die Banken in Italien haben in der Regel nur vormittags bis 12.30 Uhr geöffnet. Euro- und Reiseschecks werden ebenso selbstverständlich entgegengenommen wie Bargeld.

Es empfiehlt sich aber, einen kleinen Vorrat an Lire bei der Anreise mitzubringen, damit man am Wochenende oder an Feiertagen am Münzautomaten tanken kann oder die ersten Espressi ohne langwierige Umtauschaktionen genießen kann.

Gesund durch den Urlaub

Die Reiseapotheke – ratiopharm '98 hilft Ihnen mit fünf nützlichen Arzneimitteln bei typischen Urlaubskrankheiten. Erhältlich in jeder Apotheke als praktisches Set in der Thermotasche (DM 29,90). Die beiliegende Broschüre gibt Ihnen viele Tips rund um Ihre Gesundheit auf Reisen. Eine individuelle Beratung erhalten Sie in Ihrer Apotheke.

Gottesdienste

In den meisten Touristenorten gibt es sowohl katholische als auch evangelische Gottesdienste in deutscher Sprache. In den Touristenbüros liegt eine vom Ufficio Pastorale Turismo herausgegebene Broschüre mit den Terminen und Orten der Messen aus.

Haustiere

Für Haustiere aller Art ist ein gültiger internationaler Impfpaß, in dem eine aktuelle Tollwutimpfung (nicht älter als elf Monate) und ein tierärztliches Gesundheitszeugnis, das nicht älter als 30 Tage sein darf, erforderlich. Maulkorb und Leine müssen ständig mitgeführt werden. Auf den italienischen Campingplätzen – gerade am Meer – sind Haustiere, speziell Hunde, fast immer verboten. Am Strand verbietet eine landesweite Verordnung freilaufende Haustiere. Im Landesinneren ist man nicht so rigoros, ein Hund kostet aber dann soviel Übernachtungsgebühr wie ein Kind.

Klima

In Norditalien herrscht durchweg ein gemäßigtes kontinentales Klima mit mediterranem Einfluß. Im Sommer steigen die Temperaturen stark an, während es im Winter durchaus kalt werden kann. Im Schutz der Alpen hält sich die Wärme von Luft und Wasser bis in den späten September hinein, wenngleich es auch in der „Region, wo die Zitronen blühen" um den Comer- und Gardasee im Winter ziemlich rauh zugehen kann.

Lebensmittel

Italien verfügt über ein hervorragend ausgebautes Netz von großen Supermärkten wie den Ketten Supermercato Italmec oder Coop und kleinen „Alimentari". Die Öffnungszeiten sind ortsabhängig, man kann sich aber an die Zeiten 8.30–12.30 und 15–19 Uhr ungefähr halten. Das Preisniveau liegt leicht über dem deutschen, lediglich Milchprodukte wie Joghurt und erstaunlicherweise einheimischer Käse und Weine sind wesentlich teurer. Die meisten Supermärkte liegen an den Ausfallstraßen oder in

Praktische Tips

Industriegebieten „Centro Vendita". Man kann dort ohne Probleme mit einer Kreditkarte bezahlen. Für frische Waren empfehlen sich die in fast jedem Ort stattfindenden Wochenmärkte.

Mautgebühren

Neben den Autobahngebühren können im Aosta-Tal, Trentino und dem Dolomitenbereich vereinzelt noch zusätzlich an Brücken oder Tunnels Mautgebühren anfallen.

Mieten von Wohnmobilen

Wichtig ist, rechtzeitig ein angemessen großes Fahrzeug zu buchen, denn vier Schlafplätze sind nicht gleichbedeutend mit einem Urlaubsmobil für vier Personen. Auf Saisonrabatte ist zu achten: Der erste Miettag – z.B. in der Nach- oder Vorsaison – bestimmt den evtl. günstigeren Gesamtmietpreis.

Es empfiehlt sich, die Ferienzeiten anderer Bundesländer zu beachten; eventuell kann das Fahrzeug in einem Bundesland ohne Schulferien billiger gebucht werden.

Man sollte die Reiseroute vorher exakt planen, ab 14 Tagen Mietdauer entfällt die kostenpflichtige Kilometerbegrenzung. Die Kraftstoffart und der Verbrauch des Mobils sollten landesspezifisch mit einkalkuliert werden.

Vorsicht beim Mieten eines Fahrzeugs von kleineren Privatfirmen: Das gewünschte Fahrzeug muß aus Haftungsgründen als Vermietfahrzeug mit einem Stempel im Kfz-Schein „Selbstfahrer-Vermietfahrzeug" ausgewiesen und versichert sein. Ein Auslandsschutzbrief, Unfallversicherung und Reiserücktrittsversicherung sind zu empfehlen. Unbedingt ist die Selbstbeteiligung der Haftpflicht zu erfragen. Große Verbundvermieter geben eine Bereitstellungsgarantie, das heißt, das gebuchte Fahrzeug steht auch pünktlich bereit; bei Fahrzeugschäden wird auch im Ausland ein Ersatzfahrzeug gestellt. Der ADAC hat für seine Mitglieder einen Kooperationsvertrag mit Inter-Rent.

Leistungen, Ausstattung, Fahrzeugtypen und -größe sollte man genau vergleichen. Auf Zusatzkosten für Bereitstellung, Gas, Wasser, Reinigungsgebühren und Zubehör wie z.B. Fahrradträger und Markise muß man achten.

Auf umfassende Einweisung soll der Kunde bestehen! Auf jeden Fall eine Probefahrt machen, weil es wichtig ist, sich mit den Ausmaßen des Wohnmobils vertraut zu machen. Alle technischen Einrichtungen wie die Beleuchtung sollten vorher getestet werden, schließlich ist der Fahrzeugführer dafür verantwortlich. Bedienungsanleitungen von Fahrzeug (z.B. Radwechsel bei Sonderaufbau) und Geräten müssen im Reisemobil vorhanden sein.

Öffnungszeiten

Die Öffnungszeiten in Italien sind so unterschiedlich wie die Landschaften. Es haben sich vage Kernzeiten herausgebildet: 9.30–12.30 und nachmittags 15.30–18.30 Uhr. Die Verwaltungseinrichtungen, Behörden und Banken haben nur am Vormittag Publikumsverkehr. An die jahrhundertealte Tradition der Siesta in Italien sollte man sich schnell gewöhnen. In dieser Zeit, von 12.30–15.30 Uhr, geht gerade im Sommer in ganz Italien nichts mehr.

Panello

Fahrzeuge mit über dem Heck herausstehenden Dachlasten und Anbauteilen wie Fahrradträger (auch ohne Ladung!) und Heckleiter müssen eine 50 x 50 cm große, rot-weiß quergestreifte Warntafel, das „Panello", am Heck mitführen. Das Panello – in neuester Ausführung aus Metall – ist im Camping-Zubehörhandel erhältlich. Laut ADAC ist die Kunststoffausführung mit den vier Rückstrahlern nach wie vor gültig, auch wenn die Carabinieri dies gerne anzweifeln. Also eventuell zu entrichtende Strafgebühren

Praktische Tips

nicht bezahlen, dem ADAC liegt nachweislich ein Genehmigungsschreiben des Verkehrsministeriums vor.

Personaldokumente

Für die Einreise nach Italien reicht, wie für jedes EU-Mitglied, der Personalausweis oder der Reisepaß als Dokument. Kinder unter 16 Jahren benötigen einen Kinderausweis oder müssen bei den Eltern im Reisepaß eingetragen sein.

Post

Die italienische Post ist bekanntermaßen nicht immer die schnellste. Die Urlaubskarte kann schon mal – auch wenn kein Streik ist – acht bis zehn Tage nach Deutschland unterwegs sein. Als Brief in ein Kuvert gesteckt, ist sie erheblich schneller. Eine Sendung per Luftpost geht auch nicht wesentlich schneller, da Briefe und Postkarten nach Deutschland ohnehin nur auf diese Art befördert werden. Einzige Möglichkeit zur Beschleunigung der Sendung ist die „Eilpost". Briefmarken – francobolli – gibt es nicht nur bei den Postämtern, sondern auch in Tabakläden, Geschäften und meist überall dort, wo es Postkarten zu kaufen gibt. Die Postämter haben Mo–Sa 8.30–13.30 Uhr geöffnet, Hauptpoststellen in großen Städten haben teilweise auch nachmittags geöffnet.

Stellplätze

Generell gestattet das Gesetz in Italien, die einmalige Übernachtung auf öffentlichen Park- oder Rastplätzen zur Wiederherstellung der Fahrtüchtigkeit, wenn keine Hinweisschilder dieses ausdrücklich verbieten. Freies Stehen außerhalb der genannten Plätze ist in Italien generell verboten. Fast alle Ortschaften in Norditalien haben schon spezielle Reisemobilstellplätze mit der dazugehörenden Infrastruktur eingerichtet. Man folgt den Schildern mit dem Wohnmobilzeichen, das meist mit „area di sosta campere" beschriftet ist, und wird einen zentrumsnahen, meist gebührenpflichtigen Stellplatz mit einer Ver- und Entsorgungsstation finden. Sehr beliebt sind in Italien die Stellplätze an Weingütern oder Bauernhöfen, die mit „agriturismo" beschrieben sind. Findet sich auf die Schnelle einmal kein Platz, sollte man den nächsten Landgasthof oder ein Restaurant mit freier Parkfläche anfahren und nach einer Übernachtungsmöglichkeit fragen. Wenn man dort auch einkehrt, kann man meist auf dem Hof in seinem Reisemobil nächtigen. Auf den offiziellen Stellplätzen ist das Markisenausfahren und Aufstellen von Campingstühlen nicht gestattet. Der Stellplatz sollte selbstverständlich wieder sauber und ordentlich verlassen werden.

Straßenkarten

Bei Straßenkarten ist ein Maßstab von 1:200.000 sinnvoll, damit man auch kleine Ortschaften und Regionalstraßen findet. Für die grobe Vorplanung haben sich schon elektronische Routenplaner als nützlich erwiesen. Stadtpläne und Regionalkarten besorgt man sich am besten von den Fremdenverkehrsbüros.

Strom

Italien hat ein 220 V Netz. Trotzdem passen einige Stecker oft nicht. Es empfiehlt sich deshalb, den Euro-Adapter mitzunehmen. Wenn er vergessen worden ist, kann man den „spina di adattamento" überall in Kaufhäusern oder Supermärkten vor Ort kaufen. Auf Campingplätzen hat sich die CEE-Norm weitgehend durchgesetzt, die blauen, international genormten Adapter passen.

Tankstellen

Die Tankstellen in Italien sind von 7.30–12.30 und 15–19 Uhr offen. Wochenenden und Feiertage gelten normalerweise als Ruhetage, die Tankstellen sind jedoch abwechselnd geöffnet. Auf dem Land kann es so schon zu regelrechten Suchfahrten nach dem begehrten Kraftstoff kommen. Die meisten Tankstellen haben jedoch Münzautomaten für die Zeit, in

183

Praktische Tips

der der Betrieb geschlossen ist. Ausländische Währung und Kreditkarten werden an Tankstellen oft ungern entgegengenommen, die Münzautomaten funktionieren nur mit größeren Lire-Scheinen ab L. 10.000.

Telefon

Telefonieren von Italien in das europäische Ausland funktioniert dank Durchwahl problemlos. Die meisten Telefonzellen sind mit Kartenautomaten ausgerüstet, die „carta telefonica" erhält man im Wert von L. 5.000, 10.000 und 15.000 in Geschäften mit dem Kartensymbol und vielen „Tabacchi"-Läden. Die Deutsche Telekom bietet mit der „T-Card" eine in 50 Ländern gültige, am Geldautomat aufladbare Telefonkarte an.

Italien hat die nationale Vorwahl 00 39, nach Deutschland wählt man die 00 49. Der Gebrauch von Handies ist in Italien problemlos möglich.

Tourist-Informationsbüros

Für die Reisevorbereitung kann man sich allgemeine Informationen über Land und Leute, Routen und Orte vom staatlichen italienischen Fremdenverkehrsamt ENIT – Ente Nazionale Italiano per il Turismo – in Deutschland, Österreich und der Schweiz besorgen, die wertvolle Informationen liefern.

ENIT
Kaiserstraße 65
60329 Frankfurt/Main
Tel. 0 69/23 74 34
Fax 23 28 94 und

ENIT München
Goethestraße 20
80336 München
Tel. 0 89/53 03 69
Fax 534527.

ENIT Österreich
Kärntnerring 4
A-1010 Wien
Tel. 02 22/5 05 43 74
Fax 5050248.

ENIT Schweiz
Uraniastraße 32
CH-8001 Zürich
Tel. 01/2 11 36 33
Fax 2113885.

Für ganz eilige Informationsbestellung hat man für Deutschland eine gebührenpflichtige, automatische 24-Stunden-Hotline eingerichtet: Tel. 01 90/79 90 90.

In Italien gibt es mehrere Tourismus-Vereinigungen, die in jedem größeren Ort Informationsbüros unterhalten. Auf dem Land übernehmen die mit Pro Loco ausgezeichneten Büros – Consorzio Pro Loco – oder im Rathaus die „Ufficio Informazioni" die Betreuung der Gäste.

Trinkgeld

Trinkgeld – „mancia" – wird nicht unbedingt erwartet, da Service, Brot und Gedeck – pane e coperto – auf die Preise der Speisekarte addiert werden. Man kann, wenn man zufrieden war, auf dem Tellerchen diskret etwa zehn Prozent des Rechnungsbetrages als Trinkgeld hinterlassen.

Verkehr

In Norditalien geht es im Straßenverkehr im Vergleich zum Süden des Landes gemäßigt zu. Stellt man sich auf die flotte Fahrweise der Italiener etwas ein, wird es in Oberitalien auch in den Städten keine Schwierigkeiten geben. Engpässe stellt der Parkraum dar, der, wenn überhaupt vorhanden, erobert und teuer bezahlt werden muß. Laut einer besonderen Regelungen darf man in Italien an schwarz-gelb markierten Bordsteinen oder gelb markierten Flächen nicht halten oder parken. Anhalten am Straßenrand muß durch Dauerblinken angezeigt werden. Es besteht Gurtpflicht; besonders Kinder müssen während der Fahrt angeschnallt sein, die ganz Kleinen im Kindersitz Platz nehmen. Folgende Geschwindigkeitsvorschriften gelten für Reisemobile in Italien:
innerorts alle Kfz:
50 km/h
Reisemobile bis 3,5 Tonnen zGG:
Landstraße:
90 km/h
mehrspurige Schnellstraße:
110 km/h
Autobahn:
130 km/h
Reisemobile über 3,5 Tonnen zGG:
Landstraße:
80 km/h

Praktische Tips

mehrspurige Schnellstraße:
80 km/h
Autobahn:
100 km/h

Verkehrsunfall

Die italienischen Fahrzeuge haben in der Windschutzscheibe die Zulassung und den Versicherungsnachweis – das „contrassegno di assicurazione" kleben. Hier kann man die Versicherungsgesellschaft und die Versicherungsnummer abschreiben.

Ver- und Entsorgungsstationen

An fast allen Stellplätzen sind Einrichtungen zur Ver- und Entsorgung von Reisemobilen vorhanden. Wildes Entsorgen ist in Italien kein Kavaliersdelikt und wird rigoros bestraft.

Werkstätten

Alle großen Fahrzeughersteller bieten einen internationalen Pannen-Notruf in deutscher Sprache an, der rund um die Uhr weiterhilft und vor Ort die nächste Vertragswerkstatt benennt. Weitere Hilfe bietet das Händlerverzeichnis, das der Bedienungsanleitung der meisten Neufahrzeuge beiliegt.

Citroën,
zentraler Notruf international:
Tel. 00 49/6 11/17 91 23

Fiat,
für Fiat verwaltet der ADAC München die internationale Notrufnummer aus dem Ausland:
Tel. 00 49/89/76 76 40 70

Ford,
auch für Ford verwaltet der ADAC München den zentralen Notruf international:
Tel. 00 49/ 89/76 76 49 64

Iveco,
zentraler Notruf international:
Tel. 00 49/1 80/5 25 41 46

Mercedes-Benz,
Mercedes-Benz Italia S.p.A. Via Giulio Vincenzo Bona 110,
00156 Roma
kostenloser Notruf:
Tel. 06/4 18 98/83 33

Mitsubishi,
zentraler Notruf International und Pan European Service:
Tel. 00 49/89/5 55 98 72 22

Nissan,
zentraler Notruf international und Pan European Service:
Tel. 01 30/38 38 30

Peugeot,
zentraler Notruf international:
01 30/86 33 06

Renault,
zentraler Notruf international:
00 49/6 11/17 91 79

Volkswagen,
Autogerma S.p.A. VW Italia Viale G.R. Gumpert 1,
27137 Verona
Tel. 0 45/8 09 17 40
oder zentraler Notruf international:
1 67/01 99 10.

Wichtige Anschriften

RU, Reisemobil Union e. V., Dachverband der Reisemobilclubs und Reisemobil-Touristen
Geschäftsstelle Einsteinstraße 19
26160 Bad Zwischenahn
Tel. und Fax 04 41/69 10 42.

Campingführer und Routenplanung:
ADAC
Am Westpark 8
81373 München
Tel. 0 89/7 67 60 oder in allen ADAC-Geschäftsstellen.

DCC
Deutscher Camping Club e.V.
Mandlstraße 28
80802 München
Tel. 0 89/3 80 14 20.

Zollbestimmungen

Italien unterliegt als Mitglied der EU den seit 1993 geltenden EU-Warenverkehrsbestimmungen. Demnach dürfen Waren zum persönlichen Gebrauch unbegrenzt ein- und ausgeführt werden.
Allerdings gibt es einen Richtmengen-Katalog, der diese Angabe näher bestimmt: z.B. 800 Zigaretten, 400 Zigarillos, 200 Zigarren, 1 kg Tabak, 10 Liter Spirituosen, 90 Liter Wein, davon höchstens 60 Liter Schaumwein, 110 Liter Bier.

Checklisten

Wohnmobilübernahme und -übergabe

Wer sich kein eigenes Wohnmobil anschaffen oder nur einmal eine neue Art des Reisens ausprobieren möchte, für den bietet sich die Möglichkeit, ein Wohnmobil zu mieten. In Fachzeitschriften, aber auch in der lokalen Presse, werben große und kleine Vermietfirmen um Kunden. So ist es kein Problem, genügend Anbieter zu finden. Bei der Entscheidung sind folgende Punkte zu beachten:

Große Anbieter haben durchwegs neue (höchstens zwei Jahre alte) Fahrzeuge im Programm. Zudem bieten sie die Möglichkeit, das Fahrzeug an unterschiedlichen Orten zu mieten und wieder abzuliefern. Bei Pannen während der Reise können Ersatzfahrzeuge gestellt werden.

Auch sogenannte **Verbundzentralen** haben unterschiedliche Fahrzeugtypen im Angebot. Durch ein bundesweites Netz ist auch hier die Übernahme/ Rückgabe an verschiedenen Orten möglich. Diese Fahrzeuge werden von ihren Eigentümern auch privat genutzt und verfügen darum möglicherweise über Extra-Einbauten.

Der Nachteil bei kleinen Anbietern ist: Fällt das Fahrzeug wegen Schadensfall beim Vorgänger oder wegen nicht schnell genug behebbaren technischen Mängeln aus, kann oftmals kein Ersatz gestellt werden – der Urlaub fällt ins Wasser. Man sollte sich also vorab erkundigen, wie der Vermieter solche Fälle absichert! Auch können Reisemobile sowohl mit als auch ohne **Zubehör** angemietet werden. Wer sich für ein **Fahrzeug mit Grundausstattung** entscheidet, erspart sich aufwendige Planung und Arbeit beim Packen.

Ein wichtiger Faktor ist auch, wieviel **Freikilometer** der Mietpreis beinhaltet – hier kann es sonst zu bösen Überraschungen kommen.

Man sollte sich genauestens in alle **Funktionen des Fahrzeugs** und des **Wohnbereiches** einweisen lassen. Zum richtigen Umgang mit dem Fahrzeug gehört auch die sachgemäße **Beladung**. Nur mit einer richtig verstauten Ladung im Rahmen des zulässigen Gesamtgewichts bleibt das Fahrverhalten des Mobils stabil und wirkt sich nicht negativ auf die Sicherheit während der Fahrt aus. Zu den Grundlagen zum Beladen siehe Praktische Tips von A bis Z.

Es sollte genügend Zeit – jeweils ein Tag – zum **Be- und Entladen** eingeplant werden. Vor Fahrtantritt müssen sämtliche Schränke und Kühlschrank geschlossen sein. Gegenstände, die nicht sicher verstaut sind, können sich bei Kurvenfahrten selbständig machen und in gefährliche Geschosse verwandeln!

Auch am Ende der Reise wird das Fahrzeug anhand einer Checkliste überprüft, ebenso die zur Verfügung gestellte Ausstattung. Die **Endreinigung** kann entweder selbst vorgenommen werden oder wird gegen Bezahlung übernommen. Dies wird vertraglich bereits vor Antritt der Reise festgelegt.

Man sollte gründlich auf alle diese Punkte achten, um sich hinterher einigen Ärger zu ersparen. Sowohl der Eigentümer als auch der Nachmieter erwarten jedoch umgekehrt ebenso einen pfleglichen Umgang mit dem Fahrzeug und der Ausstattung.

Mit diesem Wohnmobil ist man für alle Fälle ausgerüstet

Checklisten

Fahrzeugübernahme

- ☐ Kilometerstand
- ☐ Treibstoffmenge/-art
- ☐ Gasflasche(n)/Gastank gefüllt
- ☐ Ölstand
- ☐ Kühlwasser/Bremsflüssigkeit
- ☐ Reifenprofil/Luftdruck/Bordakku
- ☐ Wagenpapiere: Kfz-Schein, grüne Versicherungskarte
- ☐ Schutzbrief
- ☐ Werkstättenverzeichnis
- ☐ Handbuch, Bedienungsanleitungen der Bordgeräte
- ☐ Anschrift/Telefon Vermieter
- ☐ lückenlos geführtes Serviceheft

- ☐ Schäden am Fahrzeug

....

- ☐ Schäden am Aufbau

....

- ☐ Schäden im Wohnbereich, Kratzer, defekte oder beschädigte Einrichtung

....

Ausstattung (vorhanden/funktionstüchtig)

Fahrzeug:
- ☐ Reserverad
- ☐ Wagenheber
- ☐ Werkzeug
- ☐ Warndreieck
- ☐ Verbandskasten
- ☐ ECC-Adapterkabel
- ☐ Kabeltrommel
- ☐ Zubehör wie Fahrradträger, Dachleiter

....

Wohnbereich:
- ☐ Gaskocher
- ☐ Heizung
- ☐ Kühlschrank
- ☐ Warmwasserboiler
- ☐ Innenbeleuchtung
- ☐ Verschlüsse an Schranktüren und Staufächern
- ☐ Fenster und Dachluken (lassen sie sich ohne Probleme öffnen, feststellen und schließen)
- ☐ Wasserversorgung (funktionieren die Pumpe und alle Wasserhähne)
- ☐ Toilette (ist die Spülung in Ordnung; ist die Cassette leer und gereinigt und geruchsbindende Toilettenflüssigkeit eingefüllt)
- ☐ Ablaßhähne von Frisch- und Abwassertank (sind sie geschlossen und leicht auf- und zudrehbar)
- ☐ Umbau der Betten (gibt es Schwierigkeiten bei der Handhabung, fehlen nötige Elemente)
- ☐ Die Maße des Fahrzeugs (Breite und Höhe) sollten auf einem Aufkleber im Cockpit gut sichtbar sein

....

Unfallprotokoll

In Italien sind die Carabinieri nicht verpflichtet, Verkehrsunfälle ohne Personenschaden aufzunehmen, sie tun dies nur auf ausdrücklichen Wunsch eines Unfallbeteiligten. Dabei setzt es für die Beteiligten happige Bußgelder, deshalb sind italienische Unfallgegner immer bestrebt, die Angelegenheit mit Austausch der Versicherungen aus der Welt zuschaffen. Bestehen berechtigte Zweifel am Unfallhergang oder den Angaben des Unfallgegners, sollte man immer die Polizei hinzuziehen. Nicht voreilig etwas unterschreiben!

Das Protokoll sollte folgendes enthalten:

- ☐ Datum/Zeit des Unfalls
- ☐ Ort des Unfalls
- ☐ Name/Anschrift des Unfallgegners
- ☐ Fahrzeugtyp/Kennzeichen
- ☐ Versicherung/Versicherungsnummer (auf einer Karte an der Windschutzscheibe)
- ☐ Führerscheinnummer
- ☐ Bericht Unfallhergang
- ☐ Verletzungen
- ☐ Schäden an den Kfz
- ☐ Fotos der Unfallsituation
- ☐ Skizze/Zeichnung
- ☐ Zeugen (Name/Anschrift)

Checklisten

Gepäckliste

Auto

- ❏ Warntafel „Panello" bei vorstehenden Dach- und Hecklasten
- ❏ D-Schild, auch bei Euro-Kennzeichen
- ❏ Kindersitz
- ❏ Auffahrkeile
- ❏ Schneeketten (helfen auch, wenn man in nassen Wiesen steckenbleibt) oder andere Anfahrthilfen für Schlamm und Sand
- ❏ Ersatzlampen
- ❏ Klappspaten
- ❏ Abschleppseil
- ❏ Starthilfekabel
- ❏ Pannenausrüstung
- ❏ Reservekanister
- ❏ Reserveöl
- ❏ Wagenheber
- ❏ Warndreieck
- ❏ Warnlampe
- ❏ Werkzeugkoffer
- ❏ Arbeitshandschuhe
- ❏ Feuerlöscher
- ❏ Verbandskasten
- ❏ Wasserwaage
- ❏ Keilriemen
- ❏ Reserveschlüssel

Bad/Toilette

- ❏ Handtücher, Waschlappen
- ❏ Duschgel, Seife, Shampoo
- ❏ Haarbürste, Kamm, Fön
- ❏ Zahnbürsten, Zahnpasta
- ❏ Rasierzeug. Kosmetikartikel
- ❏ Hygieneartikel für die Frau
- ❏ Sonnenmilch, Mückenmittel
- ❏ Toilettenpapier
- ❏ formaldehydfreie Toilettenflüssigkeiten
- ❏ Wasserentkeimungsmittel
- ❏ Plastikschüsseln
- ❏ Reisewaschmittel
- ❏ Wäscheleine, Wäscheklammern

Campingartikel

- ❏ Stühle, Tisch, Liegestühle, Hängematte
- ❏ Vorzelt-/Sonnensegel, Stangen, Heringe, Leinen
- ❏ Grill, Grillanzünder und Holzkohle
- ❏ Gaskartuschen, Gasflasche
- ❏ Euro-Set für Gasflaschen
- ❏ Sonnenschirm

Dokumente

- ❏ Reisepaß oder Personalausweis, Kopien der Papiere
- ❏ Führerschein
- ❏ Grüne Versicherungskarte
- ❏ Kfz-Schein
- ❏ Schutzbrief, Mitgliedernummer Automobilclub
- ❏ Impfausweis/Blutgruppenausweis/Allergikerpaß u.ä.
- ❏ Auslandskrankenschein E 111
- ❏ Impfpaß Haustier
- ❏ Camping-Carnet

Grundausstattung Lebensmittel

- ❏ Zucker, Süßstoff
- ❏ Gewürze
- ❏ Ketchup, Mayonnaise, Senf
- ❏ Kaffee, Tee, Kakao
- ❏ Müsli, Marmelade, Honig
- ❏ Reis, Nudeln, Kartoffelpüree
- ❏ Fertigsoßen, Fertiggerichte
- ❏ Essig, Öl
- ❏ Brot, Knäckebrot
- ❏ Mehl, Puddingpulver
- ❏ Getränkepulver
- ❏ Dosenmilch, H-Milch
- ❏ Wurst- und Fischdosen
- ❏ Mineralwasser
- ❏ Schokolade, Knabberartikel
- ❏ Hunde-/Katzenfutter

Küche

- ❏ Spüllappen
- ❏ Spülmittel
- ❏ Geschirrtücher und Topflappen
- ❏ Küchenrollen
- ❏ Alu- und Frischhaltefolie
- ❏ Töpfe und Pfannen
- ❏ Geschirr und Gläser
- ❏ Besteck
- ❏ Brotmesser, Küchenmesser, Kartoffelschäler
- ❏ Sieb
- ❏ Kochlöffel, Schneebesen, Schöpflöffel
- ❏ Dosenöffner, Flaschenöffner, Korkenzieher

Checklisten

- Gasanzünder, Feuerzeug, Streichhölzer
- Plastikschüsseln mit Deckel
- Tee-/Kaffeefilter
- Tee-/Kaffeekanne, Espressokanne
- Eierbehälter
- Butterdose
- Meßbecher
- Schürze
- Gewürze

Literatur

- Autohandbuch, Bedienungsanleitung
- Campingführer
- Reiseführer
- Sprachführer
- Straßenkarten/Straßenatlas
- Internationales Werkstättenverzeichnis
- zusätzliches Infomaterial über Zielgebiet
- Adressenliste (Kfz-Notrufnummer, Automobilclub, Telefonnummer des Wohnmobil-Vermieters, persönliche Adressen)
- Schreibmaterial

Reiseapotheke

- Mittel gegen Reiseübelkeit
- Mittel gegen Insektenstiche
- Husten- und Schnupfenmittel
- Fieberzäpfchen Mittel gegen Durchfall
- Mittel gegen Kopfschmerzen
- Mittel gegen Verstopfung
- Nasen-, Ohrentropfen
- Halsschmerztabletten
- Wund-/Brandsalbe
- Sprühpflaster, Heftpflaster/Leukoplast, Elastikbinden
- Salbe gegen Prellungen/Verstauchungen
- Desinfektionsmittel/Tücher, Spray
- Fieberthermometer
- Wärmflasche (kann auch mal als Eisbeutel dienen)
- Pinzette
- Persönliche Medikamente

sonstiger Wohnmobilhaushalt

- Kopfkissen
- Schlafsäcke, Bettzeug
- Reise-Wecker

- Einkaufstasche
- Regenschirm
- Nähzeug, Schere, Sicherheitsnadeln
- Taschenlampe, Kerzen
- Windlichter
- Insektenspray
- Müllbeutel
- Handfeger, Kehrschaufel
- Taschenmesser
- Kabeltrommel
- EE-Adapterkabel (Verbindung 220 V- und CEE-Anschlüssen)
- Euro-Stecker-Set
- Doppelstecker
- Ersatzbirnen 12 V
- Ersatzsicherungen
- Textil-Klebeband
- Wasserschlauch (4–6 m) mit Schraubanschlüssen für Wasserhähne
- Strandmatte
- Sekundenkleber
- Blasebalk
- Gepäckschnüre

Unterhaltung

- UKW- / KW-Radio
- Foto, Film und Videoausrüstung, Filme, Videokassetten
- CD-Player mit CD's, Walkman mit Kassetten
- Gesellschaftsspiele, Karten
- Spiele für draußen, z.B. Federball, Frisbee, Fußball, Basketball, Volleyball
- Schlauchboot, Luftmatratze, Taucherbrille, Schnorchel, Flossen, Wasserball
- Sandspielsachen, Schwimmflügel
- Rucksack, Fernglas, Kompaß
- Fahrräder, Mountainbike, Kinderräder usw.
- Surfbrett mit dem nötigen Zubehör
- Kletterausrüstung
- Kinderspielsachen
- Bücher
- Gesellschaftsspiele

Wertsachen

- Bargeld, Devisen
- Euroschecks und EC-Karte
- Postsparbuch
- Kreditkarten (VISA, Eurocard)
- Brustbeutel

Impressum

Alle Angaben wurden sorgfältig recherchiert und mehrfach überprüft. Dennoch kann eine Haftung für Änderungen und Abweichungen nicht übernommen werden. Die Redaktion freut sich auf Berichtigungen und ergänzende Anregungen. Schreiben Sie uns auch, wenn Ihnen etwas besonders gut gefallen hat.

Compact Verlag
Colibri-Redaktion
Züricher Straße 29
81476 München

Ausgabe 1998
© Compact Verlag München
Chefredaktion: Claudia Schäfer
Redaktion: Bianca Turtur
Redaktionsassistenz: Christoph Kirsch, Karina Partsch, Ingrid Sanders
Produktionsleitung: Uwe Eckhard
Symbole: Walter Bürger, Uschi Langhorst, Sabine Wittmann
Umschlagentwurf: Inga Koch
ISBN 3-8174-4572-5
4545721

Bildnachweis:

C.-D. Bues/Holger W. Klietsch: S. 11, 13, 14, 15, 19, 21, 25, 28, 29, 33, 41, 49, 51, 53, 55, 57, 58, 59, 66, 69, 70 ,72, 74, 75, 76, 82, 88, 93, 94, 96, 109, 112, 119, 122, 134, 146, 149, 151, 152, 156, 158, 159, 166, 171, 173

W. Grabinger: S. 64, 71, 73, 78, 79, 80, 89, 99, 100, 108, 105, 110

V. Haak: S. 17, 20, 23, 26, 31, 32, 35, 38, 42, 43, 47, 48, 59, 67,68, 81, 83, 111, 117, 123, 128, 131, 133, 135, 136, 138, 141, 164, 169, 175, 177, 186

V. E. Janicke: 153, 154, 155, 167

Thomas Kliem: S. 24, 84, 118, 120, 121, 162, 163

T. Rettstatt: S. 127

W. Stuhler: S. 9, 10, 18, 41, 45, 46, 50, 52, 62, 63, 85, 86, 87, 91, 92, 98, 102, 104, 106, 115, 116, 132

K. Thiele: S. 36, 37, 95, 97, 114, 137, 142, 143, 144, 145, 147, 161

Titelbild: Portofino, Ortsansicht mit Meer (Mauritius)

Stichwortverzeichnis

Abetone 170
Amphitheater 114
Arco 57
Argenta 103
Arona 30
Asiago 69
Asolo 75
Badebuchten 150
Bagni di Lucca 168
Bardolino 120
Barga 168
Bassano del Grappa 67
Baveno 27
Bellagio 21
Bergamo 40
Bittotal 17
Bobbio 139
Bonassola 150
Borromeische Inseln 27
Botticelli 137
Bozen 9
Brenner-Pass 178
Brescello 176
Brescia 46
Camogli 144
Campanile 82
Canale della Vena 87
Carrara 160
Castelfranco 74
Castello dei Carraresi 109
Castello Estense 106
Cavallina-Tal 43
Cesena 101
Chiavari 148
Chiesa San Zeno Maggiore 115
Chioggia 87
Cinque Terre 152
Colorno 176
Columbus, Christoph 140
Comacchio 92
Como 33
Corniglia 154
Corso Italia, Genua 142
Cremona 134
Cusiono-Ossana 14
Custoza 129
Desenzano del Garda 47
Domaso 18
Duomo San Pietro 132
Eiszeit 24
Este 109
Euganeische Hügel 108
Faenza 101
Ferrara 103

Fiascherino 159
Fontanellato 176
Forlì 101
Galleria Nazionale 142
Garda 120
Gardaland 118
Gardasee 47
Gardone Riviera 52
Garfagnana 168
Gargnano 54
Genua 140
Giardino Gusti 115
Gravellona 28
Grazzano Visconti 139
Grotten 157
Gualtieri 177
Haderburg 59
Hafenrundfahrt (Genua) 142
Iseo 45
Isola Palmaria 157
Isola San Paolo (Lago d'Iseo) 45
Kaltern 11
Korsika 146
La Riviera 143
La Rotanda 72
La Spezia 156
Lago d'Iseo 44
Lago di Caldonazzo 65
Lago di Endine 43
Lago Maggiore 24
Laveno 25
Lazise 119
Lecco 39
Leonardo da Vinci 37
Lerici 156
Levanto 151
Levico Terme 66
Limone sul Garda 54
Lucca 165
Luganer See 22
Lugano 24
Lugo 102
Luino 24
Madonna di Tirano 16
Mailand 36
Malcesine 122
Male 14
Manarole 154
Mantua 131
Maranello 170
Mariä Himmelfahrt (Bozen) 10
Marmorbrüche 160
Marostica 69
Maser 77

191

Stichwortverzeichnis

Massa 161
Menaggio 19
Mendel-Pass 12
Mesola 90
Mezzegra 22
Mille Miglia 47
Mincio 131
Modena 171
Moneglia 150
Monselice 107
Montagnana 111
Monte Bondone 63
Monte Brione 57
Monte Isola 44
Monterosso 153
Monza 39
Museo Navale 157
Napoleon 140
Nervi 144
Oberes Etschtal 8
Omegna 28
Orta San Giulio 29
Padenghe sul Garda 50
Padua 85
Palazzo Ducale 132
Parco Giardino Sigurta 129
Parma 173
Passo del Tonale 14
Pavullo nel Frignano 170
Peschiera 118
Piacenza 136
Piazza del Comune 135
Pisa 162
Pomposa 91
Ponte degli Alpini (Bassano) 68
Ponte Tresa 24
Porta Ticinese (Mailand) 37
Portovenere 146
Portus Delphini 148
Puccini, Giacomo 162
Punta Belvedere 51
Punta Chiappa 145
Punta San Vigilio 121
Rapallo 147
Ravenna 95
Reggio nell'Emilia 172
Reno 25
Rhätische Bahn 16
Rimini 97
Riomaggiore 154
Riva del Garda 56
Rovigo 107
Sabbioneta 177
Sagra di Pesce 146
Salo 51
Salsa di Sassuolo 171
San Marino 99
Sant'Andrea (Genua) 132
Santa Giustina 91
Santa Maria Assunta 145
Santa Maria di Castello 141
Sarazenen 148
Sarzana 160
Sassuolo 171
Scala 37
Scaliger 50
Schloß Runkelstein (Bozen) 10
Serraglio 129
Sestri Levante 150
Sirenenbucht 122
Sirmione 49
Soave 112
Solferino 130
Sondrio 16
Stazzona 19
Stradivari, Antonio 135
Stresa 27
Südtiroler Weinstraße 11
Tal der Seen 58
Teglio 16
Tellaro 159
Teufelshöhle 153
Thermen 140
Tirano 15
Torbole 56
Torre del Lago 162
Torrente Bisagno 140
Toscolano-Maderno 53
Tremezzo 21
Treviso 78
Trient 62
Tyrrhenisches Meer 126
Val Sugana 65
Valeggio sul Mincio 129
Valstrona 29
Varese 32
Venedig 81
Verbania 26
Verdi, Guiseppe 173
Vernazza 153
Verona 113
Verruchio 101
Via Aurelia 143
Via dell'amore 154
Viareggio 161
Vicenza 70
Villafranca di Verona 127
Villa Taranto 26